文化自信研究丛书

坚持与发展

PERSERVERANCE AND DEVELOPMENT

社会主义先进文化研究

RESEARCH ON
ADVANCED SOCIALIST CULTURE

李　辉　欧阳永忠　葛彬超　等　著

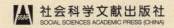

社会科学文献出版社
SOCIAL SCIENCES ACADEMIC PRESS (CHINA)

文化自信研究丛书编委会

总序
铸牢文化自信的三大基石

张国祚*

习近平同志十分重视文化自信，多次强调文化自信的重要意义。他在哲学社会科学工作座谈会上指出："坚定中国特色社会主义道路自信、理论自信、制度自信，说到底是要坚定文化自信，文化自信是更基本、更深沉、更持久的力量。"他在庆祝中国共产党成立95周年大会上进一步指出："文化自信，是更基础、更广泛、更深厚的自信。"他在党的十九大报告中特别强调指出："没有高度的文化自信和文化繁荣兴盛，就没有中华民族的伟大复兴。"

那么，足以让中国人"自信"的"文化"，究竟是什么文化呢？就是中国特色社会主义文化。这种文化主要包括三个层面：一是在中华民族5000多年文明发展中孕育的中华优秀传统文化，二是党领导人民在新民主主义革命时期所创造的革命文化，三是党领导人民在社会主义建设和改革中所创造的社会主义先进文化。这三个层面的文化一脉相承，并

---

* 张国祚，教授、博士生导师，文化软实力研究领域领军人物，中央马克思主义理论研究和建设工程首席专家。

融汇成当代中国文化浩浩荡荡的主流，成为铸牢中国特色社会主义文化自信的三大基石。

博大精深的中华优秀传统文化，是中国特色社会主义文化自信最厚重的基石。中华优秀传统文化蕴含着十分丰富的哲学思想、人文精神、道德修为、政治智慧、军事谋略等，具有许多超越时空、跨越国度、具有当代价值、富有永恒魅力的文化基因。有"民为贵，社稷次之，君为轻"的民本思想；有"为政以德""礼法合治""德主刑辅"的法治主张；有"公生明、廉生威"的为官之道；有"己所不欲，勿施于人"的伦理原则；有"和而不同"的价值理念；有"先天下之忧而忧，后天下之乐而乐"的天下情怀；有"安不忘危、存不忘亡、治不忘乱"的忧国忧民思想；有"天下兴亡，匹夫有责"的家国情怀；有"苟利国家生死以，岂因祸福避趋之"的爱国牺牲精神；有"天下为公"的大同理念；有"富贵不能淫，贫贱不能移，威武不能屈"的崇高气节；有"格物、致知、诚意、正心、修身、齐家、治国、平天下"的成才之道；有"为天地立心，为生民立命，为往圣继绝学，为万世开太平"的使命担当；有"尚中贵和"的包容理念；有"协和万邦"的外交战略；有"国虽大，好战必亡"的战争观；有"严以律己、宽以待人""闻过则喜""吾日三省吾身""见贤思齐""慎独自律""言必信，行必果""满招损，谦受益""自强不息""厚德载物"等修身引导；等等。一言以蔽之，中华优秀传统文化所蕴含的独具特色的理念、智慧、气度、神韵，对于今日中国人的道德修养、品格砥砺、志向树立、智慧提升、治国理政，对于树立正确的世界观、人生观、价值观，对于培育和践行社会主义核心价值观，都是十分深厚的精神滋养。

激昂奋进的革命文化，是中国特色社会主义文化自信最坚定的基石。中国共产党领导人民在新民主主义革命的伟大实践中形成的反帝反封建的文化，其指导思想是马克思主义；其初心和使命是为中国人民谋幸福、为中华民族谋复兴、为世界人民谋大同；其形式是民族的、科学的、大众的；其对待中国古代文化和外来文化，主张取其精华、去其糟粕。革命文化以革命理论、革命教育、革命文艺、革命学术、革命传媒等为主要内容。在理论方面，以毛泽东为代表的中国共产党人把马克思主义与中国实际相结合，撰写了一大批光辉的革命理论著作，成为指引中国革命走向胜利的指导思想。在教育、文艺、新闻出版、学术研究等方面，都坚持以马克思主义为指导，积极贯彻反帝、反封建、爱国、进步、民主、科学的精神和共产主义理想信念。正是在革命文化的引领下，我们打退了国民党的文化"围剿"、日本帝国主义"殖民文化"和汉奸卖国贼"奴化文化"的蚕食和污染。也正是在革命文化的教育、影响和熏陶下，我们党先后形成了"开天辟地、敢为人先、立党为公、忠诚为民、坚定理想、百折不挠"的红船精神；形成了"坚定执着追理想、实事求是闯新路、艰苦奋斗攻难关、依靠群众求胜利"的井冈山精神；形成了"坚定信仰、艰苦卓绝、坚忍不拔、坚持到底"的长征精神；形成了"实事求是、自力更生、艰苦奋斗、忠于人民、无私奉献"的延安精神；形成了伟大的抗战精神——"天下兴亡、匹夫有责的爱国情怀，视死如归、宁死不屈的民族气节，不畏强暴、血战到底的英雄气概，百折不挠、坚忍不拔的必胜信念"；形成了"敢于斗争、敢于胜利、依靠群众、团结统一、艰苦朴素、戒骄戒躁、将革命进行到底"的西柏坡精神。正是在革命文化的熏陶、培养和激励下，成千上万的共产党人和革命先烈，前赴后继地用鲜血与生命谱写出中国革命波澜壮阔的乐章，挺起了中华民族坚强不屈的精神脊梁，铸就了中国共产党人理想信念精神之钙。

生机勃勃的社会主义先进文化，是中国特色社会主义文化自信最鲜活的基石。社会主义先进文化是坚持以马克思列宁主义、毛泽东思想、中国特色社会主义理论体系为指导，全面贯彻落实习近平新时代中国特色社会主义思想的文化；是面向现代化、面向世界、面向未来的文化；

是解放思想、实事求是、坚持真理、反对谬误的文化；是讴歌真善美、抨击假丑恶的文化；是反对封建迷信、倡导科学的文化；是培育和践行社会主义核心价值观的文化；是视野开阔、贯通古今、不断吸取人类先进文明成果的文化。学习和传播社会主义先进文化，可以引导人们坚定中国特色社会主义共同理想和共产主义远大理想，可以引导人们弘扬以爱国主义为核心的民族精神和以改革创新为核心的时代精神，可以引导人们树立正确的历史观、民族观、国家观、文化观，可以引导人们在纷繁复杂的社会文化生态中辨析主流与支流、区分先进与落后、划清积极与消极、始终保持思想理论的清醒坚定；可以引导人们自觉抵御腐朽文化，批判错误有害文化，扬弃和改造落后文化。习近平新时代中国特色社会主义思想是社会主义先进文化最重要、最重大、最可贵的创新成果。社会主义先进文化贯穿着马克思主义之真理，饱含着中华优秀传统文化之精华、熔铸着革命文化之精髓、植根于中国特色社会主义伟大实践之沃土，以理论、学术、文艺、影视、网络等多姿多彩的文化样式塑造着国家形象，巩固着党在意识形态领域的领导权、管理权和话语权，引领着社会风尚，提供着精神食粮，培育着勇担民族复兴大任的时代新人，不断为实现中华民族伟大复兴提供理论指导、舆论引导、精神保障和智力支持。

如何理解文化自信的重大意义？如何理解文化自信的三大基石？如何使广大读者深入理解文化自信并更加自觉地坚定文化自信？这是迫切需要回答的几个重要问题。中共广州市委宣传部、市社科联敏锐地抓住这些重要问题，精心策划和组织广州地区的优秀专家学者紧密结合广东文化建设的实践，分别围绕文化自信的重要意义、中华优秀传统文化、革命文化和社会主义先进文化，撰写了一套四本比较系统、比较全面的"文化自信研究丛书"，这四本书分别是《文化兴国：新时代文化自信理论与实践》《转化与创新：中华优秀传统文化研究》《继承与弘扬：新时代革命文化研究》《坚持与发展：社会主义先进文化研究》。"文化自信研究丛书"的出版，既是对文化自信重要论述的解读阐释，也是对文化自信重要论述的深入研究；既探求了文化自信重要论述的内涵意义，也关注了马克思主义中国化的与时俱进；既有对宏观创新理论的生动诠释，也有对具体实践案例的深刻剖析；既是广州社科界服务中国特色社会主义建设事业的一次积极探索，也是广州社科界研究力、创造力和价值引领力的一次充分展示。相信读者能通过对该丛书的阅读，感悟中国特色社会主义文化的博大精深、无穷魅力而更加坚定文化自信。

目　录
Contents

第一章　社会主义先进文化的内涵及形成

　　党的十九大报告指出，"文化是一个国家、一个民族的灵魂"①。作为"民族生存和发展的重要力量"②，文化的发展和繁荣，对于一个国家和民族的繁荣复兴起到至关重要的作用。先进文化由先进的生产力决定，反映了时代精神，在本质上体现了社会的发展方向，具有巨大的导向作用。因此，习近平总书记强调，"没有先进文化的积极引领，没有人民精神世界的极大丰富，没有民族精神力量的不断增强，一个国家、一个民族不可能屹立于世界民族之林"③。党的十八大以来，以习近平同志为核心的党中央，在带领全国人民全面建成小康社会、实现中华民族伟大复兴中国梦的过程中，丰富和发展了社会主义先进文化的基本内涵。

一　社会主义先进文化的内涵

　　文化是一个历史悠久、被广泛使用又众说纷纭的概念。在汉语语境

---

　　① 《决胜全面建成小康社会　夺取新时代中国特色社会主义伟大胜利——在中国共产党第十九次全国代表大会上的报告》，人民出版社，2017，第40页。
　　② 《十八大以来重要文献选编》（中），中央文献出版社，2016，第119页。
　　③ 《十八大以来重要文献选编》（中），中央文献出版社，2016，第121页。

中，文化一词语出《易·贲卦·象传》："刚柔交错，天文也；文明以止，人文也。观乎天文，以察时变；观乎人文，以化成天下。"文化是"人文化成"一语的缩写。西汉刘向将"文"与"化"二字联为一词，在《说苑·指武》中写道："圣人之治天下也，先文德而后武力。凡武之兴，为不服也。文化不改，然后加诛。"此处的文化和野蛮对应，有文明之意。可见，在汉语系统中，"文化"的本义就是"以文教化"，属精神领域范畴。随着时间的流变和空间的差异化，"文化"逐渐成为一个内涵丰富、外延宽广的多维概念。在英语中，culture 即"习俗"。1871 年，英国文化学家泰勒在《原始文化》一书中提出了狭义文化的早期经典学说，即文化是包括知识、信仰、艺术、道德、法律、习俗和任何人作为一名社会成员而获得的能力和习惯在内的复杂整体。我国近代一些学者对文化的理解基本建立在这个认识基础上。在现代语境下，文化有广义和狭义之分。广义的文化是指人类所创造的物质文明和精神文明的总称，同文明是同义语；狭义的文化特指人类精神及其外化的产物。

文化是时代的产物，受到不同时代经济、政治条件的影响。"一定的文化（当作观念形态的文化）是一定社会的政治和经济的反映，又给予伟大影响和作用于一定社会的政治和经济；而经济是基础，政治则是经济的集中的表现。这是我们对于文化和政治、经济的关系及政治和经济的关系的基本观点。"① 由于社会意识具有相对独立性，同社会存在相比，文化呈现出超前、同步和滞后三种状态，有先进与落后之分。其中，先进文化是适应社会发展需要、能够指向未来的积极健康的文化。在不同的社会形态中，先进文化有不同的表现形式。中国共产党对社会主义先进文化内涵的探索，经历了一个长期的过程。

---

① 《毛泽东选集》第 2 卷，人民出版社，1991，第 663～664 页。

（一）中国共产党对社会主义先进文化内涵的探索

中国共产党对社会主义先进文化内涵的阐释，发源于革命战争年代。毛泽东同志阐释了先进文化的重要地位以及新民主主义文化的基本内涵。1940 年，面对国内对中国将去向何处问题的疑惑，毛泽东同志在《新民主主义论》中对新民主主义革命时期建设中国新文化的必要性和内容进行了阐述。他指出："我们不但要把一个政治上受压迫、经济上受剥削的中国，变为一个政治上自由和经济上繁荣的中国，而且要把一个被旧文化统治因而愚昧落后的中国，变为一个被新文化统治因而文明先进的中国。"① 从而将文化建设同经济建设、政治建设一道，作为国家建设的重要内容。对于新文化的内涵，他指出："所谓中华民族的新文化，就是新民主主义的文化。"② 就是"民族的科学的大众的文化，就是人民大众反帝反封建的文化"③，这一时期，毛泽东同志关于新民主主义文化的思想成为新中国成立初期文化建设的纲领，推动了社会主义文化的发展繁荣。

在社会主义建设时期，对社会主义先进文化的认识经历了建设高度的社会主义精神文明、有中国特色社会主义先进文化和社会主义先进文化等几个阶段。邓小平同志明确了社会主义精神文明建设同物质文明建设的关系，并指出社会主义精神文明建设的内涵及方略。他强调："我们要在建设高度物质文明的同时，提高全民族的科学文化水平，发展高尚的丰富多彩的文化生活，建设高度的社会主义精神文明。"④ "是否坚持这样的方针，将关系到社会主义的兴衰和成败。"⑤ 在强调精神文明建设重要性的同时，邓小平同志对精神文明的内涵也做了科学的论述，他指出：

---

① 《毛泽东选集》第 2 卷，人民出版社，1991，第 663 页。
② 《毛泽东选集》第 2 卷，人民出版社，1991，第 665 页。
③ 《毛泽东选集》第 2 卷，人民出版社，1991，第 708 ~ 709 页。
④ 《邓小平文选》第 2 卷，人民出版社，1994，第 208 页。
⑤ 《十二大以来重要文献选编》（上），中央文献出版社，2011，第 21 页。

"所谓精神文明，不但是指教育、科学、文化（这是完全必要的），而且是指共产主义的思想、理想、信念、道德、纪律，革命的立场和原则，人与人的同志式关系，等等。"① 社会主义精神文明思想奠定了社会主义先进文化的基础。

在建设有中国特色社会主义理论与实践的探索过程中，"有中国特色社会主义的文化"以及"中国特色社会主义文化"概念应运而生。江泽民同志首次提出"有中国特色社会主义的文化"的概念及方略，并将"我们党要始终代表中国先进文化的前进方向"作为"三个代表"重要思想的内容之一。对于先进文化的内涵，江泽民同志指出，"在当代中国，发展先进文化，就是发展有中国特色社会主义的文化，就是建设社会主义精神文明"②。对于如何建设先进文化，他提出，就是要"坚持以马克思列宁主义、毛泽东思想、邓小平理论为指导，立足于建设有中国特色社会主义的实践，着眼于世界科学文化发展的前沿，不断发展健康向上、丰富多彩的，具有中国风格、中国特色的社会主义文化，满足人民群众日益增长的精神文化需求，引导广大人民群众从思想上精神上正确武装和不断提高起来"③。这些关于先进文化内涵和发展先进文化的措施的论述，既是对20世纪末21世纪初我国文化发展经验的总结，也是对人类社会发展规律的深刻揭示。

在此基础上，胡锦涛同志确立了社会主义先进文化对党的建设和发展的指导作用，并进一步明确当代中国先进文化的内涵，同时将社会主义核心价值体系作为先进文化的核心内容。党的十六大报告指出："在当代中国，发展先进文化，就是发展面向现代化、面向世界、面向未来的，民族的科学的大众的社会主义文化，以不断丰富人们的精神世界，增强

---

① 《邓小平文选》第2卷，人民出版社，1994，第367页。
② 《江泽民文选》第3卷，人民出版社，2006，第276页。
③ 《江泽民文选》第3卷，人民出版社，2006，第276~277页。

人们的精神力量。"① 进一步明确了先进文化的概念。十六届六中全会第一次明确提出"建设社会主义核心价值体系"的重大命题和战略任务。之后，胡锦涛同志指出，"社会主义核心价值体系是社会主义意识形态的本质体现"②，要引导人们"自觉践行社会主义核心价值体系，坚持社会主义先进文化前进方向，坚决抵制庸俗、低俗、媚俗之风"③。在庆祝中国共产党成立90周年大会上，胡锦涛进一步提出，"社会主义先进文化是马克思主义政党思想精神上的旗帜"④，从而明确了社会主义先进文化对马克思主义政党的指导地位。这些论述对社会主义先进文化的前进方向问题和内容问题都进行了创新性的回答。

（二）党的十八大以来社会主义先进文化内涵的发展与确立

党的十八大以来，以习近平同志为核心的党中央，系统论述了中国特色社会主义文化的价值、内涵、建设路径等内容，继承和发展了党对社会主义先进文化的认识。在实践中逐步明确了社会主义先进文化的内涵，即社会主义先进文化，就是坚持马克思主义指导，坚持以人民为中心，反映社会发展规律，民族的、科学的、大众的文化。

第一，进一步明确马克思主义对社会主义先进文化的指导。马克思主义为社会主义先进文化的发展提供了方向引领。在马克思和恩格斯创立辩证唯物主义和历史唯物主义之前，人类认为社会发展是无规律可循的，认为历史是英雄和偶然因素作用的结果。马克思和恩格斯从生产力和生产关系的辩证关系出发，揭示了社会基本矛盾，找到了社会运动的根源；通过对历史主体的再定位，提出了人民群众是历史的创造者；从

---

① 《江泽民文选》第3卷，人民出版社，2006，第559页。
② 《胡锦涛文选》第2卷，人民出版社，2016，第639页。
③ 胡锦涛：《顺应时代要求深化文化体制改革　推动社会主义文化大发展大繁荣》，《人民日报》2010年7月24日，第1版。
④ 《胡锦涛文选》第3卷，人民出版社，2016，第539页。

资本主义主要矛盾切入，提出了无产阶级解放自身和解放人类的理论。马克思主义"为人类指明了从必然王国向自由王国飞跃的途径，为人民指明了实现自由和解放的道路"①，也为先进文化发展指明了方向。马克思主义传入中国后，同中国具体实践相结合，实现了马克思主义中国化，产生了毛泽东思想、邓小平理论、"三个代表"重要思想、科学发展观和习近平新时代中国特色社会主义思想等一系列中国化马克思主义理论成果，为社会主义先进文化增添了新内容，也为用当代中国马克思主义指导中国实践提供了新理论。

第二，明确了社会主义先进文化的价值定位。社会主义先进文化的价值体现在人的发展、民族复兴和人类发展等几个方面，具有整体性的综合价值。

首先，理想信念是建立在对科学理论的理性认同和对历史规律的正确认识基础上。习近平总书记将坚定理想信念作为"共产党人安身立命的根本""共产党人精神上的'钙'"，并将理想信念动摇视作"最危险的动摇"，将理想信念滑坡视作"最危险的滑坡"，表明习近平总书记将理想信念及其培育作为中国特色社会主义进入新时代对人的发展提出的重要要求，作为党的建设的重要内容。理想信念不是自发形成的，是在理性认知和实践基础上形成的。习近平总书记论证了理想信念形成的机理。他指出："广大青年要坚持用邓小平理论、'三个代表'重要思想、科学发展观武装头脑，把理想信念建立在对科学理论的理性认同上，建立在对历史规律的正确认识上，建立在对基本国情的准确把握上，不断增强道路自信、理论自信、制度自信，增强对坚持党的领导的信念，永远紧跟党高高举起中国特色社会主义伟大旗帜。"② 其中，对科学理论的理性认同、对历史规律的正确认识、对国情的准确把握是确立理想信念

---

① 《在纪念马克思诞辰200周年大会上的讲话》，人民出版社，2018，第8页。
② 《习近平谈治国理政》，外文出版社，2014，第50~51页。

的机理。马克思主义揭示了人类社会发展的一般规律和资本主义社会发展的特殊规律，是形成科学理想信念的理论基础。国情、世情、党情是形成理想信念的现实基础。

其次，社会主义核心价值观是国家文化软实力的灵魂和建设重点。党的十八大以来，培育和践行社会主义核心价值观成为社会主义先进文化建设的重要任务。习近平总书记在十八届中共中央政治局第十三次集体学习时强调，"核心价值观是文化软实力的灵魂、文化软实力建设的重点。这是决定文化性质和方向的最深层次要素。一个国家的文化软实力，从根本上说，取决于其核心价值观的生命力、凝聚力、感召力。培育和弘扬核心价值观，有效整合社会意识，是社会系统得以正常运转、社会秩序得以有效维护的重要途径，也是国家治理体系和治理能力的重要方面。历史和现实都表明，构建具有强大感召力的核心价值观，关系社会和谐稳定，关系国家长治久安"①。社会主义核心价值观内涵的凝练和培育践行是党的十八大以来社会主义先进文化建设的重要成果。这一成果在精神文明建设、国家文化软实力、社会主义核心价值体系等基础上，将社会主义先进文化凝聚到了价值观这个核心上，赋予了文化建设以精神内核。同时，又将核心价值观培育和践行作为构建中国价值的基本任务，放在国家文化软实力竞争的大格局中，提升了社会主义先进文化的人类意义。

再次，社会主义先进文化是文化自信的基础。自信是社会主义文化必然的结论，以文化人、以文育人，目的是培养自信。我们说要坚定中国特色社会主义道路自信、理论自信、制度自信，说到底是要坚定文化自信。"文化自信，是更基础、更广泛、更深厚的自信。在 5000 多年文明发展中孕育的中华优秀传统文化，在党和人民伟大斗争中孕育的革命文化和社会主义先进文化，积淀着中华民族最深层的精神追求，代表着

---

① 《习近平谈治国理政》，外文出版社，2014，第 163 页。

中华民族独特的精神标识。"① 中华优秀传统文化告诉我们从哪里来，社会主义先进文化告诉我们往何处去。前者是源，后者是流向。清楚了从哪里来，到哪里去，自信就有了基础。

第三，明确了社会主义先进文化的历史方位。2013 年 1 月 5 日，习近平总书记在新进十八届中央委员会的委员、候补委员学习贯彻党的十八大精神研讨班上，紧密联系党和国家工作大局、紧密联系干部群众的思想实际，从思想源头和实践历程上，深刻阐明了世界社会主义发展的曲折历史，阐明了中国特色社会主义发展的历史，强调要通过学习了解社会主义发展史，更加坚定理想信念，坚持以邓小平理论、"三个代表"重要思想、科学发展观为指导，做到倍加珍惜、始终坚持、不断发展中国特色社会主义道路、中国特色社会主义理论体系、中国特色社会主义制度。他指出："时代在变化，社会在发展，但马克思主义基本原理依然是科学真理。尽管我们所处的时代同马克思所处的时代相比发生了巨大而深刻的变化，但从世界社会主义 500 年的大视野来看，我们依然处在马克思主义所指明的历史时代。这是我们对马克思主义保持坚定信心、对社会主义保持必胜信念的科学根据。"② 马克思主义所指明的历史时代是资本主义矛盾日益尖锐，社会主义必然胜利的时代。"两个必然"是马克思和恩格斯对这个时代的发展趋势做出的科学判断。社会主义先进文化是承载"两个必然"的文化载体，是"两个必然"发展的外化形态。科学社会主义发展大趋势是社会主义先进文化的历史轨迹，是社会主义先进文化定位的历史坐标轴。习近平总书记不断强调，中国特色社会主义是社会主义，而不是其他什么主义，从而对曾经引起争论的中国特色社会主义的政治属性给予了回应。

社会主义先进文化根植于中华优秀传统文化、中国共产党革命文化。

---

① 《在庆祝中国共产党成立 95 周年大会上的讲话》，人民出版社，2016，第 13 页。
② 《习近平谈治国理政》第 2 卷，外文出版社，2017，第 66 页。

社会主义先进文化并不是无根之木。"中华民族在几千年历史中创造和延续的中华优秀传统文化，是中华民族的根和魂。"① 它包含中华民族最根本的精神基因，是社会主义先进文化不可或缺的根脉。社会主义先进文化，正是对优秀传统文化古为今用、推陈出新的成果。从社会主义核心价值观来讲，正如习近平总书记提到的："我们提出的社会主义核心价值观，把涉及国家、社会、公民的价值要求融为一体，既体现了社会主义本质要求，继承了中华优秀传统文化，也吸收了世界文明有益成果，体现了时代精神。"② 革命文化是党和人民在伟大斗争中孕育的优秀文化，体现了党在国家危难之际勇于担当、不懈奋斗的精神追求，是中华民族精神在革命年代的主要表现形式。革命文化，是先进文化形成的重要思想源泉。坚持社会主义核心价值体系，要"推动中华优秀传统文化创造性转化、创新性发展，继承革命文化，发展社会主义先进文化，不忘本来、吸收外来、面向未来，更好构筑中国精神、中国价值、中国力量，为人民提供精神指引"③。如果说弘扬中华优秀传统文化、继承革命文化，是"不忘本来"的要求，那么发展社会主义先进文化，则是"面向未来"的选择。

社会主义先进文化是当代中国的新文化。习近平总书记强调："马克思主义发展历程、马克思主义中国化发展历程都告诉我们：社会实践是不断发展的，我们的思想认识也必须不断前进，不断根据实践要求进行创新。"④ 社会主义先进文化产生于党带领人民进行的中国特色社会主义伟大实践当中，并随着实践的发展而不断发展，其核心内容就是马克思主义中国化所取得的一系列实践及理论成果，包括全心全意为人民服务

---

① 《习近平谈治国理政》第 2 卷，外文出版社，2017，第 426 页。

② 《习近平谈治国理政》，外文出版社，2014，第 169 页。

③ 《决胜全面建成小康社会　夺取新时代中国特色社会主义伟大胜利——在中国共产党第十九次全国代表大会上的报告》，人民出版社，2017，第 23 页。

④ 《十八大以来重要文献选编》（下），中央文献出版社，2018，第 389 页。

的理念、以爱国主义为核心的民族精神和以改革创新为核心的时代精神、以人为本的科学发展观、社会主义核心价值观等。当前阶段，包括社会主义核心价值观、以人民为中心的发展思想等内容在内的社会主义先进文化思想，是党和人民在实现中华民族伟大复兴中国梦过程中形成的关于社会主义先进文化的最新理论成果，代表了我国先进文化的前进方向。

第四，明确了社会主义先进文化的主体定位。文化是人创造的，人是文化的主体；文化育人、以文化人也是文化的功能。社会主义先进文化之所以先进，根本原因在于其坚持人民立场，将人民作为文化建设的出发点和落脚点。毛泽东同志在延安文艺座谈会上指出："为什么人的问题，是一个根本的问题，原则的问题。"① 为什么人的问题，体现了社会主义先进文化的价值立场。人民既是历史的创造者也是历史的见证者。坚持人民立场，是社会主义先进文化的根本价值所在。

首先，人民是先进文化的需要主体，为了人民是社会主义先进文化的根本宗旨。人的需要是多样的、历史的、发展的。马克思主义将人的需要区分为生存、发展和享受三大类型，其中精神需要是人的主要需要类型之一。文化是满足人的精神需要的主要载体。人民是历史的主体，也是文化消费的主体。在追求物质生活满足的过程中，也在追求精神文化需要的满足。改革开放以来，中国共产党坚持以经济建设为中心，发展生产力，解决了人民的温饱问题。同时，也通过精神文明建设，不断满足人民的精神生活需要。中国特色社会主义进入新时代后，随着人民生活水平不断提高，人民对包括文艺作品在内的文化产品的质量、品位、风格等的要求也更高了。为此，各文艺领域"都要跟上时代发展、把握人民需求，以充沛的激情、生动的笔触、优美的旋律、感人的形象创作生产出人民喜闻乐见的优秀作品，让人民精神文化生活不断迈上新台阶"②。

---

① 《毛泽东选集》第 3 卷，人民出版社，1991，第 857 页。
② 《习近平谈治国理政》第 2 卷，外文出版社，2017，第 315 页。

其次，人民是先进文化的源头活水，依靠人民是社会主义先进文化的动力之源。列宁说："艺术是属于人民的。它必须在广大劳动群众的底层有其最深厚的根基。它必须为这些群众所了解和爱好。它必须结合这些群众的感情、思想和意志，并提高他们。它必须在群众中间唤起艺术家，并使他们得到发展。"① 文艺的发展离不开人民，人民生活能为文学艺术提供源源不断的创作源泉。同时，人民不是抽象的符号，而是一个一个具体的人，有血有肉，有情感，有爱恨，有梦想，也有内心的冲突和挣扎。习近平总书记强调，文艺工作者"不能以自己的个人感受代替人民的感受，而是要虚心向人民学习、向生活学习，从人民的伟大实践和丰富多彩的生活中汲取营养，不断进行生活和艺术的积累，不断进行美的发现和美的创造。要始终把人民的冷暖、人民的幸福放在心中，把人民的喜怒哀乐倾注在自己的笔端，讴歌奋斗人生，刻画最美人物，坚定人们对美好生活的憧憬和信心"②。

再次，人民是文化效益的评价者。社会主义先进文化的价值主体是人民，价值评价的主体也是人民。"一部好的作品，应该是经得起人民评价、专家评价、市场检验的作品，应该是把社会效益放在首位，同时也应该是社会效益和经济效益相统一的作品。"③ 改革开放以来，文化与市场的关系一直是影响文化繁荣发展的认识论课题。文化不能离开市场成为阳春白雪，文化也不能被市场牵着鼻子走，成为下里巴人。文化的精神价值和市场价值只有统一起来才能发挥积极的作用。而人民是文化的社会效益和经济效益统一的评价者。"在发展社会主义市场经济的条件下，许多文化产品要通过市场实现价值，当然不能完全不考虑经济效益。然而，同社会效益相比，经济效益是第二位的，当两个效益、两种价值

---

① 蔡特金：《回忆列宁》，人民文学出版社，1960，第912页。
② 《习近平谈治国理政》第2卷，外文出版社，2017，第317页。
③ 《习近平谈治国理政》第2卷，外文出版社，2017，第320页。

发生矛盾时，经济效益要服从社会效益，市场价值要服从社会价值。文艺不能当市场的奴隶，不要沾满了铜臭气。优秀的文艺作品，最好是既能在思想上、艺术上取得成功，又能在市场上受到欢迎。要坚守文艺的审美理想、保持文艺的独立价值，合理设置反映市场接受程度的发行量、收视率、点击率、票房收入等量化指标，既不能忽视和否定这些指标，又不能把这些指标绝对化，被市场牵着鼻子走。"① 社会主义先进文化反映的是人民心声，坚持的是为人民服务、为社会主义服务的根本方向。只有牢固树立马克思主义文化观，真正做到以人民为中心，文化才能发挥最大正能量。以人民为中心，就是要把满足人民精神文化需求作为工作的出发点和落脚点，把人民作为文化表现的主体，把人民作为文化审美的鉴赏家和评判者，把为人民服务作为文化工作者的天职。

由此，社会主义先进文化就是坚持马克思主义指导，坚持以人民为中心，反映社会发展规律，民族的、科学的、大众的文化。它扎根于社会实践，反映社会发展规律，又从中华优秀传统文化和人类优秀文化中汲取营养，是合目的性与合规律性相统一的文化，为丰富人民精神世界，提升民族精神力量提供积极引领。

二　社会主义先进文化的特点

在庆祝中国共产党成立 95 周年大会上的讲话中，习近平总书记指出："在 5000 多年文明发展中孕育的中华优秀传统文化，在党和人民伟大斗争中孕育的革命文化和社会主义先进文化，积淀着中华民族最深层的精神追求，代表着中华民族独特的精神标识。"② 社会主义先进文化以马克思主义为指导，坚持人民立场，又从中华优秀传统文化和人类优秀

---

① 《习近平谈治国理政》第 2 卷，外文出版社，2017，第 320 页。
② 《习近平谈治国理政》第 2 卷，外文出版社，2017，第 36 页。

文化中汲取营养，具有科学性、时代性、人民性与开放性等特点。

（一）科学性

社会先进文化的科学性一方面来自指导思想的科学性。十九大报告指出："意识形态决定文化前进方向和发展道路。"[①] 社会主义先进文化以马克思主义为指导，保证了先进文化的社会主义意识形态属性。在纪念马克思诞辰200周年大会上，习近平总书记指出："马克思主义始终是我们党和国家的指导思想，是我们认识世界、把握规律、追求真理、改造世界的强大思想武器。"[②] 马克思主义深刻揭示了人类社会发展的一般规律，"既是那个时代精神的精华又是整个人类精神的精华"[③]。马克思主义不仅为社会主义先进文化的发展提供了唯物史观和剩余价值学说等理论指导，也为社会主义先进文化发展提供了唯物辩证法等认识世界的根本方法，从而使社会主义先进文化在科学理论和科学方法的指导下具备了鲜明的科学性。

社会主义先进文化的科学性另一方面来自中国共产党的先进性。中国共产党是工人阶级的先锋队，是中国人民和中华民族的先锋队。党的性质决定了它代表着先进的社会生产力，代表着社会发展的趋势与方向，也代表着先进文化的前进方向。党在革命、建设和改革的过程中，始终坚持把马克思主义基本原理同中国具体实际相结合，继承中华优秀传统文化，不断发展着社会主义先进文化的时代内涵。正如习近平总书记提到的："没有先进理论的指导，没有用先进理论武装起来的先进政党的领导，没有先进政党顺应历史潮流、勇担历史重任、敢于作出巨大牺牲，中国人民就无法打败压在自己头上的各种反动派，中华民族就无法改变

---

① 《决胜全面建成小康社会　夺取新时代中国特色社会主义伟大胜利——在中国共产党第十九次全国代表大会上的报告》，人民出版社，2017，第41页。
② 习近平：《在纪念马克思诞辰200周年大会上的讲话》，人民出版社，2018，第15页。
③ 习近平：《在纪念马克思诞辰200周年大会上的讲话》，人民出版社，2018，第7页。

被压迫、被奴役的命运，我们的国家就无法团结统一、在社会主义道路上走向繁荣富强。"① 马克思主义和马克思主义中国化的先进理论以及中国共产党的领导，确保了社会主义先进文化的科学性。

（二）时代性

社会主义先进文化不是古代文化和外来文化的简单复刻，而是注入时代精神、体现时代内容、代表时代特征的与时俱进的文化。中国特色社会主义伟大实践从实践层面为社会主义先进文化注入时代元素。习近平总书记强调，要"以我国改革开放和现代化建设的实际问题、以我们正在做的事情为中心，着眼于马克思主义理论的运用，着眼于对实际问题的理论思考，着眼于新的实践和新的发展"②。改革开放以来，中国共产党正是以正在做的事情为中心，以中国特色社会主义伟大实践为基础，坚持走中国特色社会主义文化发展道路，凝聚中国特色社会主义共同理想，培育和践行社会主义核心价值观，不断推动文化事业和文化产业发展，赋予社会主义先进文化以崭新的时代内涵。在实践过程中形成的中国特色社会主义理论体系，从理论层面为社会主义先进文化注入了时代元素。习近平总书记指出，"社会实践是不断发展的，我们的思想认识也必须不断前进，不断根据实践要求进行创新"③。马克思主义的一个重要品质就是与时俱进。在党带领全国人民实现中华民族伟大复兴的过程中，十分注重将实践凝练为理论，不断推动马克思主义中国化，形成中国特色社会主义理论体系。习近平总书记强调，"在当代中国，坚持中国特色社会主义理论体系，就是真正坚持马克思主义"④。中国特色社会主义理论体系，既是社会主义先进文化发展的理论成果，也为先进文化的前进方

---

① 习近平：《在庆祝中国共产党成立95周年大会上的讲话》，人民出版社，2016，第4页。
② 《习近平谈治国理政》，外文出版社，2014，第9页。
③ 《十八大以来重要文献选编》（下），中央文献出版社，2018，第389页。
④ 《习近平谈治国理政》，外文出版社，2014，第9页。

向提供了指引。时代性是社会主义先进文化最突出的特征，表明社会主义先进文化是社会实践的最新理论成果，也是社会文化发展方向的代表。

（三）人民性

从价值立场上讲，社会主义文化是人民大众的文化，不是精英文化、贵族文化。社会主义先进文化是依靠人民大众、服务大众的文化。脱离了人民，社会主义先进文化就没有了吸引力、感染力、影响力和生命力。实践证明，党在建设社会主义先进文化的过程中，一直坚持人民立场，体现人民群众的愿望，保障人民群众精神文化发展需求。社会主义先进文化以人民群众为服务对象，以不断提高人民群众的思想道德素质和科学文化水平进而实现人的全面发展为目标。同时，"人民是推动发展的根本力量，实现好、维护好、发展好最广大人民根本利益是发展的根本目的"①。人民群众是社会物质财富和精神财富的创造者。人民群众不仅是社会主义先进文化的享用者，也是先进文化的创造者。人民群众在丰富多样的实践中不断创造着文化成果，为社会主义先进文化的发展注入动力。

（四）开放性

开放是文化具有生命力的必要条件。社会主义先进文化的开放性，体现在它是历史与现实、理论与实践、本土与外来的多向度统一。从历史与现实统一的维度看，社会主义先进文化以中华优秀文化为滋养，"博大精深的中华优秀传统文化是我们在世界文化激荡中站稳脚跟的根基。中华文化源远流长，积淀着中华民族最深层的精神追求，代表着中华民族独特的精神标识，为中华民族生生不息、发展壮大提供了丰厚滋养"②。中国特色社会主义文化源于中华民族五千多年文明历史所孕育的中华优

---

① 《十八大以来重要文献选编》（中），中央文献出版社，2016，第789页。
② 《习近平谈治国理政》，外文出版社，2014，第164页。

秀传统文化。中华优秀传统文化的创造性转化和创新性发展，为社会主义先进文化提供了无穷的养分。从理论与实践统一的维度看，实践是理论的来源，中国革命实践和中国特色社会主义建设的伟大实践为社会主义先进文化内涵的发展提供了源源不断的养分。从本土与外来统一的维度看，人类一切优秀文明成果都能为社会主义先进文化提供积极成分，推动社会主义文化更好地走向世界。正如习近平总书记在文艺工作座谈会上强调的："我们社会主义文艺要繁荣发展起来，必须认真学习借鉴世界各国人民创造的优秀文艺。只有坚持洋为中用、开拓创新，做到中西合璧、融会贯通，我国文艺才能更好发展繁荣起来。"① 体现了社会主义先进文化开放性的特征。

三　社会主义先进文化的形成

"中国特色社会主义是物质文明和精神文明全面发展的社会主义。一个没有精神力量的民族难以自立自强，一项没有文化支撑的事业难以持续长久。"② 十八大以来，习近平总书记高度重视中国特色社会主义文化建设。作为文化建设的重要内容，社会主义先进文化是在马克思主义普遍原理指导下，结合中国特色社会主义实践，汲取中华优秀传统文化及革命文化的精华、在中外文化的融汇与整合的基础上形成的，是反映时代要求、具有中国气派、中国风格的社会主义文化。

（一）马克思主义是社会主义先进文化的理论之源

社会主义先进文化，是中国共产党人在马克思主义基本原理的指导下，结合我国在革命、建设和改革过程中的经验和教训所形成的，是马克思主

---

① 《十八大以来重要文献选编》（中），中央文献出版社，2016，第 136 页。
② 《十八大以来重要文献选编》（上），中央文献出版社，2014，第 280 页。

义的基本原理在当代中国的实践，是马克思主义中国化的当代产物。

第一，马克思主义开辟了人类先进文化的前进道路。马克思主义立足于人类历史发展的长河，揭示了人类历史发展的客观规律，"源于那个时代又超越了那个时代，既是那个时代精神的精华又是整个人类精神的精华"[①]。为人类先进文化的发展开辟了前进道路，使在马克思主义指导下的社会主义先进文化成为真正代表时代发展的科学的、开放的、人民的先进文化。

马克思主义的科学性开辟了先进文化的科学性，使社会主义先进文化真正代表了人类先进文化的结晶。从马克思主义的产生来看，正如列宁指出的，"马克思主义这一革命无产阶级的思想体系赢得了世界历史性的意义，是因为它并没有抛弃资产阶级时代最宝贵的成就，相反却吸收和改造了两千多年来人类思想和文化发展中一切有价值的东西"[②]。马克思主义是在充分吸收德国古典哲学、英国古典政治经济学和法国空想社会主义的积极成果的基础上产生的，其理论本身就是人类先进文化的结晶。从马克思主义的内容来看，马克思主义创建了唯物史观和剩余价值学说，这两大理论"揭示了人类社会发展的一般规律，揭示了资本主义运行的特殊规律"[③]，使马克思主义超越了一定的历史阶段，为整个人类从必然王国向自由王国飞跃提供了途径。正是由于马克思主义站在时代思想的最高峰，又揭示了超越时代的人类发展的一般规律，马克思主义才能真正反映人民大众的意愿和要求，成为无产阶级这一代表先进生产力的阶级认识世界、改造世界的强大精神武器，也赋予了社会主义先进文化以科学的世界观和方法论，从而引领社会主义先进文化沿着科学的方向前进。

---

① 《在纪念马克思诞辰200周年大会上的讲话》，人民出版社，2018，第7页。
② 《列宁选集》第4卷，人民出版社，1995，第299页。
③ 《在纪念马克思诞辰200周年大会上的讲话》，人民出版社，2018，第8页。

马克思主义的人民性开辟了先进文化的人民性，使得社会主义先进文化真正成为人民大众的文化，具备了科学的价值立场。在马克思之前，社会上占统治地位的理论都是为统治阶级服务的理论。马克思主义通过唯物史观和剩余价值学说，科学揭示了人类最终要达到没有压迫、没有剥削、人人平等、人人自由的共产主义社会，第一次站在人民的立场探索人类解放道路，成为工人阶级斗争的理论武器。正如列宁谈到的，过去"在历史观和政治观方面占支配地位的那种混乱和随意性，被一种极其完整严密的科学理论所代替……它把伟大的认识工具给了人类，特别是给了工人阶级"[①]。马克思主义的人民性，使它成为真正为工人阶级服务、指导工人阶级文化发展的理论。习近平总书记谈道，"人民性是马克思主义最鲜明的品格"[②]。马克思主义指导下的社会主义先进文化，继承了马克思主义的人民性，成为着眼于人民、来自人民群众、为人民服务的先进文化。

马克思主义的开放性赋予了社会主义先进文化以开放性和与时俱进的品质。习近平总书记谈道："一部马克思主义发展史就是马克思、恩格斯以及他们的后继者们不断根据时代、实践、认识发展而发展的历史，是不断吸收人类历史上一切优秀思想文化成果丰富自己的历史。"[③] 马克思主义的发展性和开放性使马克思主义永葆青春，一方面使社会主义先进文化有科学的理论指导，另一方面也赋予社会主义先进文化以开放性和发展性的品质，推动社会主义先进文化与时俱进、开拓创新，不断创造出新的内容。同时，马克思主义的开放性还体现在马克思主义不是教条，而是行动指南。恩格斯谈道："马克思的整个世界观不是教义，而是方法。它提供的不是现成的教条，而是进一步研究的出发点和供这种研

---

① 《列宁选集》第 2 卷，人民出版社，1995，第 311 页。
② 《在纪念马克思诞辰 200 周年大会上的讲话》，人民出版社，2018，第 17 页。
③ 《在纪念马克思诞辰 200 周年大会上的讲话》，人民出版社，2018，第 9 页。

究使用的方法。"① 马克思主义只有与各国的革命、建设和改革的具体情况相结合，才能真正指导各国发展，创造出符合各国国情的先进文化。正如毛泽东同志所指出的："马克思列宁主义并没有结束真理，而是在实践中不断开辟认识真理的道路。"② 中国共产党正是党在不同时期的建设经验，才创造出毛泽东思想、邓小平理论、"三个代表"重要思想、科学发展观、习近平新时代中国特色社会主义思想等内容，不断开拓马克思主义理论的新境界。

第二，社会主义先进文化是马克思主义中国化的当代产物。习近平总书记强调："马克思主义基本原理是普遍真理，具有永恒的思想价值，但马克思主义经典作家并没有穷尽真理，而是不断为寻求真理和发展真理开辟道路。"③ 这就是说，马克思主义虽然开辟了人类先进文化发展的新境界，但在与我国发展相结合时，还存在马克思主义中国化的问题。马克思主义中国化的产物，应当兼具本原性及实践性，即一方面要坚持马克思主义的指导地位，坚持马克思主义的基本立场、观点和方法；另一方面又必须立足于中国具体实际，融入党进行社会主义革命、建设和改革的过程中。

从理论层面来讲，社会主义先进文化的思想之所以成为马克思主义中国化的产物，首先在于它坚持了马克思主义的指导地位。从指导思想来看，社会主义先进文化之所以是科学的文化，就在于它是以马克思主义科学世界观为根本指导，从而具备了以往文化所没有的先进性；从价值立场来看，社会主义先进文化之所以是民族的、大众的文化，就在于它坚持了马克思主义的唯物史观，坚持将人民群众看作历史的创造者，坚持群众观点和群众路线；从目标来看，社会主义先进文化以培养有理

---

① 《马克思恩格斯文集》第10卷，人民出版社，2009，第691页。
② 《毛泽东选集》第1卷，人民出版社，1991，第296页。
③ 《十八大以来重要文献选编》（上），中央文献出版社，2014，第696页。

想、有道德、有文化、有纪律的社会主义公民为目标，这一目标是立体的、全面的，体现了马克思主义关于人的自由全面发展的观点。可以说，社会主义先进文化的内涵、特点和目标都体现了马克思主义的指导，从而保证了社会主义先进文化能不断发展。

从实践层面来讲，社会主义先进文化之所以成为马克思主义中国化的产物，是因为它产生于党带领人民进行革命、建设和改革的过程中，不断根据实践而产生新内容，充分体现了中国特色。改革开放将党的中心工作重新确立为经济建设后，我国物质文明得到了巨大发展，精神文明的发展被纳入视野。邓小平同志提出物质文明和精神文明"两手都要抓，两手都要硬"的方针，提出精神文明建设的目标是"使我国的人民成为有理想、有道德、有文化、有纪律的人民"等内容，成为先进文化的新内容，确定了社会主义先进文化发展的基本思路和基本原则。之后，根据实践经验和发展需要，以江泽民同志为核心的党的第三代中央领导集体以及以胡锦涛同志为总书记的党中央提出"三个代表"重要思想、科学发展观等内容，并将社会主义核心价值体系纳入先进文化建设视野，发展了社会主义先进文化的内容。十八大之后，习近平总书记提出一系列先进文化的新观点。十九大报告指出"意识形态决定文化前进方向和发展道路"①，将牢固掌握意识形态领导权作为先进文化建设的重要内容；同时，还强调"当代中国价值观念，就是中国特色社会主义价值观念，代表了中国先进文化的前进方向"②，"社会主义核心价值观是当代中国精神的集中体现，凝结着全体人民共同的价值追求"③，使社会主义核心价值观成为先进文化的集中体现；另外，还将理想信念教育、民族精神和

---

① 《决胜全面建成小康社会　夺取新时代中国特色社会主义伟大胜利——在中国共产党第十九次全国代表大会上的报告》，人民出版社，2017，第41页。
② 《习近平关于社会主义文化建设论述摘编》，中央文献出版社，2017，第199页。
③ 《决胜全面建成小康社会　夺取新时代中国特色社会主义伟大胜利——在中国共产党第十九次全国代表大会上的报告》，人民出版社，2017，第42页。

时代精神教育作为社会主义先进文化的内容，进一步丰富了社会主义先进文化的内涵。

党在不同时期对社会主义先进文化内容的创新，都是在马克思主义的指导下，结合中国特色社会主义发展需要而提出的，既体现了马克思主义的理论品质，又彰显了中国特色，成为马克思主义中国化的内容。

（二）中国特色社会主义实践是先进文化的实践基础

实践是认识的来源。一定的文化深深植根于一定的社会实践当中，不能脱离实践而存在，实践的发展能深刻地推动文化的创新。当前，中国特色社会主义进入新时代，为我国先进文化的发展提供了全新的历史背景。十八大以来，以习近平同志为核心的党中央站在新的时代起点，结合当代中国发展大势与世界发展局势，从"坚持和发展中国特色社会主义"这一问题出发，提出了全面建成小康社会、全面深化改革、全面依法治国、全面从严治党的战略布局。"四个全面"战略布局相互联系，内在统一于中国特色社会主义伟大实践当中，"既有战略目标，也有战略举措，每一个'全面'都具有重大战略意义。全面建成小康社会是我们的战略目标，全面深化改革、全面依法治国、全面从严治党是三大战略举措"①。"四个全面"战略布局阐释了坚持和发展中国特色社会主义的总目标、根本动力、基本方略和政治保障，是当前指导中国特色社会主义实践的科学指南，为社会主义先进文化思想的形成和发展提供了坚实的实践基础。

第一，全面建成小康社会为社会主义先进文化的发展繁荣、惠及群众提供了坚实的社会背景。"全面建成小康社会，是我们党向人民、向历

---

① 习近平：《领导干部要做尊法学法守法用法的模范　带动全党全国共同全面推进依法治国》，《人民日报》2015年2月3日，第1版。

史作出的庄严承诺，是 13 亿多中国人民的共同期盼。"① 全面建成小康社会作为"四个全面"战略布局的重要内容，展示了中国特色社会主义建设决定性阶段的战略目标。全面建成小康社会，是对以往"温饱型小康""总体性小康"认识的进一步发展。党的十八大报告中，全面阐释了全面建成小康社会的内涵，主要包括经济持续健康发展，人民民主不断扩大，文化软实力显著增强，人民生活水平全面提高，资源节约型、环境友好型社会建设取得重大进展等具体内容，并对每一内容的目标做出具体要求和部署。这就表明，全面建成小康社会，不仅是要坚持以经济建设为中心，更要全面推进经济建设、政治建设、文化建设、社会建设、生态建设协调发展；不仅要推动国家与社会整体水平的发展，还要坚持人民主体地位，促进个体的自由全面发展。全面建成小康社会目标的提出，表明我国要建设的社会主义社会，是涉及社会各个领域、各方面协调发展的社会，是覆盖全体社会成员、推动全体社会成员自由全面发展的社会。

在全面建成小康社会的目标引领下，党加强了对文化事业和文化产业的管理和投入，有效推动了社会主义文化大发展大繁荣，为社会主义先进文化的发展提供了强有力的实践基础。一是强调用社会主义先进文化引领文化体制改革。习近平总书记强调："关于文化体制改革，我只强调一点，就是要在继续大胆推进改革、推动文化事业全面繁荣和文化产业快速发展、建设社会主义文化强国的同时，把握好意识形态属性和产业属性、社会效益和经济效益的关系，始终坚持社会主义先进文化前进方向，始终把社会效益放在首位。无论改什么、怎么改，导向不能改，阵地不能丢。"② 就是说，在文化体制改革过程中，要发挥社会主义先进文化的方向引领作用，保障文化体制改革的意识形态属性。二是繁荣和发展社会主义文艺，发挥文艺对社会主义先进文化的推动作用。十八大

① 《在庆祝中国共产党成立 95 周年大会上的讲话》，人民出版社，2016，第 15 页。
② 《习近平关于社会主义文化建设论述摘编》，中央文献出版社，2017，第 185 页。

以来，我国积极推进"深入生活、扎根人民"主题实践活动；推动文化创意产品开发，实施中国当代文学艺术创作工程，培育新型文化业态，增加优质文化产品和服务供给，从而使"我国文艺界出现新气象新面貌"①，各文艺领域"都取得丰硕成果，主旋律更加响亮，正能量更加强劲，为人民提供了丰富精神食粮，向世界展示了中华文化魅力"②，为社会主义先进文化发展注入了新动力。三是繁荣发展文化事业和文化产业，积极建设社会主义先进文化的载体。十八大以来，我国着力"加快发展文化产业，提高文化产业规模化、集约化、专业化水平。组织开展多种形式的面向基层的文化活动和全民健身运动，着力丰富群众文化生活"③。通过文化产业发展以及博物馆、图书馆、文化馆等惠民工程建设，社会主义先进文化的推进有了更为丰富的载体，为社会主义先进文化深入群众提供了基础。

全面建成小康社会，体现了深刻的群众关怀，有效提升公民个人的思想道德素质和科学文化素质，生动展现了社会主义先进文化的人民性。在哲学社会科学工作座谈会上，习近平总书记指出："马克思主义坚持实现人民解放、维护人民利益的立场，以实现人的自由而全面的发展和全人类解放为己任，反映了人类对理想社会的美好憧憬。"④ 全面建成小康社会，正是在马克思主义的指导下而提出的，作为中国特色社会主义的阶段性目标，也以实现人的自由而全面的发展为己任，体现了人民性。党的十八大以来，我国以文化事业、文化产业、教育事业等为载体，积极弘扬和培育社会主义核心价值观，坚持理想信念教育，弘扬时代精神和民族精神，用先进理论和先进文化教育人民，有效提升了公民的思想道德素质和科学文化素质，从公民个人的文化层面为全面建成小康社会

---

① 《习近平关于社会主义文化建设论述摘编》，中央文献出版社，2017，第 193 页。
② 《习近平关于社会主义文化建设论述摘编》，中央文献出版社，2017，第 193 页。
③ 《习近平关于社会主义文化建设论述摘编》，中央文献出版社，2017，第 185 页。
④ 《习近平关于社会主义文化建设论述摘编》，中央文献出版社，2017，第 73 ~ 74 页。

提供支持。

第二，全面深化改革为社会主义先进文化的发展提供发展动力和制度保障。《中共中央关于全面深化改革若干重大问题的决定》指出："改革开放是决定当代中国命运的关键抉择，是党和人民事业大踏步赶上时代的重要法宝。"① 在新的历史条件下，面对复杂多变的国内外局势，为了破解发展难题、实现全面建成小康社会的目标，党的十八届三中全会对全面深化改革的路线进行了规划。所谓全面深化改革，就是从经济体制、政治体制、文化体制、社会体制、生态文明体制、国防和军队，以及党的建设制度等各方面入手进行改革，从而完善和发展中国特色社会主义制度，推进国家治理体系和治理能力现代化。全面深化改革，以改革为手段，能为社会主义先进文化提供动力；以完善和发展中国特色社会主义制度为目标，将为社会主义先进文化发展提供制度保障。

改革是经济和社会发展的强大动力。文化体制改革作为全面深化改革的重要内容，能为社会主义先进文化发展提供动力。全面深化改革决策制定以后，我国在文化体制改革方面，围绕建设社会主义核心价值体系、社会主义文化强国，加快完善文化管理体制和文化生产经营机制，建立健全现代公共文化服务体系、现代文化市场体系等内容，实行多项措施，不断满足人民群众的文化需求。例如，推进广播电视村村通、农家书屋、乡镇综合文化站等文化惠民工程，加大博物馆、图书馆等公共文化设施免费开放力度，为社会主义先进文化走进群众提供了便利。

反过来，社会主义先进文化也将为全面深化改革提供精神动力。2016年8月，习近平总书记在中央深改组第二十七次会议上强调："改革关头勇者胜，气可鼓而不可泄。"改革开放作为"一项长期的、艰巨的、繁重的事业"②，面临着复杂、多变的局面，如何不忘初心、牢记使命并勇往直

---

① 《十八大以来重要文献选编》（上），中央文献出版社，2014，第511页。
② 《习近平关于全面深化改革论述摘编》，中央文献出版社，2014，第4页。

前，是值得关注的问题。当前，我国改革已经进入攻坚期和深水区，面对改革过程中的矛盾、难点、短板，全面深化改革迫切需要自强不息、自我革新精神的鼓舞。这些精神饱含对国家和民族的深厚情感，饱含对胜利、对未来的企盼，无不激励人们克服困难，迎难而上，为全面深化改革提供强大的精神支持。

同时，全面深化改革的深入推进，发展和完善了中国特色社会主义制度，为先进文化的发展提供了相应的制度保障。先进文化理念和理论体系的建立，离不开良好的经济制度和政治制度所提供的经济发展环境和政治环境。全面深化改革提出以来，我国通过国有企业改革、供给侧结构性改革等措施，加快完善现代市场经济体系、宏观调控体系，转变经济发展方式，为先进文化的发展提供了更为稳定、开放的经济条件。同时，完善国家治理体系和治理能力的现代化，推动建设在党的领导下，党政主导，社会参与，协商共治，德法并举，治理能力现代的国家治理现代制度模式①，为先进文化的发展营造了良好的政治环境。同时也要看到，当前我国仍处于改革开放的攻坚阶段，文化管理体制、文化生产经营机制、公共文化服务机制等各项制度仍需进一步提升。在推进全面深化改革的进程中，要以社会主义核心价值观为引领，充分体现社会主义制度的优越性，为提升道路自信和文化自信增添力量。

第三，全面依法治国为社会主义先进文化注入新内容，推动依法治国与以德治国结合。当前，我国正处于全面建成小康社会的决胜阶段，改革进入攻坚期和深水区，要统筹好社会力量、平衡社会利益、调节社会关系、规范社会行为，使我国社会在变革中实现经济发展、政治清明、文化昌盛、社会公正、生态良好，离不开法治的引领和规范作用。《中共中央关于全面推进依法治国若干重大问题的决定》指出："依法治国，是

---

① 韩庆祥：《治国理政需方法———学习习近平总书记治国理政的哲学方法论》，《求是》2015 年第 5 期。

坚持和发展中国特色社会主义的本质要求和重要保障，是实现国家治理体系和治理能力现代化的必然要求，事关我们党执政兴国，事关人民幸福安康，事关党和国家长治久安。"全面依法治国，以建设中国特色社会主义法治体系，建设社会主义法治国家为总目标。作为"四个全面"战略部署的重要内容，全面依法治国为其他三个"全面"提供法律保障。全面依法治国方略的推进，有利于形成社会主义法治文化，为先进文化注入新内容。同时，社会主义先进文化的建设能提升社会公众的文化素养，推动依法治国与以德治国的结合。

一方面，社会主义法治文化作为社会主义先进文化的内容，伴随着全面依法治国方略的推进，在全社会形成的氛围更加浓厚。习近平总书记在党的十八届四中全会上指出："全面推进依法治国需要全社会共同参与，需要全社会法治观念增强，必须在全社会弘扬社会主义法治精神，建设社会主义法治文化。"实践是理论的来源和动力。一种文化的形成也离不开实践的推动。社会主义法治文化作为文化的一部分，随着全面依法治国各环节的实践而不断发展，推动社会主义法治文化建设从制度构建向精神培育转变。立法环节，通过尊重规律、协调统一的科学理念引领立法，社会主义法治文化在依法治国的最初环节得以培育。执法环节，通过有法可依、执法必严的科学执法，违法行为得以惩戒，法律权威得以保障，社会主义法治文化在法律的执行环节被肯定。司法环节，通过严格执法、公正司法，司法公信力得以维护，人民群众对社会主义法治文化的信任得以形成。科学立法、严格执法、公正司法，其结果必然是全民守法。全民守法，不仅体现了全面依法治国的实效性，更是全体公民对社会主义法治文化的认同和自觉遵守。

另一方面，社会主义先进文化能提升社会公众的文化素养，推动依法治国与以德治国的结合。国家和社会治理需要法律和道德共同发挥作用。十八届四中全会通过的《中共中央关于全面推进依法治国若干重大问题的决定》指出，要"坚持依法治国和以德治国相结合"。为此，"必须坚持一手抓法治、一手抓德治，大力弘扬社会主义核心价值观，弘扬中华传统美德，培育社会公德、职业道德、家庭美德、个人品德，既重视发挥法律的规范作用，又重视发挥道德的教化作用，以法治体现道德理念、强化法律对道德建设的促进作用，以道德滋养法治精神、强化道德对法治文化的支撑作用，实现法律和道德相辅相成、法治和德治相得益彰"。社会主义先进文化作为代表我国文化前进方向的文化，既体现中华传统美德，又体现时代精神，对提升公民道德素养发挥着重要作用，为以德治国提供支持。它将与全面依法治国一起，共同为推动依法治国与以德治国结合贡献力量。

第四，全面从严治党为社会主义先进文化建设提供强有力的领导力量，并进一步丰富社会主义先进文化的内涵。十九大报告指出："党政军民学，东西南北中，党是领导一切的。"[①] 中国共产党的领导是中国特色社会主义最本质的特征，是中国特色社会主义制度的最大优势。"四个全面"战略布局的推进，需要党总揽全局、协调各方，发挥把方向、谋大局、定政策、促改革的作用。打铁还需自身硬。党的领导真正发挥作用，需要党不断加强自身建设，坚定不移地全面从严治党。所谓全面从严治党，就是要"坚持党要管党、从严治党，切实解决自身存在的突出问题，切实改进工作作风，密切联系群众，使我们的党始终成为中国特色社会主义事业的坚强领导核心"[②]。全面从严治党，就是要全面推进党的政治建设、思想建设、组织建设、作风建设、纪律建设，并把制度建设贯穿其中。全面从严治党的实践，能为社会主义先进文化建设提供强有力的领导力量；全面从严治党的经验，能为社会主义先进文化注入新的内容。

---

① 《决胜全面建成小康社会　夺取新时代中国特色社会主义伟大胜利——在中国共产党第十九次全国代表大会上的报告》，人民出版社，2017，第20页。

② 《十八大以来重要文献选编》（上），中央文献出版社，2014，第70页。

一方面，全面从严治党，为社会主义先进文化建设提供了强有力的党的领导力量。社会主义先进文化建设作为一项系统的工程，离不开党的领导。作为工人阶级的先锋队，作为中国人民和中华民族的先锋队，十八大以来，通过全面从严治党方略的实施，党坚持用新时代中国特色社会主义思想武装全党，不断推进理想信念宗旨教育，推动党员同志自觉做共产主义远大理想和中国特色社会主义共同理想的坚定信仰者和忠实实践者，自觉树立政治意识、大局意识、核心意识、看齐意识。这一过程既是思想建党发挥作用的过程，也是共产党人坚持社会主义先进文化的过程。同时，全面从严治党各环节的实施，提升了党的执政能力，为党领导社会主义先进文化建设提供了坚实保障。党的政治建设是党的根本性建设。十九大报告强调，党的政治建设要"弘扬忠诚老实、公道正派、实事求是、清正廉洁等价值观，坚决防止和反对个人主义、分散主义、自由主义、本位主义、好人主义，坚决防止和反对宗派主义、圈子文化、码头文化，坚决反对搞两面派、做两面人"①。通过政治建设，党内存在的与先进文化相背离的价值观以及落后和有害的文化得以改正，社会主义先进文化对党的影响进一步提升。思想建设是党的基础性建设。"对党员、干部来说，思想上的滑坡是最严重的病变。"② 当前，党进行思想建设的主要内容就是要用新时代中国特色社会主义思想武装全党。新时代中国特色社会主义思想，是马克思主义中国化的最新成果，是党和人民实践经验和集体智慧的结晶，包含社会主义先进文化的最新内容。通过党的思想建设，党员的思想素养进一步提升，社会主义先进文化在党员头脑中也进一步巩固。抓"四风"、反腐败是党作风建设、纪律建设的重要内容，必须要发挥社会主义先进文化的作用。习近平总书记强调：

---

① 《决胜全面建成小康社会　夺取新时代中国特色社会主义伟大胜利——在中国共产党第十九次全国代表大会上的报告》，人民出版社，2017，第63页。
② 《十八大以来重要文献选编》（中），中央文献出版社，2016，第94页。

"现实生活中，一些党员、干部出这样那样的问题，说到底是信仰迷茫、精神迷失。"① 共产主义远大理想和中国特色社会主义共同理想作为我国社会主义先进文化的内容，对党改善作风、增强纪律也发挥着重要的作用。

另一方面，全面从严治党的实践推动了党建文化的发展，进一步丰富了社会主义先进文化的内涵。中国共产党是一个有高度文化自信和文化自觉的政党。党建文化产生于党的建设实践，反映了党的思想观念、组织观念、行为观念、价值观念，对党员干部发挥着潜移默化的引领、规范、约束作用。在全面从严治党的过程中，党不断丰富党建文化的内涵。"坚定理想信念，坚守共产党人精神追求，始终是共产党人安身立命的根本。"② 全面从严治党十分强调理想信念宗旨教育，不断增强共产党人的马克思主义信仰和对社会主义及共产主义的信念，强化了党建文化的马克思主义信仰特征；党的十八届四中全会首次将"形成完善的党内法规体系"纳入中国特色社会主义法治体系建设之中，体现了党重视制度建设的文化传统；十九大报告指出："全面从严治党永远在路上。"③ 反映了党推动全面从严治党的决心以及将全面从严治党各项措施付诸实践的信心。实践是理论的来源，也是最终目的。党不断推进全面从严治党实践的决心和信心，也融入党建文化中，体现了党建文化的实践特性。党建文化科学性、实践性在全面从严治党的实践中被体现和丰富，也与社会主义先进文化在核心内容和主要特征上高度一致。党建文化与社会主义先进文化一起，相互促进、相辅相成，共同为先进文化发展提供动力。

（三）革命文化是先进文化的精神之源

革命文化是在我国反对帝国主义、封建主义和官僚资本主义的艰苦

---

① 《十八大以来重要文献选编》（上），中央文献出版社，2014，第80~81页。
② 《十八大以来重要文献选编》（上），中央文献出版社，2014，第80页。
③ 《决胜全面建成小康社会　夺取新时代中国特色社会主义伟大胜利——在中国共产党第十九次全国代表大会上的报告》，人民出版社，2017，第61页。

斗争中孕育而成的文化。革命文化以马克思主义为基础，以实现民族独立与人民解放为主线，在革命斗争中形成包括革命思想理论、革命信念精神、革命文化作品等在内的各种革命文化成果，成为凝聚共产党人和革命群众独特思想和精神风貌的重要载体。革命文化是社会主义先进文化的精神之源，赋予社会主义先进文化以鲜明的中国特色。

革命文化彰显了中国共产党人对理想信念的忠诚不渝，凝聚了人民群众对祖国的深沉之爱，成为中华民族最为独特的精神标识。正如习近平总书记指出的那样："在5000多年文明发展中孕育的中华优秀传统文化，在党和人民伟大斗争中孕育的革命文化和社会主义先进文化，积淀着中华民族最深层的精神追求，代表着中华民族独特的精神标识。"[1] 当前，我国进入中国特色社会主义新时代，正处于全面建成小康社会的决胜阶段，革命已经不再是时代主题。然而，革命文化仍然具有重要的现实意义。习近平总书记指出："我们党已经走过了95年的历程，但我们要永远保持建党时中国共产党人的奋斗精神，永远保持对人民的赤子之心……面向未来，面对挑战，全党同志一定要不忘初心、继续前进。"[2] 在新的历史条件下，中国共产党人继续坚持革命文化的优良传统，并将其与新的时代特点、实践要求相结合，在中国社会主义建设与改革中形成社会主义先进文化。换言之，革命文化是社会主义先进文化的主要源头。

第一，革命文化决定了社会主义先进文化的发展方向。革命文化是中华文化的"魂"，也是文化发展的"根"。习近平总书记2008年在江西调研考察时，强调革命文化传统是"永远激励我们前进的宝贵财富，任何时候都不能忘记，任何时候都不能丢"。习近平总书记用"不忘初心、牢记使命"突出弘扬革命文化与党和国家前途命运的紧密关联，强调把中国共产党的优秀文化传统与社会主义先进文化的发展结合起来。传承

---

① 《在庆祝中国共产党成立95周年大会上的讲话》，人民出版社，2016，第13页。
② 《在庆祝中国共产党成立95周年大会上的讲话》，人民出版社，2016，第7~8页。

革命文化，就是要不忘源头，尊重和发展革命文化，使其继续发挥资政育人的作用。承载着中华民族最深沉精神追求的革命文化，指引着社会主义先进文化的方向。革命文化是一种以人民为中心的文化，社会主义先进文化继承了这一根本立场，始终以解放和发展生产力，消灭剥削，消灭两极分化，实现共同富裕为价值取向，以实现共产主义为最高理想，努力为实现人民利益提供适宜的文化环境。革命文化还具有与时俱进的理论品质，能够紧随时代条件的变化而变化。社会主义先进文化之所以先进，在于其继承了革命文化与时俱进的理论品质，始终保持与时代同步伐，并形成包括"大庆精神""'两弹一星'精神""载人航天精神"等在内的诸多精神。同时，革命文化还塑造了社会主义先进文化中特色鲜明的精神追求。例如，以爱国主义为核心的民族精神是社会主义核心价值体系的精髓，是对革命年代形成的"井冈山精神""长征精神""西柏坡精神"的继承。同时，在革命年代形成的艰苦奋斗、甘于奉献、依靠群众、实事求是等革命文化传统仍是人民进行中国特色社会主义实践的强大精神动力，是社会主义先进文化的鲜明底色。

　　第二，革命文化是坚定社会主义先进文化自信的精神支柱。习近平总书记指出："站立在九百六十万平方公里的广袤土地上，吸吮着中华民族漫长奋斗积累的文化养分，拥有十三亿中国人民聚合的磅礴之力，我们走自己的路，具有无比广阔的舞台，具有无比深厚的历史底蕴，具有无比强大的前进定力，中国人民应该有这个信心，每一个中国人都应该有这个信心。"[①] 革命文化是中华民族最为独特的精神标识，为坚定社会主义先进文化自信注入了定力、破除了阻力、增添了动力。近代以来，在西方文化与坚船利炮的冲击下，人们开始对中华文化这一曾经在世界上独领风骚的文化失去信心。近代以来的几次变革都没能让人们重拾对中华文化的自信。马克思主义传入中国后，与中国革命实践相结合形成

---

① 《十八大以来重要文献选编》（上），中央文献出版社，2014，第699页。

的革命文化激励了无数人，为中国革命的成功指引了方向，从而为中华文化自信注入了定力。当前，影响社会主义先进文化自信的阻力主要有极左思维、民族虚无主义以及西方自由主义。革命文化的民族性与科学性要求坚持马克思主义的辩证唯物主义与历史唯物主义，全面审视中华传统文化，取其精华，破除文化发展的阻力。此外，革命文化中包含的伟大斗争精神为社会主义先进文化自信增添了动力，主要表现为革命文化赋予社会主义先进文化以不断开拓、勇于创新的精神。在新时期形成的载人航天精神、北京奥运精神、抗震救灾精神等就是集中体现。

第三，革命文化为社会主义核心价值观提供精神指引与行动指南。社会主义核心价值观是社会主义先进文化的灵魂。党的十八大报告提出，倡导富强、民主、文明、和谐，倡导自由、平等、公正、法治，倡导爱国、敬业、诚信、友善，积极培育和践行社会主义核心价值观。这二十四个字从国家层面、社会层面和个人层面出发规定了社会主义核心价值观的核心内涵。革命文化与社会主义核心价值观紧密联系。一方面，革命文化熔铸于社会主义核心价值观。革命文化蕴含中国人民对于美好价值的不懈追求，例如，中国人民在新文化运动中表现出来的对民主与科学的追求，在新民主主义革命时期对富强、自由、平等、公正的社会环境的追求，这些价值观熔铸于社会主义核心价值观之中，成为新的历史条件下中国人民的价值追求。也就是说，革命文化体现了中国对于核心价值的理解与追求，不断滋养着社会主义核心价值观。另一方面，革命文化孕育了践行社会主义核心价值观的精神品格。社会主义核心价值观的培育与践行是一个长期而复杂的工作，需要久久为功。革命文化蕴含着极为丰富的精神品格，以"坚定信念、艰苦奋斗，实事求是、敢闯新路，依靠群众、勇于胜利"为主要内涵的井冈山精神，以"坚定信念、求真务实、一心为民、清正廉洁、艰苦奋斗、争创一流、无私奉献"为主要内涵的苏区精神，以"两个务必""两个敢于""两个坚持""两个善于"为基本内涵的西柏坡精神等都是其重要内容。传承与发扬这些精神品格有助于培育和践行社会主义核心价值观。

第四，革命文化为全面从严治党提供精神养分。中国共产党是中国特色社会主义建设的领导核心，是建设社会主义先进文化的领导者。习近平总书记在党的十九大报告中指出："中国共产党从成立之日起，既是中国先进文化的积极引领者和践行者，又是中华优秀传统文化的忠实传承者和弘扬者。当代中国共产党人和中国人民应该而且一定能够担负起新的文化使命，在实践创造中进行文化创造，在历史进步中实现文化进步！"[①] 全面从严治党是保持党的先进性与纯洁性的必然要求，也是建设社会主义先进文化的重要保障。全面从严治党必须首先塑造风清气正的党内政治文化。中共中央印发的《关于加强和改进中央和国家机关党的建设的意见》指出："充分利用中央和国家机关的光荣历史和红色资源，传承红色基因，加强党性训练。"这就表明，革命文化为全面从严治党提供了丰富的理论资源和实践要求。坚定理想信念是革命文化的核心，是现今预防和根治共产党员思想上变质、精神上"缺钙"的良方；勇于不断革命是革命文化的重要品质，是现今赋予共产党员生机活力的动力；纪律严明是革命文化的独特优势，有助于现今夯实全面从严治党的作风基础。始终坚持继承与弘扬革命文化，是社会主义先进文化创新发展的不竭动力。

（四）中华优秀传统文化是先进文化的精神滋养

中华民族在五千年文明历史进程中孕育出来的中国优秀传统文化，凝聚了中华民族最为深沉的精神追求，是中华民族生生不息、发展壮大的丰厚滋养。中华优秀传统文化已经成为中华民族最根本的精神基因。

---

① 《决胜全面建成小康社会　夺取新时代中国特色社会主义伟大胜利——在中国共产党第十九次全国代表大会上的报告》，人民出版社，2017，第44页。

社会主义先进文化植根于中华大地，其发展离不开中华优秀传统文化的滋养。优秀传统文化是中华民族宝贵的精神财富，是发展社会主义先进文化的深厚基础。在发展社会主义先进文化的过程中，要坚持对中华优秀传统文化进行创新性发展和创造性转化，激发中华优秀传统文化的生命力。

首先，中华优秀传统文化是中华民族的精神基因。习近平总书记指出："中华优秀传统文化已经成为中华民族的基因，植根于中国人内心，潜移默化影响着中国人的思想方式和行为方式。"① 一个国家或者民族有自身独特的精神基因，这种基因产生和存在于这个国家或民族的文化传统中。中华优秀传统文化是在中华民族五千多年的文明发展进程中孕育的，是中华民族最为独特的精神标识，成为中华民族的"根"与"魂"，深刻影响着每一位中华儿女。

中华优秀传统文化是一个复杂的文化体系，儒家、道家、法家等各家思想相互交融，共同构成中华优秀传统文化。中华优秀传统文化具有十分丰富的内涵。例如，"天下兴亡，匹夫有责"的担当意识，"舍生取义"的牺牲精神，"载舟覆舟""居安思危"的忧患意识，"天人合一""天下为公"的社会理想，"与人为善""己所不欲，勿施于人"的处世之道，"止戈为武""协和万邦"的和平思想，"以人为本""民惟邦本"的治国理念，"儒法并用""德刑相辅"的治理思想，"国而忘家，公而忘私"的家国情怀，"先天下之忧而忧，后天下之乐而乐"的忧民意识，"精忠报国"的爱国情怀，"革故鼎新"的创新思想，"言必信，行必果""人而无信，不知其可也"的诚信意识，"出入相友，守望相助"的友爱思想，"老吾老以及人之老，幼吾幼以及人之幼"的孝道思想，"君子喻于义""君子坦荡荡""君子义以为质"的处世思想，等等。习近平总书记指出，"像这样的思想和理念，不论过去还是现在，都有其鲜明的民族

---

① 习近平：《在北京大学师生座谈会上的讲话》，《人民日报》2018 年 5 月 3 日，第 2 版。

特色，都有其永不褪色的时代价值。这些思想和理念，既随着时间推移和时代变迁而不断与时俱进，又有其自身的连续性和稳定性。我们生而为中国人，最根本的是我们有中国人的独特精神世界，有百姓日用而不觉的价值观"①，充分肯定了中华优秀传统文化的时代价值。

习近平总书记高度重视中华优秀传统文化，在多个场合多次强调中华优秀传统文化的重要性。2014年4月2日，习近平总书记在布鲁日欧洲学院演讲时指出，"中国人独特而悠久的精神世界，让中国人具有很强的民族自信心，也培育了以爱国主义为核心的民族精神"②。2014年9月9日在北京师范大学调研时，习近平总书记指出，"我很不赞成把古代经典诗词和散文从课本中去掉，'去中国化'是很悲哀的。应该把这些经典嵌在学生脑子里，成为中华民族文化的基因"。只有在继承与发展中华优秀传统文化的基础上，中华民族才能始终保持旺盛的生命力。

其次，中华优秀传统文化是社会主义先进文化的重要源泉。中华优秀传统文化层次丰富、内涵宽广，在中华民族五千多年的文明进程中始终历久弥新。中华优秀传统文化之所以能够保持旺盛的生命力，在于其蕴含着中华民族最根本的精神基因，这些精神基因是发展社会主义先进文化的重要源泉。十九大报告提出："中国特色社会主义文化，源自于中华民族五千多年文明历史所孕育的中华优秀传统文化，熔铸于党领导人民在革命、建设、改革中创造的革命文化和社会主义先进文化，植根于中国特色社会主义伟大实践。"③ 因此，大力传承和弘扬中华优秀传统文化，对于发展社会主义先进文化具有重要的意义。

中国共产党一直都高度重视中华优秀传统文化，认真汲取中华优秀传统文化的思想精华与道德精髓。习近平总书记在主持中共中央政治局

---

① 《十八大以来重要文献选编》（中），中央文献出版社，2016，第5页。
② 习近平：《在布鲁日欧洲学院的演讲》，《人民日报》2014年4月2日，第2版。
③ 《决胜全面建成小康社会　夺取新时代中国特色社会主义伟大胜利——在中国共产党第十九次全国代表大会上的报告》，人民出版社，2017，第41页。

第十三次集体学习时的讲话指出，要"大力弘扬以爱国主义为核心的民族精神和以改革创新为核心的时代精神，深入挖掘和阐发中华优秀传统文化讲仁爱、重民本、守诚信、崇正义、尚和合、求大同的时代价值，使中华优秀传统文化成为涵养社会主义核心价值观的重要源泉"①。可以看出，无论是弘扬以爱国主义为核心的民族精神和以改革创新为核心的时代精神，弘扬讲仁爱、重民本、守诚信、崇正义、尚和合、求大同的时代价值，还是培育和践行社会主义核心价值观，都离不开对中华优秀传统文化的挖掘与阐发。

"核心价值观是文化软实力的灵魂、文化软实力建设的重点。这是决定文化性质和方向的最深层次要素。"② 社会主义核心价值观是当代中国精神的集中体现，反映了全体中国人民共同的价值追求。培育和践行社会主义核心价值观是建设社会主义文化强国和发展社会主义先进文化的灵魂工程。习近平总书记指出："中华优秀传统文化是中华民族的精神命脉，是涵养社会主义核心价值观的重要源泉，也是我们在世界文化激荡中站稳脚跟的坚实根基。"③ 社会主义核心价值观只有扎根于中华优秀传统文化的土壤中，才能够成为中国人民普遍接受和奉行的价值追求与行为规范。"富强、民主、文明、和谐，自由、平等、公正、法治，爱国、敬业、诚信、友善"是社会主义核心价值观的基本内容，它继承了中华优秀传统文化的基因，寄托着中国人民的理想与信念，是中华优秀传统文化的当代表达。

最后，社会主义先进文化的形成和发展，离不开对中华优秀传统文化进行创造性转化与创新性发展。中华优秀传统文化是我国的突出优势和最深厚的文化软实力。运用好、发展好中华民族优秀传统文化，不仅

---

① 《习近平关于社会主义文化建设论述摘编》，中央文献出版社，2017，第141页。
② 《习近平谈治国理政》，外文出版社，2014，第164页。
③ 《十八大以来重要文献选编》（中），中央文献出版社，2016，第135页。

有助于中华优秀传统文化的生存发展，而且为中国特色社会主义文化的繁荣发展找到了支撑。习近平总书记指出："我们要以更大的力度、更实的措施加快建设社会主义文化强国，培育和践行社会主义核心价值观，推动中华民族优秀传统文化创造性转化，创新性发展，让中华文明的影响力、凝聚力、感召力更加充分地展示出来。"① 对中华优秀传统文化进行创造性转化、创新性发展是习近平总书记关于在中国特色社会主义新时代运用和发展中华优秀传统文化的重要思想。

对中华优秀传统文化进行创造性转化、创新性发展，首先要坚持马克思主义的指导原则。马克思主义是建立在辩证唯物主义与历史唯物主义基础之上的科学的世界观与方法论，具有很强的实践指导性。马克思主义是中国特色社会主义的指导思想，也是中国特色社会主义继往开来的理论基础。只有坚持马克思主义的指导原则，以马克思主义引领社会主义先进文化的前进方向，社会主义先进文化才能始终保持科学性与先进性。也就是说，坚持马克思主义的指导地位，是实现中华优秀传统文化创造性转化、创新性发展的首要原则。具体而言，就是运用马克思主义的基本立场、基本观点与基本方法来分析中华优秀传统文化，充分认识到中华优秀传统文化的历史地位与时代价值，实现中华优秀传统文化的转化与发展。

对中华优秀传统文化进行创造性转化、创新性发展，必须坚持服务发展的原则。对中华优秀传统文化进行转化、发展的逻辑动因与价值旨归在于服务中国特色社会主义发展。服务现实发展是中华优秀传统文化转化、发展的动力，也是其必须遵循的根本原则。服务发展首先要了解中华优秀传统文化的历史渊源、发展主线、独特创造、价值理念等基本内容，明确中华优秀传统文化的本根。其次要加强对中华优秀文化的挖

---

① 习近平：《在第十三届全国人民代表大会第一次会议上的讲话》，《人民日报》2018 年 3 月 21 日，第 2 版。

掘与阐发，尊重文化发展规律，守住中华文化的"根"与"魂"，对中华优秀传统文化进行辩证取舍。同时，要着眼服务现实发展，对中华优秀传统文化的内涵加以拓展与完善，赋予其鲜明的时代内涵，要"使中华民族最基本的文化基因与当代文化相适应、与现代社会相协调，以人们喜闻乐见、具有广泛参与性的方式推广开来，把跨越时空、超越国度、富有永恒魅力、具有当代价值的文化精神弘扬起来"①。

① 《习近平谈治国理政》，外文出版社，2014，第161页。

第二章　社会主义先进文化的当代价值

"没有先进文化的积极引领，没有人民精神世界的极大丰富，没有民族精神力量的不断增强，一个国家、一个民族不可能屹立于世界民族之林。"[①] 党的十八大以来，以习近平同志为核心的党中央自觉担负起文化建设使命，围绕坚持和发展什么样的中国特色社会主义、怎样坚持和发展中国特色社会主义重大时代课题，提出了一系列社会主义先进文化建设的重要论断，具有十分重要的理论意义和现实意义。

一　满足人民美好精神生活需要

"中国特色社会主义进入新时代，我国社会主要矛盾已经转化为人民日益增长的美好生活需要和不平衡不充分的发展之间的矛盾。我国稳定解决了十几亿人的温饱问题，总体上实现小康，不久将全面建成小康社会，人民美好生活需要日益广泛，不仅对物质文化生活提出了更高要求，而且在民主、法治、公平、正义、安全、环境等方面的要求日益增长。"[②]

---

① 《十八大以来重要文献选编》（中），中央文献出版社，2016，第121页。
② 《决胜全面建成小康社会　夺取新时代中国特色社会主义伟大胜利——在中国共产党第十九次全国代表大会上的报告》，人民出版社，2017，第11页。

其中，民主、法治、公平、正义等都是精神生活层面的内容。精神生活需要同物质生活需要一样，都是人的基本需要。当社会生产力得到不断发展，满足人民需要的能力得到提升时，人民就不再满足于一般的精神生活需要，而是追求更美好的精神生活，更高的文化境界。社会主义先进文化坚持以人民为中心的价值取向，目的是丰富人民的精神世界，增强人民的精神力量，满足人民日益增长的美好精神生活需要。

（一）增强人民精神动力

社会主义先进文化是站在时代前列，合乎历史潮流，符合客观真理，反映广大人民群众利益的文化，可以为人民从事的实践活动以及社会发展提供强大的精神支撑和动力支持。

社会主义先进文化可以增强个体的精神动力。个体精神动力就是某种精神因素因被个体主体所理解、吸收、内化而对主体的实践活动产生的精神推动力量。恩格斯指出："推动人去从事活动的一切，都要通过人的头脑，甚至吃喝也是由于通过头脑感觉的饥渴而开始，并且同样由于通过头脑感觉的饱足而停止。外部世界对人的影响表现在人的头脑中，反映在人的头脑中，成为感觉、思想、动机、意志，总之，成为'理想的意图'，并且以这种形态变成'理想的力量'。"[1] 精神因素通过人的头脑形成感觉、思想、动机、意志等，明确主体的行动方向，从而对个体的学习、生活、工作产生强大的推动力。这种精神推动力来源于远大的理想、坚定的信念、坚强的意志、高尚的情操、美好的追求、明确的是非观念等。社会主义先进文化是以马克思主义为指导，以优秀传统文化为根基，以社会主义核心价值观为灵魂的文化，能够给人以思想的启迪、心灵的震撼、真善美的引导。

社会主义先进文化可以增强群体的精神动力。群体精神动力就是群

①《马克思恩格斯选集》第4卷，人民出版社，2012，第238页。

体作为主体形成的群体性的精神因素。没有共同的群体精神，群体就会缺乏凝聚力和向心力，也就难以推动群体实践活动的发展。只有创立群体需要的奋斗目标、共同的理想信念、正确的思想意识，才能被群体主体所认同和接受，把分散的、不同的精神力量整合凝聚为共同的、统一的精神力量，形成群体的精神凝聚力。马克思在《〈黑格尔法哲学批判〉导言》中指出："批判的武器当然不能代替武器的批判，物质力量只能用物质力量来摧毁；但是理论一经掌握群众，也会变成物质力量。理论只要说服人〔ad hominem〕，就能掌握群众；而理论只要彻底，就能说服人〔ad hominem〕。所谓彻底，就是抓住事物的根本。而人的根本就是人本身。"① 强调了理论只有把握住"人"这个根本，才能具备彻底性，才能掌握群众并变为物质力量。从而确立了理论应当以人民为中心的价值取向。显然，形成共同的群体精神需要坚持以人民为中心的价值取向，解决好为什么人的根本性问题。习近平总书记在全国哲学社会科学工作座谈会上的讲话中指出："我国哲学社会科学为谁著书、为谁立说，是为少数人服务还是为绝大多数人服务，是必须搞清楚的问题。"② 在文艺工作座谈会上也强调："社会主义文艺，从本质上讲，就是人民的文艺。"③ 可以说，社会主义先进文化坚持以人民为中心的价值导向，有利于抓住"人"这一根本，有效引领和引导人民群众，形成群体的精神动力。

社会主义先进文化可以增强民族的精神动力。民族精神动力就是民族精神对某一民族主体及其实践活动的推动力和支撑力。民族精神是一个国家和民族的兴国之魂、强国之魂。习近平总书记指出："人无精神不立，国无精神则不强。精神是一个民族赖以长久生存的灵魂，唯有精神上达到一定的高度，这个民族才能在历史的洪流中屹立不倒、奋勇向

---

① 《马克思恩格斯选集》第 1 卷，人民出版社，2012，第 9～10 页。
② 《习近平关于社会主义文化建设论述摘编》，中央文献出版社，2017，第 77～78 页。
③ 《习近平谈治国理政》第 2 卷，外文出版社，2017，第 314 页。

前。"① 从中国历史发展来看，中华民族具有五千多年的发展史，在发展历程中，中华民族何以能够应对挑战、浴火重生、不断发展？"其中一个很重要的原因就是世世代代的中华儿女培育和发展了独具特色、博大精深的中华文化，为中华民族克服困难、生生不息提供了强大精神支撑。"② 但是，近代以来，由于西方列强的入侵、封建统治的腐败，中国逐渐沦为半殖民地半封建社会。面对苦难，中国人民何以能够不断攻坚克难、取得胜利？力量源泉来自对中国精神的坚守和追求。随着时代的发展与进步，以爱国主义为核心的民族精神和以改革创新为核心的时代精神不断发展。红船精神、井冈山精神、长征精神、抗战精神、延安精神、西柏坡精神、"两弹一星"精神、抗洪精神、载人航天精神、抗震救灾精神、奥运精神等为中国精神赋予了新的时代内涵，展现了中国共产党人的责任担当，是中华民族精神内涵的生动象征。新时代条件下，中国精神依然是推进中国社会主义现代化建设的强大精神力量，是实现中华民族伟大复兴的力量源泉。

（二）丰富人民精神家园

"文化是民族的血脉，是人民的精神家园。"③ 精神家园是人在文化认同基础上形成的文化寄托和精神归属。对个人来说，精神家园为其提供了一个系统、稳定的价值世界，代表着一个人的归属感。对民族来说，精神家园是一个民族发展的精神支撑，表征着一个民族的凝聚力。立足新时代中国特色社会主义的历史方位，重视社会主义先进文化建设，丰富人民的精神家园具有重要意义。

推进社会主义先进文化建设，丰富人民的精神家园，是应对现实的

① 《十八大以来重要文献选编》（下），中央文献出版社，2018，第395～396页。
② 《十八大以来重要文献选编》（中），中央文献出版社，2016，第119页。
③ 《胡锦涛文选》第3卷，人民出版社，2016，第637页。

需要。一方面，文化越来越成为民族凝聚力和创造力的重要源泉。文化是民族的灵魂，是一个民族生存和发展的重要力量，是民族身份归属的标志和安身立命的根基。习近平总书记指出："中华民族有着 5000 多年的悠久历史和灿烂文化，而且中华文明从远古一直延续发展到今天。为什么中国民族能够在几千年的历史长河中顽强生存和不断发展呢？很重要的一个原因，是我们民族有一脉相承的精神追求、精神特质、精神脉络。"① 可以说，在五千多年文明发展中孕育的中华优秀传统文化，以及在革命、建设、改革中创造的革命文化和社会主义先进文化构成博大精深的中国特色社会主义文化，这一文化是我们共同培育的民族精神和共同情感，是中华民族不能脱离的精神家园。另一方面，随着经济全球化、网络信息化、社会现代化的不断发展，世界范围内的思想文化、价值观念多元并存、多样发展，文化的交流交融交锋日益频繁，这易造成人们文化认同的迷失和价值观念的迷茫。因此，推进社会主义先进文化建设，丰富人民的精神家园，已然成为时代的重要课题。

作为一种价值理念，社会主义先进文化可以规范人们的行为方式，有利于在全社会形成共同的道德基础。人的生存和发展需要物质和精神两个因素，缺一不可。人要维持基本的生存，必须进行物质资料生产；人要保持灵魂的安宁，必须要有高尚的道德情操。只有将崇高的道德准则转化为人民的道德践履和个人品质，才有可能带领人民走向幸福与高尚的生活。邓小平同志提出，进行社会主义文化建设要把培养"有理想、有道德、有文化、有纪律"的"四有"新人作为重要战略任务。江泽民同志更是从以德治国的高度肯定了道德建设的重要作用。习近平总书记进一步从推进中国特色社会主义事业的高度强调道德建设的意义，"精神的力量是无穷的，道德的力量也是无穷的"②。核心价值观作为社会主义

---

① 《习近平谈治国理政》，外文出版社，2014，第 180～181 页。
② 《习近平谈治国理政》，外文出版社，2014，第 158 页。

先进文化的灵魂，"其实就是一种德，既是个人的德，也是一种大德，就是国家的德、社会的德。国无德不兴，人无德不立"①。社会主义核心价值观把涉及国家、社会、公民的要求融为一体，深入回答了建设什么样的国家、构建什么样的社会、培育什么样的公民的重大问题，形成全国各族人民共同认可的价值观"最大公约数"。培育和践行社会主义核心价值观，可以进一步充实人们的精神世界，帮助人们抵制享乐主义、消费主义和物质主义价值观的侵蚀，带来精神上的增值和文化品位的提升。

作为一种理想信念，社会主义先进文化为人们指明奋斗的理想和目标。就人的本质来说，人不仅追求物质生活，还追求精神生活，寻求生命的意义和人生的价值。"人为什么活着？人怎样生活才能有意义？"这是每个人都会思考的价值问题。由此，构建精神家园就是树立人生信仰信念，寻找安身立命的支撑，消解身份焦虑和心理失衡，为人寻求一种精神归宿。只有具备了崇高的价值信仰才能使人获得精神的升华与情感的寄托。习近平总书记将理想信念比喻为人的精神之"钙"，"没有理想信念，或理想信念不坚定，精神上就会'缺钙'，就会得'软骨病'"②。对马克思主义、共产主义的信仰，对社会主义的信念，是国人一生矢志不渝的精神追求，只有坚守这一精神家园，才能铸就铜墙铁壁，才能练就钢筋铁骨，才能达到精神"脱贫"的目的。但是，"崇高信仰、坚定信念不会自发产生。要炼就'金刚不坏之身'，必须用科学理论武装头脑，不断培植我们的精神家园"③。也就是说，培植和坚守我们的精神家园，就要发展社会主义先进文化，加强社会主义精神文明建设，用先进文化来武装人、影响人、塑造人、培养人。

作为一种精神纽带，社会主义先进文化可以统一人们的思想，维护

---

① 《习近平谈治国理政》，外文出版社，2014，第168页。
② 《习近平谈治国理政》，外文出版社，2014，第414页。
③ 《习近平关于社会主义文化建设论述摘编》，中央文献出版社，2017，第61页。

民族的团结，增强中华民族的凝聚力和向心力。精神纽带类似于黏合剂，它可以使不同的民族产生认同感和归属感、凝聚力和向心力，以此促进各民族的团结和社会发展进步。一个民族如果没有自己的精神纽带，就等于没有灵魂，没有生存发展的支撑力量，就会失去民族的生命力和创造力。世界上每一个成熟的民族，每一个独立发展的国家，都会有属于自己的文化形态，都会有打上自己民族烙印的文化形式，这种独具特色的文化就是一个民族长久生存、绵延发展的重要源泉。就中国来说，中华优秀传统文化作为一种历史积淀，随着历史的演进会渗透进每个中华儿女的心灵深处，形成独具中国特色的生活方式、思维模式、行为准则以及处世态度，构成每个中国人的精神家园。渊源于中华民族五千多年文明、形成于当代中国社会主义伟大实践的社会主义先进文化，是将五十六个民族凝聚为一体的精神纽带，是推动各民族同心同德实现"两个一百年"奋斗目标，实现中华民族伟大复兴的强大力量。

（三）提供健康的精神文化生活

文化是人的存在方式，人需要精神生活。人是有生命的活动体，但与动物不同，"人类社会与动物界的最大区别就是人是有精神需求的，人民对精神文化生活的需求时时刻刻都存在"[①]。正是人的主观能动性使人与动物区别开来。满足人的物质需求要进行经济建设，不断增加社会的物质财富；满足人的精神需求，需要抓好文化建设，增加社会的精神文化财富。并且，立足于新时代中国特色社会主义的历史方位，人民对文化的质量、品位、风格等的要求也越来越严，对社会主义先进文化建设的要求也越来越高。

社会主义先进文化能为人民提供丰富的精神食粮。来源于人民，服务于人民，是社会主义先进文化的本质要求。习近平总书记指出："要树

---

① 《习近平谈治国理政》第 2 卷，外文出版社，2017，第 315 页。

立以人民为中心的工作导向，把服务群众同教育引导群众结合起来，把满足需求同提高素养结合起来，多宣传报道人民群众的伟大奋斗和火热生活，多宣传报道人民群众中涌现出来的先进典型和感人事迹，丰富人民精神世界，增强人民精神力量，满足人民精神需求。"① 人民不是抽象的，而是具体的，为满足人民多方面的精神需求，社会主义先进文化建设要注重把握先进性与广泛性、高雅性与通俗性、主导性和多样性相结合等原则。社会主义先进文化"既要有阳春白雪、也要有下里巴人，既要顶天立地、也要铺天盖地"②。因此，把握人民需求，生产出人民喜闻乐见的文化产品和优秀作品，可以提高人民的精神境界和文化品位，温润心灵、启迪心智，为人民提供丰富健康的精神食粮。

社会主义先进文化，能为人民提供健康的文化生活。人民群众是物质财富和精神财富的创造者，也是物质财富和精神财富的享有者。因此，习近平总书记强调，进行文化建设要坚持人民共建共享原则，坚持文化事业和文化产业相统一、社会效益和经济效益相统一的原则。文化事业具有公益性、公共性等特征，通过政府来提供基本公共文化服务，通过"推动基本公共文化服务标准化、均等化发展，引导文化资源向城乡基层倾斜，创新公共文化服务方式，保障人民基本文化权益。"③ 文化产业具有经营性和市场性等特征，通过市场来配置文化资源，为人民群众提供个性化、分众化的文化产品和服务，满足群众的多样文化需求。文化是铸魂的工程，承担着以文化人、以文育人的责任。社会主义先进文化应该坚持社会效益的原则，为人民提供更多高质量、高品位的作品，引导人民追求真善美。当然，在进行社会主义先进文化建设时不能完全不考虑经济效益，要遵循市场的运行规律。正如习近平总书记强调的："优秀

---

① 《习近平谈治国理政》，外文出版社，2014，第154页。
② 《十八大以来重要文献选编》（中），中央文献出版社，2016，第123页。
③ 《十八大以来重要文献选编》（中），中央文献出版社，2016，第802～803页。

的文艺作品，最好是既能在思想上、艺术上取得成功，又能在市场上受到欢迎。"① 因此，在进行社会主义先进文化建设过程中，坚持文化事业和文化产业、社会效益和经济效益相统一，有利于保证人民的基本文化权益，为人民提供丰富健康的文化生活。

二 增强国家文化软实力

习近平总书记在论及文化的重要性时多次强调："体现一个国家综合实力最核心的、最高层的，还是文化软实力，这事关一个民族精气神的凝聚。"② "文化软实力"的重点在"文化"和"力"上。文化软实力是一个国家基于文化的巨大魅力而产生的凝聚力、吸引力和影响力。先进文化是人类文明进步的结晶，是社会向前发展的旗帜。弘扬和发展社会主义先进文化，能够凝聚社会共识，传播社会正能量，增强文化整体实力和竞争力，建设社会主义文化强国。

（一）凝聚社会共识

面对世界范围内各种思想文化交流交融交锋的新形势，思想意识日益多样多元多变的新情况，迫切需要能够有效发挥统摄、引领和整合作用的社会主义先进文化来凝聚广大人民群众的思想意识，以实现在多变中把方向，在多元中立主导，在多样中谋共识。

做好意识形态工作，把握社会主义先进文化的前进方向。"一个阶级是社会上占统治地位的物质力量，同时也是社会上占统治地位的精神力量。支配着物质生产资料的阶级，同时也支配着精神生产资料"③。一定

① 《习近平谈治国理政》第 2 卷，外文出版社，2017，第 320 页。
② 李斌、霍小光：《"改革的集结号已经吹响"——习近平总书记同人大代表、政协委员共商国是纪实》，《人民日报》2014 年 3 月 13 日，第 1 版。
③ 《马克思恩格斯选集》第 1 卷，人民出版社，2012，第 178 页。

社会中存在不同的经济政治因素，也必然有反映这些经济、政治因素并为之服务的不同文化理念，文化具有鲜明的意识形态性。社会主义先进文化建立在我国社会主义经济基础之上，其社会主义性质是毋庸置疑的，这决定了社会主义先进文化是与封建文化、资本主义文化有着本质区别的。但是，从当前国际国内形势看，世界范围内的各种思想文化交流交融交锋更加频繁，国际思想文化领域的斗争更加深刻复杂，西方国家把我国的发展壮大视为对其价值理念和制度模式的挑战，千方百计对我国策动"颜色革命"，加紧意识形态渗透、颠覆、围堵，企图搞乱人们的思想，瓦解党和人民团结奋斗的共同思想基础。从当前国内情况来看，在社会深刻变革和对外开放不断扩大的条件下，各种社会矛盾和问题相互叠加、集中呈现，境内一些组织和个人故意制造混乱，传播错误观点，混淆视听。面对国内外因素相互叠加、境内外敌对势力相互勾结的情况，习近平总书记强调，"意识形态领域斗争依然复杂，国家安全面临新情况"①，做好"意识形态工作是党的一项极端重要的工作"②，这是在对意识形态工作新局面充分认识的基础上，对意识形态工作重要性的新定位。同时，习近平总书记更是从维护国家文化安全，巩固政权的高度指出，"一个政权的瓦解往往是从思想领域开始的，政治动荡、政权更迭可能在一夜之间发生，但思想演化是个长期过程。思想防线被攻破了，其他防线也就很难守住。我们必须把意识形态工作的领导权、管理权、话语权牢牢掌握在手中，任何时候都不能旁落，否则就要犯无法挽回的历史性错误。"③因此，做好意识形态工作，坚持社会主义先进文化前进方向至关重要。

坚定理想信念，巩固全党全国人民团结奋斗的共同思想基础。"一个

---

① 《决胜全面建成小康社会 夺取新时代中国特色社会主义伟大胜利——在中国共产党第十九次全国代表大会上的报告》，人民出版社，2017，第9页。
② 《习近平谈治国理政》，外文出版社，2014，第153页。
③ 《习近平关于社会主义文化建设论述摘编》，中央文献出版社，2017，第21页。

国家，一个民族，要同心同德迈向前进，必须有共同的理想信念作支撑。"① 理想信念反映了先进文化的性质和前进方向。中国共产党的最高理想和最终奋斗目标是实现共产主义社会。社会主义初级阶段，我们的共同理想是把我国建设成为富强、民主、文明、和谐、美丽的社会主义现代化强国。实现共同理想是实现共产主义理想的前提，只有实现共同理想，社会主义制度的优越性才能显示出来，才能为实现共产主义理想奠定物质基础和思想基础。共产主义远大理想和中国特色社会主义共同理想是中国人民的精神支柱和政治灵魂，是保证全党全国人民团结统一的思想基础，保证先进文化建设的社会主义方向。只有深入开展共产主义理想信念教育和中国特色社会主义宣传教育，才能使全国各族人民保持政治定力，抵制西方不良文化以及错误思潮的侵入，防止封建文化的沉渣泛起，保证社会主义先进文化的前进方向，朝着共产主义的奋斗目标前进。

培育和践行社会主义核心价值观，凝聚共识、汇聚力量。"当代中国价值观念，就是中国特色社会主义价值观念，代表了中国先进文化的前进方向。"② 但是，"任何一个社会都存在多种多样的价值观念和价值取向，要把全社会意志和力量凝聚起来，必须有一套与经济基础和政治制度相适应并能形成广泛社会共识的核心价值观"③。在当代中国，我们的民族和国家的共同思想基础和基本价值共识就是社会主义核心价值观。党的十八大报告提出，倡导富强、民主、文明、和谐，倡导自由、平等、公正、法治，倡导爱国、敬业、诚信、友善，这24个字将国家的价值目标、社会的价值取向、个人的价值准则有机融合，"既体现了社会主义的本质要求，继承了中华优秀传统文化，也吸收了世界文明的有益成果，体现了时代精神"④，这是与我国的经济基础和政治制度相适应的价值共

---

① 《习近平谈治国理政》第2卷，外文出版社，2017，第323页。
② 《习近平关于社会主义文化建设论述摘编》，中央文献出版社，2017，第199页。
③ 《习近平总书记系列重要讲话读本》，人民出版社，2016，第189页。
④ 《习近平谈治国理政》，外文出版社，2014，第169页。

识，构成全国各族人民共同认可的价值观"最大公约数"。因此，弘扬和培育社会主义核心价值观，有利于整合社会意识，维护社会秩序。离开了社会主义核心价值观的价值引领，社会就会失去"灵魂"，就无法形成统一的指导思想、共同的思想基础、强大的精神力量，就无法很好地发挥精神纽带、思想基础、战斗堡垒的作用。

（二）增强社会正能量

经过长期努力，我国进入中国特色社会主义新时代。立足新的历史方位，我们仍然面临不少问题和挑战。通过推进社会主义先进文化建设，弘扬主旋律、传播正能量来引领个体和社会健康发展，激发全社会团结奋进的强大力量，具有重要现实意义。

推进社会主义先进文化建设，有助于弘扬主旋律。主旋律文化是先进文化的集中反映，是当代中国社会发展进步的精神旗帜和主流价值，弘扬主旋律，社会就有了主心骨和动力源。马克思主义不仅为社会主义先进文化提供了科学的理论指导，也构成其基本内容，是中国共产党人的精神旗帜。"马克思主义深刻揭示了自然界、人类社会、人类思维发展的普遍规律，为人类社会发展进步指明了方向；马克思主义坚持实现人民解放、维护人民利益的立场，以实现人的自由而全面的发展和全人类解放为己任，反映了人类对理想社会的美好憧憬；马克思主义揭示了事物的本质、内在联系及发展规律，是'伟大的认识工具'，是人们观察世界、分析问题的有力思想武器；马克思主义具有鲜明的实践品格，不仅致力于科学'解释世界'，而且致力于积极'改变世界'。"① 在纪念马克思诞辰200周年大会讲话中，习近平总书记对马克思主义做出了时代性的理解，他指出：马克思主义是科学的理论，创造性地揭示了人类社会发展规律；马克思主义是人民的理论，第一次创立了人民实现自身解放

---

① 《习近平关于社会主义文化建设论述摘编》，中央文献出版社，2017，第73~74页。

的思想体系；马克思主义是实践的理论，指引着人民改造世界的行动；马克思主义是不断发展的开放的理论，始终站在时代前沿。马克思主义之所以在中国发展并成为中国共产党的指导思想，就是因为马克思主义可以立足中国实际解决中国问题。因此，弘扬社会主义先进文化，推进马克思主义大众化、时代化，可以引导人们反对封建迷信和愚昧无知，反对任何伪科学和反科学，抵制各种形形色色的非马克思主义、反马克思主义思想文化的侵蚀，从而牢固坚守社会主义的思想文化阵地，有效发挥理论的导向和引领功能。

推进社会主义先进文化建设，有助于把握正确舆论导向。"舆论历来是影响社会发展的重要力量。"[①] 做好新闻舆论工作，事关旗帜和道路，事关全国各族人民的凝聚力和向心力，事关党的前途和命运，事关中国特色社会主义事业的顺利推进。新闻媒体是传播真理、弘扬优秀文化的重要载体。推进社会主义先进文化，可以牢牢坚持正确舆论导向。"舆论导向正确是党和人民之福，舆论导向错误是党和人民之祸。"[②] 正确的舆论导向，可以凝聚人心，促进团结；错误的舆论导向，可以混淆视听，涣散人心。虽然，新闻舆论报道是信息发布与传播的一种方式，但并不是有什么信息就报道什么信息。任何信息都包含着立场、观点，信息的发布与报道更涉及报道者的态度和目的。因此，立足意识形态斗争的最前沿，新闻报道只有分清对错、善恶、美丑，才能引导人们辨别是非、认清事实、向上向善、滋养社会，从而凝聚人心、汇聚力量，增进民族团结，维护社会稳定。

推进社会主义先进文化建设，有助于凝聚正能量。正能量体现了积极健康、向上向善的社会精神力量，传播社会正能量，有助于鼓舞人们崇德向善、见贤思齐，鼓励全社会积善成德、明德惟馨，推动社会和谐

---

① 《习近平关于社会主义文化建设论述摘编》，中央文献出版社，2017，第37页。
② 《习近平关于社会主义文化建设论述摘编》，中央文献出版社，2017，第38页。

健康发展。然而，就国内形势来看，文化领域仍然面临不少挑战，表现为思想道德滑坡，"观念没有善恶，行为没有底线，什么违反党纪国法的事情都敢干，什么缺德的勾当都敢做，没有国家观念、集体观念、家庭观念，不讲对错，不问是非，不知美丑，不辨香臭，浑浑噩噩，穷奢极欲"①。等问题。习近平总书记倡导社会主义先进文化思想，培育和践行社会主义核心价值观，重视公民道德建设，"推进社会公德、职业道德、家庭美德、个人品德教育，倡导爱国、敬业、诚信、友善等基本道德规范，培育知荣辱、讲正气、作奉献、促和谐的良好风尚"②，以此来夯实中国特色社会主义建设的思想道德基础，为实现中华民族伟大复兴凝聚有力的道德支撑。

推进社会主义先进文化建设，有助于传递真善美。真善美是人类的价值追求，"只要中华民族一代接着一代追求真善美的道德境界，我们的民族就永远健康向上、永远充满希望"③。文艺是社会主义先进文化的重要表现形式，追求真善美是文艺的永恒价值。推进社会主义先进文化建设，可以通过文艺作品来传递真善美、贬斥假恶丑。文艺是给人以价值引领、精神指导、审美启迪的，只有牢固树立马克思主义文艺观，真正做到了以人民为中心，文艺才能发挥最大正能量。做到以人民为中心，就是把人民作为文艺工作的主体，把人民的精神需求作为文化工作的出发点，把人民的评判和审美作为文艺工作的落脚点，真正做到与人民同呼吸、共命运、心连心。广大文艺工作者要弘扬正能量、传播主旋律，就要运用高质量、高水平的文艺作品来向人民表达什么是真善美，什么是假恶丑，什么是好，什么是坏，什么是值得提倡的，什么是必须反对的，用文艺的力量来鼓舞人和温暖人，增强人们的道德判断力、价值选

---

① 《十八大以来重要文献选编》（中），中央文献出版社，2016，第133～134页。
② 《习近平谈治国理政》，外文出版社，2014，第159页。
③ 《十八大以来重要文献选编》（中），中央文献出版社，2016，第135页。

择力，引导人们追求讲道德、守道德、尊道德的美好生活。

（三）建设社会主义文化强国

党的十八大以来，习近平总书记高度重视文化的价值与力量，他强调，"文化兴国运兴，文化强民族强"①、"没有中华文化繁荣兴盛，就没有中华民族伟大复兴"②。可以说，以习近平同志为核心的党中央将文化发展提高到文化强国的高度来看待，进一步认识到文化发展事关民族的伟大复兴、国家的长治久安、民族的凝聚力和向心力的形成。

一个国家、民族的兴盛总需要以文化为支撑。"文化是民族生存和发展的重要力量。人类社会每一次跃进，人类文明每一次升华，无不伴随着文化的历史性进步。"③ 从世界文明史来看，古代印度、古代希腊、古代埃及等国家都产生了伟大的思想家，提出了伟大的思想观念，塑造了不同的文明传统，为世界贡献了精彩华章，至今一直影响着人类的生活和发展。从中华民族史来看，我国有着五千多年的文明历史，历经五千年风雨，仍能继往开来，绵延而不中断的原因就是我们培育了中华优秀传统文化。"优秀传统文化是一个国家、一个民族传承和发展的根本，如果丢掉了，就割断了精神命脉。"④ 近代以来，由于西方列强的侵入、清政府的软弱无能，中国签订了不平等条约，逐渐沦为半殖民地半封建社会。但是，中国人民并没有屈服，而是挺起脊梁，奋起抗争。在中国革命、社会主义建设、改革开放建设过程中，中国共产党高举马克思主义理论旗帜，不断将马克思主义与中国国情相结合，推进马克思主义时代化、大众化、中国化，使中国特色社会主义进入发展的新时代，迎来了

---

① 《决胜全面建成小康社会　夺取新时代中国特色社会主义伟大胜利——在中国共产党第十九次全国代表大会上的报告》，人民出版社，2017，第40~41页。
② 《十八大以来重要文献选编》（中），中央文献出版社，2016，第121页。
③ 《十八大以来重要文献选编》（中），中央文献出版社，2016，第119页。
④ 《习近平谈治国理政》第2卷，外文出版社，2017，第313页。

中华民族从站起来、富起来到强起来的伟大飞跃。可以说，"每到重大历史关头，文化都能感国运之变化，立时代之潮头、发时代之先声，为亿万人民、为伟大祖国鼓与呼"①，"并不是只有经济状况才是原因，才是积极的，而其余一切都不过是消极的结果"②。马克思把人类生产归结为物质生产和精神生产两大类，肯定了精神生产的重要作用，并强调，在不同的社会发展中，文化决定于经济基础但又对经济基础起反作用。"先进的思想文化一旦被群众掌握，就会转化为强大的物质力量；反之，落后的、错误的观念如果不破除，就会成为社会发展进步的桎梏。"③ 而今，立足中国特色社会主义新时代，我们比历史上任何时期都更接近中华民族伟大复兴的目标，实现这一目标，我们需要更加注重发挥文化的重要作用。

社会主义先进文化关乎民族精神独立。"国家之魂，文以化之，文以铸之。"④ 文化是一个国家、一个民族的灵魂。"无论哪一个国家、哪一个民族，如果不珍惜自己的思想文化，丢掉了思想文化这个灵魂，这个国家、这个民族是立不起来的。"⑤ 习近平总书记十分强调文化的重要作用。一个国家、一个民族的发展壮大，不仅需要经济力量的强盛，还需要文化的发展繁荣。"经济总量无论是世界第二还是世界第一，未必就能够巩固我们的政权。经济发展了，但精神失落了，那国家能够称为强大吗？"⑥ 并且更加突出地肯定了先进文化对于国家的综合国力和民族精神独立的重要意义，"理论自觉、文化自信，是一个民族进步的力量；价值先进、

① 《十八大以来重要文献选编》（中），中央文献出版社，2016，第 121 页。
② 《马克思恩格斯全集》第 39 卷，人民出版社，1974，第 199 页。
③ 习近平：《在纪念马克思诞辰 200 周年大会上的讲话》，人民出版社，2018，第 19 页。
④ 习近平：《在纪念马克思诞辰 200 周年大会上的讲话》，人民出版社，2018，第 19 页。
⑤ 习近平：《在纪念孔子诞辰 2565 周年国际学术研讨会暨国际儒学联合会第五届会员大会开幕会上的讲话》，人民出版社，2014，第 9 页。
⑥ 《习近平关于社会主义文化建设论述摘编》，中央文献出版社，2017，第 4 页。

思想解放，是一个社会活力的来源"①。"没有先进文化的积极引领，没有人民精神世界的极大丰富，没有民族精神力量的不断增强，一个国家、一个民族不可能屹立于世界民族之林。"② 先进文化的一个重要功能就是为民族的发展指明方向。2014 年 5 月 4 日，习近平总书记在北京大学同师生进行座谈时说："一个民族、一个国家，必须知道自己是谁，是从哪里来的，要到哪里去，想明白了、想对了，就要坚定不移朝着目标前进。"③ 可以说，先进文化就是指特定历史时期发展水平最高、最优的，最能体现时代要求的文化。离开了先进文化，我们的发展就没有方向；动摇了先进文化，就动摇了整个改革开放和中国特色社会主义建设；放弃了先进文化，国家就不能发展，就不能在世界上站稳脚跟。

社会主义先进文化关系着中国梦的实现。实现中华民族伟大复兴的中国梦，需要物质文明和精神文明协调发展、比翼双飞，需要经济建设、政治建设、文化建设、社会建设、生态文明建设"五位一体"协调推进、共同进步。只有物质文明和精神文明都搞好，国家物质力量和精神力量都增强，全国各族人民物质生活和精神生活都改善，中国特色社会主义事业才能顺利推进。社会主义先进文化是文化中具有先进性、进步性、时代性的文化。判断文化先进与否的一个重要标准就是它是否可以适应并推动社会生产力的发展和社会的进步。能够推动生产力发展的文化就是先进文化，阻碍生产力发展的文化就是落后文化。正如毛泽东同志所说的，"我们承认总的历史发展中是物质的东西决定精神的东西，是社会存在决定社会意识；但是同时又承认而且必须承认精神的东西的反作用，社会意识对于社会存在的反作用，上层建筑对于经济基础的反作用。这不是违反唯物论，正是避免了机械唯物论，坚持了辩证唯物论"④。同时，

---

① 习近平：《在纪念马克思诞辰 200 周年大会上的讲话》，人民出版社，2018，第 19 页。
② 《十八大以来重要文献选编》（中），中央文献出版社，2016，第 121 页。
③ 《习近平谈治国理政》，外文出版社，2014，第 171 页。
④ 《毛泽东选集》第 1 卷，人民出版社，1991，第 326 页。

文化发展有历史性和具体性。文化总是与一定的历史阶段、具体的国家与民族相联系的，有着自身的特点。中国特色社会主义文化是与我国具体历史条件相联系的，反映着中华民族的正确发展方向，反映着中国最广大人民的根本利益，代表着中国先进生产力的发展方向。这一先进文化是适应我国社会主义经济基础的，并能够推动生产力发展和社会进步的文化。当然，文化并不都是先进的。在思想大活跃、观念大碰撞、文化大交融的时代背景下，社会上仍然存在封建主义文化、资本主义文化等，这些文化不适应中国经济基础，不符合中国国情，不能够推动中国生产力的发展。因此，在推进中华民族伟大复兴中国梦的过程中，要注重批判封建主义文化、抵制资本主义文化的侵蚀，要注重推进社会主义先进文化建设，用先进文化来引领思想、凝魂聚气，推动中国梦的早日实现。

三　为人类文明做出新贡献

习近平总书记说，"这是一个需要理论而且一定能够产生理论的时代，这是一个需要思想而且一定能够产生思想的时代。我们不能辜负了这个时代"①。党的十八大以来，习近平总书记以高度的责任感提出了一系列适应时代发展进步的思想理念。社会主义先进文化是新时代中国特色社会主义思想的重要组成部分，丰富和发展了中国特色社会主义理论体系，标志着我们党对什么是中国特色社会主义，如何建设中国特色社会主义的认识达到了一个新的高度，为世界文明做出了重要贡献。

（一）发展科学社会主义理论

习近平总书记在庆祝中国共产党成立 95 周年大会上指出，中国共产

---

① 《习近平关于社会主义文化建设论述摘编》，中央文献出版社，2017，第73页。

党领导中国人民取得的伟大胜利，"使具有500年历史的社会主义主张在世界上人口最多的国家成功开辟出具有高度现实性和可行性的正确道路，让科学社会主义在21世纪焕发出新的蓬勃生机"①，并且在中国共产党第十九次全国代表大会上强调，中国特色社会主义进入新时代，"意味着科学社会主义在二十一世纪的中国焕发出强大生机活力，在世界上高高举起了中国特色社会主义伟大旗帜"②。社会主义先进文化是围绕中国实践的时代主题发展起来的文化，是在坚持马克思主义和发展马克思主义的基础上进行的理论创造，是对科学社会主义理论的传承与发展。

由于马克思的两个伟大发现，即唯物史观和剩余价值学说，使社会主义从空想变成科学。唯物史观和剩余价值理论揭示了人类社会发展的一般规律和资本主义社会发展的特殊规律，为人类指明了从必然王国向自由王国飞跃的途径，为人民指明了实现自由和解放的道路。正是在这两大发现的基础上，马克思和恩格斯才构建起了科学社会主义的理论。但是，马克思、恩格斯只是揭示了人类社会走向共产主义社会的一般规律，并没有具体阐述共产主义实现的具体过程以及各国如何实现共产主义、如何建设共产主义等具体问题。马克思主义并没有为社会主义建设的方式、手段、模式等具体问题提供现成的答案。马克思主义从诞生起，时代化就是其内在要求，是马克思主义与时俱进的理论品格。各国的马克思主义理论者需要根据本国的国情在实践中不断开辟自己的社会主义道路、形成符合本国情况的社会主义理论。"马克思主义并没有结束真理，而是开辟了通向真理的道路。"③

就中国具体情况而言，马克思主义面临进一步中国化、时代化、大众化的问题。自1840年鸦片战争之后，中国逐渐沦为半殖民地半封建社

---

① 《在庆祝中国共产党成立95周年大会上的讲话》，人民出版社，2016，第4页。
② 《决胜全面建成小康社会　夺取新时代中国特色社会主义伟大胜利——在中国共产党第十九次全国代表大会上的报告》，人民出版社，2017，第10页。
③ 《习近平谈治国理政》第2卷，外文出版社，2017，第33页。

会。很多中国人都在努力抗争，但都以失败告终。直至"十月革命"一声炮响，给我们送来了马克思列宁主义，中国成立了中国共产党，中国有了希望。以毛泽东同志为主要代表的中国共产党人，把马克思主义基本原理同中国革命具体实践结合起来，创立了毛泽东思想，团结带领全党全国各族人民完成新民主主义革命，建立了中华人民共和国，进行了社会主义改造，确立了社会主义基本制度，成功实现了中国历史上最深刻最伟大的社会变革，为当代中国的发展奠定了政治前提和制度基础。党的十一届三中全会以后，以邓小平同志为主要代表的中国共产党人，团结带领全党全国各族人民深刻总结社会主义建设经验，创立了邓小平理论，做出把党和国家工作重心转移到经济建设上来、进行改革开放的重大决策，科学回答了建设中国特色社会主义的一系列基本问题。党的十三届四中全会以后，以江泽民同志为主要代表的中国共产党人，团结带领全党全国各族人民，加深了对什么是社会主义，怎样建设社会主义和建设什么样的党，怎样建设党的认识，形成"三个代表"重要思想。党的十六大以后，以胡锦涛同志为主要代表的中国共产党人，团结带领全党全国各族人民，根据新的发展要求，深刻认识和回答了新形势下实现什么样的发展、怎样发展等重大问题，形成科学发展观。党的十八大以来，以习近平同志为核心的党中央根据国内外形势变化，从理论和实践上回答了新时代坚持和发展什么样的中国特色社会主义、怎样坚持和发展中国特色社会主义的重大时代问题，形成习近平新时代中国特色社会主义思想，这是中国特色社会主义理论体系的重要组成部分，是马克思主义中国化的最新成果。可以说，中国共产党从提出"什么是社会主义，怎样建设社会主义"问题，到提出"新时代坚持和发展什么样的中国特色社会主义、怎样坚持和发展中国特色社会主义"问题，是科学社会主义理论逻辑和中国社会主义发展历史逻辑的辩证统一发展过程。

在纪念马克思诞辰 200 周年大会上的讲话中，习近平总书记提出了

"九个学习"，学习马克思，就要学习和实践马克思主义关于人类社会发展规律、关于坚守人民立场、关于生产力和生产关系、关于人民民主、关于文化建设、关于社会建设、关于人与自然关系、关于世界历史、关于政党建设的思想。这"九个学习"的思想具有穿越时空的理论魅力。纵观历史的流变可以发现，马克思主义与当代中国马克思主义、21世纪马克思主义是一个整体文化脉络传承关系。

当然，"物质生活的生产方式制约着整个社会生活、政治生活和精神生活的过程。不是人们的意识决定人们的存在，相反，是人们的社会存在决定人们的意识"①。文化根植于人们的生产生活中，由社会存在来决定。社会存在的变化发展决定着文化也要与时俱进。社会主义先进文化是随着实践发展而不断发展的理论。立足中国社会现实，我们要坚持马克思主义的基本原理和贯穿其中的立场、观点和方法，不断深化认识，进行经验总结，促进理论创新，发展科学社会主义理论，让科学社会主义不断焕发出新的生机活力。

（二）为解决人类问题贡献中国智慧和中国方案

党的十九大报告指出，中国特色社会主义进入新时代，"意味着中国特色社会主义道路、理论、制度、文化不断发展，拓展了发展中国家走向现代化的途径，给世界上那些既希望加快发展又希望保持自身独立性的国家和民族提供了全新选择，为解决人类问题贡献了中国智慧和中国方案"②。社会主义先进文化是立足中国特色社会主义新时代的历史方位提出来的具有先进性、进步性、时代性的思想理念，集中体现了我们党对社会主义文化建设规律、共产党执政规律、社会主义建设规律、人类

---

① 《马克思恩格斯全集》第13卷，人民出版社，1962，第8页。
② 《决胜全面建成小康社会　夺取新时代中国特色社会主义伟大胜利——在中国共产党第十九次全国代表大会上的报告》，人民出版社，2017，第10页。

社会发展规律的把握，丰富和发展了马克思主义理论，为世界发展贡献中国智慧。

当代人类面临众多突出难题。"问题就是时代的口号，是它表现自己精神状态的最实际的呼声"①。只有聆听时代的声音，回应时代的呼唤，才能解决时代面临的重大而紧迫的问题。当今我们处在一个风云变幻的时代、日新月异的世界。在这个世界中，虽然和平、发展、合作、共赢是时代的主流，冷战时期的两大阵营对立已经不复存在，一大批新兴市场国家和发展中国家走上现代化发展的快车道，国际力量的对比日益呈现多极化的趋势，朝着有利于和平与发展的方向发展。但是，这个世界依然面临众多的挑战，"国际金融危机深层次影响继续显现，形形色色的保护主义明显升温，地区热点此起彼伏，霸权主义、强权政治和新干涉主义有所上升，军备竞赛、恐怖主义、网络安全等传统安全威胁和非传统安全威胁相互交织，维护世界和平、促进共同发展依然任重道远"②。面对亟待回答和解决的理论和现实难题，我国希望并有理由相信世界会变得更加美好，并会提出自己的主张与方案促进世界向前发展。习近平总书记多次在不同场合提出，"没有哪个国家能够独自应对人类面临的各种挑战，也没有哪个国家能够退回到自我封闭的孤岛"③。中国"将从世界和平与发展的大义出发，贡献处理当代国际关系的中国智慧，贡献完善全球治理的中国方案，为人类社会应对 21 世纪的各种挑战作出自己的贡献"④。

社会主义先进文化何以能够解决人类问题？这是由社会主义先进文化的特性决定的。首先，社会主义先进文化具有民族性特点。民族是文

---

① 《马克思恩格斯全集》第 40 卷，人民出版社，1982，第 289~290 页。

② 《习近平谈治国理政》，外文出版社，2014，第 272 页。

③ 《决胜全面建成小康社会 夺取新时代中国特色社会主义伟大胜利——在中国共产党第十九次全国代表大会上的报告》，人民出版社，2017，第 58 页。

④ 习近平：《在德国科尔伯基金会的演讲》，《人民日报》2014 年 3 月 30 日，第 2 版。

化发展的属性，任何一种文化都要依托一定的民族而发展。随着民族的产生和发展，文化的形成与发展必然带有本民族的特点与烙印。同理，文化是一个民族生存与发展的重要力量，没有自己文化的民族，就不是一个民族，简而言之，文化是民族的。"世界历史是个整体，而各民族是它的'器官'。"① 文化只有是民族的，才有可能是世界的。其次，社会主义先进文化也具有开放性特点。先进文化具有面向世界的特点，任何先进文化都不是自我封闭、孤芳自赏的，而是一种海纳百川、包容万物的文化。世界发展是丰富多彩、异态纷呈的，发展社会主义先进文化可以借鉴世界各国人民创造的优秀成果，只有坚持洋为中用，做到中西合璧、融会贯通，才能获得社会主义先进文化发展的动力，促进社会主义先进文化的发展。因此，从人类文明和世界历史发展的大视野来看，中国的社会主义先进文化是在坚持马克思主义理论指导，汲取中华优秀传统文化，借鉴世界优秀文明成果，结合当代中国国情发展起来的先进文化，既有自身民族的特点，也可以为人类文明提供中国智慧。

立足中国特色社会主义新时代的历史方位，中国正日益走近世界舞台中央，世界日益需要中国，中国也需要世界，中国可以为世界发展贡献中国智慧和力量。习近平总书记指出："解决好民族性问题，就有更强能力去解决世界性问题；把中国实践总结好，就有更强能力为解决世界性问题提供思路和办法。"② 民族性与开放性的统一是社会主义先进文化的内在逻辑。可以说，社会主义先进文化是对社会主义文化建设规律的把握，更是对新时代坚持什么样的中国特色社会主义、怎样坚持和发展中国特色社会主义的回答，也是对建设一个什么样的世界，如何建设这个世界的解答，其最终目的都是为中国人民谋幸福、为世界发展谋进步。

中华优秀传统文化构成社会主义先进文化的理论之源。文化具有历

---

① 《列宁全集》，人民出版社，2017，第273页。
② 习近平：《在哲学社会科学工作座谈会上的讲话》，人民出版社，2016，第18页。

史继承性。"人们自己创造自己的历史，但是他们并不是随心所欲地创造，并不是在他们自己选定的条件下创造，而是在直接碰到的、既定的、从过去承继下来的条件下创造。"[①] 同理，社会主义先进文化也不是无中生有的，其与中华传统文化是一脉相承的关系。习近平总书记一再强调，"优秀传统文化是一个国家、一个民族传承和发展的根本，如果丢掉了，就割断了精神命脉"[②]。"2000 多年前，中国就出现了诸子百家的盛况，老子、孔子、墨子等思想家上究天文、下穷地理，广泛探讨人与人、人与社会、人与自然关系的真谛，提出了博大精深的思想体系。他们提出的很多理念，如孝悌忠信、礼义廉耻、仁者爱人、与人为善、天人合一、道法自然、自强不息等，至今仍然深深影响着中国人的生活。"[③] 中华优秀传统文化的这些思想是对人类生存与发展根本问题的思考，具有跨越时空、历久弥新的重要意义。

解决人类面临的难题，可从中华优秀传统文化中寻求智慧、汲取营养。中华民族有五千多年的历史，创造了灿烂的中华文明，不仅对中国历史发展产生了重要影响，而且蕴藏着解决当代人类面临难题的启示。习近平总书记指出，"中华优秀传统文化是中华民族的文化根脉，其蕴含的思想观念、人文精神、道德规范，不仅是我们中国人思想和精神的内核，对解决人类问题也有重要价值"[④]。"对绵延 5000 多年的中华文明，我们应该多一份尊重，多一份思考"[⑤]。因此，"只有坚持从历史走向未来，从延续民族文化血脉中开拓前进，我们才能做好今天的事业"[⑥]。解

---

① 《马克思恩格斯选集》第 1 卷，人民出版社，2012，第 669 页。
② 《习近平谈治国理政》第 2 卷，外文出版社，2017，第 313 页。
③ 习近平：《在布鲁日欧洲学院的演讲》，《人民日报》2014 年 4 月 2 日，第 2 版。
④ 张洋：《举旗帜聚民心育新人兴文化展形象　更好完成新形势下宣传思想工作使命任务》，《人民日报》2018 年 8 月 23 日，第 1 版。
⑤ 《牢记历史经验历史教训历史警示　为国家治理能力现代化提供有益借鉴》，《人民日报》2014 年 10 月 14 日，第 1 版。
⑥ 习近平：《在纪念孔子诞辰 2565 周年国际学术研讨会暨国际儒学联合会第五届会员大会开幕会上的讲话》，人民出版社，2014，第 14 页。

决人类难题，我们应该重视对中华优秀传统文化的研究，要继承和发扬中华优秀传统文化。例如，道法自然、天人合一的思想，天下为公、大同世界的思想，仁者爱人、以德立人的思想，为政以德、政者正也的思想，以诚待人、讲信修睦的思想，和而不同、和谐相处的思想，等等。

对传统文化的继承性发展，需要注意以下几点：一是传统文化并不都是先进的。"传统文化在其形成和发展过程中，不可避免会受到当时人们的认识水平、时代条件、社会制度的局限性的制约和影响，因而也不可避免会存在陈旧过时或已成为糟粕性的东西。"① 因此，我们在研究和运用传统文化的过程中，要注重结合时代条件和实践发展进行正确取舍，坚持创造性转换和创新性发展，赋予传统文化以新的含义，让中华优秀传统文化造福人类。二是为解决人类面临的共同难题，发出中国声音、提出中国方案、贡献中国智慧，需要立足本土，坚持主体性。"如果不加分析把国外学术思想和学术方法奉为圭臬，一切以此为准绳，那就没有独创性可言了。如果用国外的方法得出与国外同样的结论，那也就没有独创性可言了。"② 三是解决世界的难题仍然需要各国共同努力、共同参与。中国提出自己的观点，但不能企图用一种模式来改造整个世界。"一些理论观点和学术成果可以用来说明一些国家和民族的发展历程，在一定地域和历史文化中具有合理性，但如果硬要把它们套在各国各民族头上、用它们来对人类生活进行格式化，并以此为裁判，那就是荒谬的了。"③

① 习近平：《在纪念孔子诞辰 2565 周年国际学术研讨会暨国际儒学联合会第五届会员大会开幕会上的讲话》，人民出版社，2014，第 11 页。
② 《习近平关于社会主义文化建设论述摘编》，中央文献出版社，2017，第 85 页。
③ 《习近平关于社会主义文化建设论述摘编》，中央文献出版社，2017，第 84 页。

第三章　马克思主义是社会主义先进文化的指导思想

马克思主义作为党和国家的指导思想，是中国共产党执政兴国、治国理政的精神旗帜，是全党全国人民团结奋斗的共同思想基础。不断推进马克思主义中国化，发展当代中国马克思主义是推进国家治理体系和治理能力现代化的必要要求，也是坚持和发展社会主义先进文化的题中之义。

一　指导思想是一个政党的精神旗帜

"马克思主义始终是我们党和国家的指导思想，是我们认识世界、把握规律、追求真理、改造世界的强大思想武器。"① 马克思主义作为党的指导思想，其地位的确立经历了一个漫长的过程，得到了历史和实践的检验，在中国近现代史中发挥了重要的思想引领作用。新时代建设社会主义先进文化，马克思主义既是其重要内容，也是其发展的方向引领和性质保障。

_____

① 习近平：《在纪念马克思诞辰 200 周年大会上的讲话》，人民出版社，2018，第 15 页。

（一）马克思主义指导地位的确立过程

马克思主义传入中国的百年历史，是与中国革命、建设和改革实践相结合，与中国文化相融合的历史。马克思主义指导地位的确立过程也是其成为社会主义先进文化指导思想的过程。

1. 马克思主义在中国的传播

俄国"十月革命"胜利后，马克思主义在中国真正开始传播。列宁领导的布尔什维克党推翻了资产阶级政权，建立了世界上第一个无产阶级专政的社会主义国家，从而将社会主义从一种"乌托邦"式的理论变成一种现实的社会制度，用事实有力地证明了马克思主义是能够拯救被剥削被压迫人民的科学真理。另外，建立社会主义制度后的苏俄与帝国主义的沙俄截然不同，极力反对第二国际修正主义，反对沙俄在民族殖民地问题上的投机主义策略。新生的苏俄发表了两次对华宣言，声明放弃帝国主义时代在中国的一切特权，同时取消密约。这在当时的中国引起了巨大的反响，吸引了一大批革命分子对马克思主义、社会主义产生信仰和向往，促进了马克思主义在中国的传播。

先进知识分子通过创办刊物、组织团体、出版译著等在国内传播马克思主义。首先，创办刊物宣传马克思主义。五四运动后的一年里，中国新出版的刊物高达四百余种，在数量之多和分布领域之广上前所未有。1915年《新青年》创办，高举"科学"和"民主"大旗的新文化运动将为中国酝酿一条新的道路。经历了辛亥革命的失败，先进的知识分子意识到，"民主共和"的真正敌人藏匿于几千年来的思想传统中，因此必须从思想文化上冲破封建禁锢，向着封建专制势力勇猛进攻，掀起了一场要求进步、追求解放的思想解放运动。李大钊是在中国介绍和传播马克思主义的第一人。"五四"前，他主编了《新青年》"马克思研究专号"，对马克思及其学说进行了较为全面的宣传和介绍。从1918年下半年起，李大钊发表了《法俄革命之比较观》《庶民的胜利》《布尔什维主义的胜利》等文章，热情讴歌十月革命和马克思主义。五四运动爆发前夕，他写了著名论文《我的马克思主义观》，在中国第一次比较系统地介绍了马克思主义。除《新青年》以外，《建设》、《国民》、《少年世界》、《新社会》、《解放与改造》、《民国日报》副刊"觉悟"、《时事新报》副刊"学灯"、《晨报》副刊等都相继发表介绍马克思主义的文章或评论，为传播马克思主义起了一定的作用。其次，组织团体研究马克思主义。十月革命后，研究马克思主义的团体在各地纷纷建立。李大钊就在北京秘密地组织了马克思学说研究会，开设了"唯物史观""社会主义的将来""社会主义与社会运动""现代政治""史学思想史""女权运动史"等课程，向青年宣传马克思主义。该学会发展相当迅速，由学校延伸到社会，由北京发展到全国，成为国内当时最具影响力的马克思主义宣传团体之一。1919 年 9 月，周恩来等人在天津组织觉悟社，讨论和宣传马克思主义。1920 年 7 月，毛泽东同志在长沙创办文化书社，经销马克思主义相关的进步书籍，引导青年学习和掌握马克思主义。1921 年 1 月，陈潭秋、恽代英、黄负生、刘子通等在湖北创办了《武汉星期评论》，开展马克思主义思想传播。1921 年 6 月，陈独秀在广州创办宣讲员养成所，开展马克思主义理论宣传，传播社会变革思想。这些团体在马克思主义传播过程中都起了重要作用。再次，出版译著传播马克思主义。"五四运动"后，马克思、恩格斯、列宁著作的中译本数量在国内已经达到相当规模。《共产党宣言》《〈资本论〉第一版序言》《社会主义从空想到科学的发展》《反杜林论》《〈政治经济学批判〉序言》《苏维埃政权当前的任务》和《国家与革命》等全译文或节译文通过登报或单独出版的形式陆续出现，为中国人学习和了解马克思主义提供了便利。

此外，20 世纪二三十年代，中国社会发生了三次大论战，在论战中马克思主义得以广泛传播。其一，"问题与主义之争"。1919 年 7 月，胡适在《每周评论》第 31 期上发表《多研究些问题，少谈些主义》一文，宣传实用主义哲学。李大钊敏锐地觉察到，胡适的言论对于马克思主义的传播十分不利，就此迅速进行了反驳。同年 8 月，李大钊在《每周评论》第 35 期上发表《再论问题与主义》一文，一方面阐明问题与主义的辩证关系，强调二者是交相为用，并行不悖的，另一方面用清末以来的变法、新政等的失败阐明中国当时只能通过革命才能解决社会的根本的总体性问题，而这些问题的解决离不开马克思主义的指导。这就形成著名的问题与主义论争。其二，"社会主义论战"。1920 年 9 月，罗素在来华讲学中"劝告"中国人，在实业不发达时暂不主张社会主义，由此引发了争论。张东荪和梁启超等人借此以中国工业不发达为由，反对中国效法俄国"十月革命"。针对张、梁的观点，以陈独秀、李达、李大钊、蔡和森等为代表的共产主义知识分子进行了反驳。1920 年 12 月，陈独秀在《新青年》上发表《关于社会主义的讨论》一文，接着 1921 年 3 月至 8 月，李大钊、李达、蔡和森分别在《新青年》《共产党》等刊物上发表《中国的社会主义与世界的资本主义》《讨论社会主义并质梁任公》《马克思主义学说与中国无产阶级》等文章，运用马克思唯物史观对资产阶级改良派的反社会主义的观点进行了系统驳斥。其三，"无政府主义之争"。"五四运动"后，各地宣传无政府主义的很多，相关刊物和书籍多达七十余种。早期马克思主义者对此坚决予以批判和斗争。通过不同思潮的辩论、交锋和比较，中国早期先进知识分子区别了真假社会主义，鉴别了真理和谬误，更加坚定马克思主义立场和信仰，也使更多的进步人士了解和接受了马克思主义，清除了混进共产主义小组当中的无政府主义者、资产阶级改良主义者。经过三次论战，马克思主义得到更广泛、更深入的传播，成为新文化运动的主流思想，使得一大批早期共产主义知识分子在思想境界和理论水平上得到大大提升，为中国共产党的成立奠定了思想基础。

1920 年，随着马克思主义传播的深入和中国工人运动的发展，共产主义知识分子开始到工人中进行宣传和组织工作。由于形势发展的需要，共产主义知识分子愈加感觉到建立自己的革命组织的必要性。1920 年春季，共产国际派代表到中国，与李大钊、陈独秀会面，同他们交换了建党问题的意见。1920 年 5 月，在上海建立了中国共产党发起组，并由它与全国各地共产主义者联系，发动共产主义者进行建党工作，于是很快在北京、武汉、济南、广州、湖南先后建立了共产主义小组。共产主义小组通过出版刊物、开办文化补习学校、组织工会、创办书社等方式宣传马克思主义，启发工人觉悟。1921 年 7 月 23 日，上海、北京、武汉、长沙、广州、济南等地的共产主义小组推选了 13 名代表，其中包括毛泽东、董必武、陈潭秋、何叔衡、王尽美、邓恩铭、李达等，代表了五十多名党员，在当时的中国工业中心和工人运动中心上海举行了第一次全国代表大会，通过了党的纲领和关于当前工作的决议，选出了党的中央机关，标志着中国共产党正式成立。中国共产党的成立可以说是马克思主义与中国无产阶级运动相结合的产物，正是由于马克思主义这一先进文化的传入和传播，中国无产阶级才有了战胜帝国主义、封建主义和官僚资本主义三座大山的强大精神武器。

2. 马克思主义与中国革命、建设和改革相结合

中国共产党成立后，便投身于中国革命现实斗争之中。在指导中国革命实践的过程中，中国共产党认识到马克思主义与中国实际相结合的必要性，开始尝试用马克思主义来认识、指导和解决中国革命、建设和改革中的一系列具体问题。

一是马克思主义与中国革命相结合。国民革命时期，是马克思主义初步与中国实际相结合的时期，这一时期马克思主义运用于中国实际，主要形成关于近代中国社会性质、关于无产阶级领导权、关于革命的主力军、关于民族资产阶级的分析和认识。这一结合明确了中国革命的性质、领导力量、依靠力量和发展前途。土地革命时期，是开创了建立工农红军和农村根据地、进行土地革命的新时期。1927 年国民党叛变革命后，共产党人深刻认识到掌握军队和独立地领导武装斗争的重要性，提出了"枪杆子里出政权"的口号。1929 年《古田会议决议》是人民军队建设史上的一座里程碑，丰富和发展了马列主义建党、建军学说，创造性地提出"思想上建党"。1930 年，《反本本主义》首次集中体现了毛泽东思想"活的灵魂"的三个基本方面。与此同时，这一时期中共中央也经历了把马克思主义教条化、把共产国际决议和苏联经验神圣化的"左倾"错误，几乎使中国革命陷入绝境。抗日战争时期，是马克思主义与中国革命相结合，指导中国革命取得胜利的时期。作为马克思主义与中国具体实际相结合产生的第一次飞跃的理论成果——毛泽东思想，逐渐走向成熟。为了更好地指导抗日战争，发动民众投身抗战，坚定革命必胜信心，毛泽东同志先后发表《〈共产党人〉发刊词》《中国革命和中国共产党》《新民主主义论》等著作，完整地阐述了中国共产党的新民主主义理论，揭示了中国半殖民地半封建的社会性质和中国革命的历史进程。与此同时，用共产主义思想教育广大干部，使之坚定正确的政治方向和科学思想方法。1942 年开展延安整风运动，第一次广泛、生动地在党内进行马列主义教育，强调用无产阶级思想克服党内非无产阶级思想。从而坚定了实事求是的思想路线，加强了党员干部的党性修养，贯彻了"治病救人"的方针政策，加速了抗日战争的胜利进程。解放战争时期，是马克思主义指导中国取得民族独立、人民解放胜利的时期。这一时期，在马克思主义的指导下，中国共产党制定了正确的方针政策，发动、领导和组织了国统区的爱国民主运动，并以青年学生为先锋逐渐开辟了配合人民解放战争的第二条战线。1949 年西柏坡会议，强调要将革命进行到底，把党的工作重心转移到经济建设上来，坚持两个"务必"，保持党的优良传统和作风，加强党的集中统一。概言之，马克思主义是指导中国革命走向胜利的精神武器，没有马克思主义中国革命就不可能取得胜利。

二是马克思主义与中国建设相结合。新中国成立之初，百废待兴、百业待举，社会主义理想、共产主义信念成为指引中国人民团结奋斗的精神动力，也是中国人民不懈奋斗、自强不息的精神旗帜。1950 年至 1953 年，党主要围绕土地改革、镇压反革命运动、抗美援朝开展工作，并提出了"一化三改造"的过渡时期总路线，推动了社会主义事业的发展。1956 年，党的八大指出我国社会的主要矛盾和主要任务，强调要提高党的思想政治水平，加强党员干部特别是高级干部的系统的马列主义理论学习。1957 年，毛泽东同志做了《关于正确处理人民内部矛盾的问题》的报告，运用唯物辩证法关于矛盾对立统一的观点，全面深刻地分析了社会主义社会基本矛盾，并首次提出了社会主义制度两类不同性质的社会矛盾学说，丰富和发展了马克思主义矛盾论。全面建设社会主义十年间，毛泽东同志首先提出"以苏为鉴"、走出一条适合中国国情的社会主义建设道路，不断结合全面建设社会主义这一全新的历史性课题探索出符合中国实际的正确答案，从而使社会主义建设在探索中出现了良好的开局。

三是马克思主义与中国改革相结合。1978 年，十一届三中全会实现了具有深远意义的伟大历史性转折，开启了我国改革开放新时期。中国共产党人把马克思主义基本原理同当代中国实践和时代特征相结合，开启了马克思主义中国化新航程。中国共产党人相继提出并科学地回答了什么是社会主义、怎样建设社会主义，建设什么样的党、怎样建设党，实现什么样的发展、怎样发展，坚持和发展什么样的中国特色社会主义、怎样坚持和发展中国特色社会主义等基本问题，在坚持和发展毛泽东思想的基础上，先后创立了邓小平理论、"三个代表"重要思想、科学发展观、习近平新时代中国特色社会主义思想等重大战略思想，形成"初级阶段论""社会主义本质论""改革开放理论""'一国两制'理论""中国特色社会主义外交理论""'五位一体'总布局理论"等，这些独具中国智慧和特色的理论促成马克思主义中国化的第二大飞跃，指引着中国社会主义现代化事业不断前进。

马克思主义指导地位的确立是历史和人民的选择，是革命形势和革命实践的客观要求。马克思主义指导地位的确立过程也是马克思主义中国化、时代化、大众化的过程。马克思主义一经传入，便与中国实践、中国传统、中国文化相结合。它一方面指导着中国革命、建设和改革的发展方向，另一方面将中国丰富的实践经验上升为理论，形成中国化的马克思主义。马克思主义时代化是伴随马克思主义中国化提出的，随着时代的发展和中国具体实际的变化，必然面临着新的马克思主义中国化任务，这需要以发展的眼光推动马克思主义发展。马克思主义作为科学的世界观和方法论，需要为人民群众所掌握，在日常生活中落地生根，这要求马克思主义大众化、生活化。

（二）马克思主义指导思想的作用

文化具有鲜明的意识形态属性。社会主义先进文化必须坚持以马克思主义为指导，绝不能搞指导思想的多元化。马克思主义作为党和国家的指导思想，它反映了党和国家的政治立场，引领了党和国家的前进方向，对发展社会主义先进文化具有重要的文化导向和引领作用。

1. 指导思想反映党和国家的政治立场

马克思主义是无产阶级的意识形态，它的全部理论和奋斗都致力于实现最广大人民群众的根本利益，人民立场是马克思主义的政治立场，更是中国共产党的根本政治立场。马克思主义自诞生以来，从不刻意隐瞒自己的观点和意图，《共产党宣言》指出："共产党人同其他无产阶级政党不同的地方只是：一方面，在无产者不同的民族的斗争中，共产党人强调和坚持整个无产阶级共同的不分民族的利益；另一方面，在无产阶级和资产阶级的斗争所经历的各个发展阶段上，共产党人始终代表整个运动的利益"①，"共产党人为工人阶级的最近的目的和利益而斗争，但是他们在当前的运动中同时代表运动的未来"②，"共产党人可以把自己的理论概括为一句话：消灭私有制"③。共产党的性质、目的和奋斗表明共产党不同于以往任何一种政党，以往的一切旧的阶级为了夺取政权，都把自己的利益说成普遍的利益，用虚幻的共同利益掩盖其特殊的独特的利益，但实质仍是用一种剥削手段代替另一种剥削手段，他们代表的依然只是少数人的利益，只有共产党代表的才是最广大人民的根本利益。

中国共产党领导人民进行革命、建设和改革的目的就是实现广大人民翻身做主人的社会理想，实现人民当家做主。中国的国体是工人阶级领导的、以工农联盟为基础的人民民主专政，政体是人民代表大会制度，国体和政体充分反映了我国的社会主义国家性质，反映出党的政治立场是人民立场。坚持把人民利益作为最高追求，把人民民主作为政治理想，是马克思主义占据理论制高点和道德制高点的关键所在，也表明了社会主义思想理论的性质、使命和方向。

2. 指导思想引领党和国家的政治方向

习近平总书记指出："指导思想是一个政党的精神旗帜。"④ 任何政党都需要一种能反映自身核心利益和价值诉求的理论，这种理论发挥着团结和凝聚人心的作用，使组织内部人员朝着共同的方向奋力前进，成为引领发展的精神驱动力。我国的指导思想是马克思主义，它包括马列主义、毛泽东思想和中国特色社会主义理论成果。马克思主义传入中国并与中国国情、中国实际、中国文化和中国传统相结合，它既是一种开放性、包容性、发展性的理论形态，也是数以亿计人民的政治信仰和社会信仰，它像"社会黏合剂"一样将人民群众紧紧团结在共产主义信仰之

---

① 《马克思恩格斯选集》第 1 卷，人民出版社，2012，第 413 页。
② 《马克思恩格斯选集》第 1 卷，人民出版社，2012，第 434 页。
③ 《马克思恩格斯选集》第 1 卷，人民出版社，2012，第 414 页。
④ 《在庆祝中国共产党成立 95 周年大会上的讲话》，人民出版社，2016，第 8 页。

下，成为引领社会发展方向的精神旗帜和精神力量。当代中国的马克思主义是根植于中国实践中反复接受检验并不断时代化的科学，它不仅包括马克思主义的原生形态，还具有中国特色的马克思主义理论形态。

"以什么样的思想为指导，或者说确立什么样的指导思想，表明了一个社会意识形态的性质，决定着社会前进的方向。"① 马克思主义作为我国的指导思想，是引领中国共产党前进的精神旗帜，是区别于其他政党的显著标志。毛泽东同志指出："主义譬如一面旗子，旗子立起了，大家才有所指望，才知所趋赴。"② 旗帜问题实质关乎国家发展的方向问题。中国选择马克思主义并非偶然，而是历史的必然。中国没有走"日本明治维新后的资本主义道路"，也没有走欧洲资本主义发展道路，而是踏上了"社会主义道路"，这既是国际国内客观条件和形势决定的，也是经过早期知识分子反复比较、论争和思考后人民群众的历史选择。马克思主义是为无产阶级利益而奋斗的学说，是为社会广大贫苦群众利益服务的学说，它是共产党合法性、合理性、正当性的体现，引领着党的发展方向。

3. 指导思想规定党和国家的文化价值取向

社会主义先进文化必须以马克思主义为指导，坚定正确的文化发展方向，这是我国文化建设的基本要求。伴随经济全球化和文化多元化发展，建设社会主义先进文化，需要坚持马克思主义对社会主义先进文化的指导。意识形态领域出现的文化多元化已经成为一个不争的事实，这是社会发展的必然趋势。然而，指导思想无论在何种情况下都只能是一元的，建设社会主义先进文化就是要以先进的思想文化鼓舞人、引领人，培育担当民族复兴大任的时代新人。

---

① 中央党校中国特色社会主义理论体系研究中心编著《需要理论且能够产生理论的时代》，中共中央党校出版社，2016，第45页。
② 《毛泽东早期文稿（1912年6月-1920年11月）》，湖南人民出版社，2008，第498页。

马克思主义内在规定了社会主义先进文化的性质和方向，坚持马克思主义为指导是社会主义先进文化的根本特征。党的十五大提出建设中国特色社会主义文化，中国特色社会主义文化包含传统文化、革命文化和社会主义先进文化，它们在历史的各个阶段发挥了重要的精神动力作用。新时代建设和发展社会主义先进文化，既要坚持"百花齐放、百家争鸣"的文化发展方针，在多元文化交流碰撞中实现文化的发展和繁荣，也要在多元中立主导，让以马克思主义为指导的社会主义先进文化引领多元文化发展。

二　推进马克思主义中国化

马克思主义是随时代、实践和科学的发展而不断发展的。只有坚持用发展着的马克思主义来指导，中国特色社会主义文化才能有持久的生命力，社会主义先进文化才能释放出强大的创造力、吸引力和凝聚力。推进马克思主义中国化，即在继承马克思主义中国化两大理论成果的基础上，不断推进理论在新时代的发展，这是坚持和发展社会主义先进文化的重要内容。

（一）马克思主义中国化两大理论成果

马克思主义中国化经历了两次历史性飞跃，形成毛泽东思想和中国特色社会主义理论体系两大理论成果，指引了中国"站起来"和"富起来"两个阶段的发展。马克思主义中国化的两大理论成果构成社会主义先进文化的"根基"和"灵魂"。

1. 毛泽东思想是马克思主义中国化第一次飞跃

毛泽东思想是马克思主义中国化的第一大理论成果，是马克思列宁主义在中国的运用，是被实践证明了的关于中国革命和建设的正确的理论原则和经验总结。毛泽东思想产生于"战争与革命"这一特定的时代背景下，在经历了建党、北伐战争、土地革命、遵义会议、中共七大、新中国成立等重大历史事件后，毛泽东思想逐渐由萌芽到形成，由成熟到继续发展，形成新民主主义革命理论、革命军队建设与军事战略理论、社会主义革命与社会主义建设理论、政策与策略理论、思想政治工作与文化理论等理论内容，蕴含了丰厚的哲学思想、政治思想、文化思想、军事思想。在毛泽东思想的指导下，中国共产党完成近代中国的两大历史任务之一，实现了民族独立和人民解放。

在哲学思想方面，毛泽东同志在《实践论》《矛盾论》中提出了实践的观点和矛盾的观点，这是对马克思主义实践论和矛盾论的发展和创新，也为马克思主义中国化奠定了哲学基础。一是形成以实践观为核心的认识论。毛泽东同志在《实践论》中指出，实践是认识的来源、动力、目的和检验认识真理性的唯一标准，这从根本上回答了实践与认识的辩证关系。并在此基础上指出，正确认识的形成要经过认识的两次飞跃，即由物质到精神，再由精神到物质这样无限反复又前进上升的过程，这是认识发展的基本规律。并指出认识与实践是历史的具体的统一，要在实践中坚持和发展真理。二是形成以矛盾论为核心的辩证法。在《矛盾论》中，毛泽东同志指出辩证法的核心就是矛盾论，并着重阐释了矛盾的同一性和斗争性、普遍性和特殊性。在1957年《关于正确处理人民内部矛盾的问题》中，毛泽东同志阐述了社会主义社会的基本矛盾，指出社会主义社会的基本矛盾是非对抗性的人民内部矛盾，这不同于资本主义制度下的敌我矛盾，这一矛盾是可以通过社会主义制度自我不断完善而得到解决的。三是形成实事求是的思想路线。实事求是是中国共产党人在反对主观主义、教条主义的斗争中，成功地实现马克思主义普遍原理与中国具体实践相结合经验的高度哲学概括。实事求是是毛泽东思想"活的灵魂"内容之一，毛泽东同志在《改造我们的学习》中首次界定了"实事求是"的含义，指出"'实事'就是客观存在着的一切事物，'是'就是客观事物的内部联系，即规律性，'求'就是我们去研究"①。

在政治思想方面，主要包括以下内容：其一，科学分析中国国情。毛泽东同志对中国国情的认识主要集中于对中国社会性质和阶级结构的分析。①社会性质是国情诸要素的核心。毛泽东同志指出："自从1840年的鸦片战争以后，中国一步一步地变成一个半殖民地半封建的社会。"中共二大开始提出中国近代社会主要矛盾是帝国主义与中华民族的矛盾、封建主义与人民大众的矛盾，并由此制定出新民主主义革命的正确战略和策略。②社会阶级状况是认识国情的重要方面。对社会阶级结构的正确分析是寻找革命依靠力量，团结盟友、打击敌人，制定革命战略策略的基本依据。毛泽东同志在《中国社会各阶级的分析》一文中认真地分析了中国革命形势和革命力量，为制定"农村包围城市，武装夺取政权"革命路线提供了根据。其二，提出新民主主义革命理论。新民主主义革命理论是马克思主义无产阶级革命理论在中国的运用和发展。新民主主义革命理论发端于中国共产党建党初期，经过长期的革命实践的不断丰富和深化，到抗日战争时期形成系统完整的理论框架。新民主主义革命理论指出了中国革命的性质、对象、动力和前途，指明了中国革命的道路是农村包围城市，武装夺取政权。其三，关于党的建设思想。党的领导、党的建设、统一战线、多党合作的党建理论，是毛泽东政治思想的重要构成。中国共产党的领导地位是由党的特点和历史使命决定的。实现党的领导必须加强党的建设，毛泽东同志多次在党内开展整风运动，力图树立优良的党风。在加强党的自身建设的同时，毛泽东同志十分重视统一战线的建设，这也是中国革命取得胜利的重要法宝，成为多党合作的历史前提。

在文化思想方面，主要有以下内容：其一，加强马克思主义理论教

---

① 《毛泽东选集》第3卷，人民出版社，1991，第801页。

育和爱国主义教育。马克思主义理论是指导中国革命和建设取得胜利的精神武器。毛泽东同志提出："一切有相当研究能力的共产党员，都要研究马克思、恩格斯、列宁、斯大林的理论。"新中国成立以后，毛泽东同志十分重视爱国主义教育，并明确指出："中国共产党人必须将爱国主义和国际主义结合起来。"其二，科学的文艺思想。毛泽东文艺思想是毛泽东文化思想的重要组成部分，在新民主主义革命和社会主义建设时期，以毛泽东同志为代表的中国共产党人，提出和论述了文艺的根本方向、文艺发展的基本方针、文艺的根本原则等理论，丰富和发展了马列主义文艺理论。他指出文艺的根本方向，即文艺要为广大民众服务，并提出了"百花齐放、百家争鸣"的文艺发展方针。

毛泽东思想作为马克思主义理论中国化的第一大理论成果，在特定历史条件下发挥了重要的作用，在今天依然是指导我国发展的方向性指南，成为社会主义先进文化的重要内容。新时代，坚持和建设社会主义先进文化需要充分把握毛泽东思想的精髓，既要深刻理解毛泽东思想的价值意蕴，也要对其进行时代化发展，强化其时代性和价值性。

2. 中国特色社会主义理论体系是马克思主义中国化第二次飞跃

中国特色社会主义理论体系是马克思主义中国化的第二大理论成果，在它的指导下中国共产党完成近代中国第二大历史任务，逐步实现了国家富强、人民富裕。"文化大革命"结束后，我们党重新确立了解放思想、实事求是的思想路线，冲破"两个凡是"的思想禁锢，提出了许多重要的思想观点，这为我们党领导全国人民开创一条有中国特色社会主义的新路奠定了坚实的基础。1987 年，党的十三大报告第一次提出了"建设有中国特色的社会主义理论"，自此逐渐形成邓小平理论、"三个代表"重要思想、科学发展观和习近平新时代中国特色社会主义思想，这些理论一脉相承又与时俱进，继承、丰富和发展了马克思主义和毛泽东思想。

中国特色社会主义理论体系的精髓、主题和核心。其一，中国特色社会主义理论体系的精髓是解放思想、实事求是。解放思想、实事求是就是把马克思主义普遍真理同中国具体实际相结合，走自己的道路。实事求是作为党思想路线，是抗日战争时期毛泽东同志在《改造我们的学习》一文中提出的，中共七大在全党确立。但由于"大跃进"、人民公社化运动以及"文化大革命"的发生，一度严重背离和破坏了实事求是思想路线。"文革"结束后，邓小平同志冲破"两个凡是"的禁锢，在思想领域重新确立实事求是思想路线。1978 年 5 月，《光明日报》发表了《实践是检验真理的唯一标准》一文，开启了全党真理标准大讨论，标志着解放思想、实事求是思想路线的重新确立。十一届三中全会后历代领导集体逐渐将实事求是思想路线发展为解放思想、实事求是、与时俱进、求真务实，深化了中国特色社会主义理论体系的精髓要义。其二，中国特色社会主义理论体系的主题是发展。十一届三中全会后，党的工作重心转移到经济建设上来，发展成为解决中国问题的关键。邓小平同志在南方谈话中提出"发展才是硬道理"，并指出"贫穷不是社会主义"，社会主义要建立比资本主义更发达的生产力，才能集中体现社会主义制度的优越性。20 世纪末，中国整体经济有了很大的发展，但环境问题、贫富差距问题、三农问题、社会保障问题等相继出现，此时，需要一个更加全面、深刻、切合中国变化着的实际的发展观。就此，江泽民同志提出"发展是党执政兴国的第一要务"。21 世纪，生态环境问题日渐凸显，发展的可持续问题要求发展做到全面协调、统筹兼顾和低碳环保，基于此，胡锦涛同志提出了以人为本的科学发展观。在此基础上，习近平总书记提出"发展是第一要务，人才是第一资源，创新是第一动力"，要坚持"创新、协调、绿色、开放、共享"的发展理念，不仅重视发展的速度，更要重视发展的质量，丰富和发展了马克思主义关于社会主义发展的思想。改革开放以来，我国经济"年均实际增长 9.5%"①，"国内生产总值占世

---

① 《在庆祝改革开放四十周年大会上的讲话》，人民出版社，2018，第 11 页。

界生产总值的比重由改革开放之初的1.8%上升到15.2%，多年来对世界经济增长贡献率超过30%"①，在客观上体现了发展是中国特色社会主义理论的主题。其三，中国特色社会主义理论体系的核心是以人为本。以人为本集中体现了中国特色社会主义理论体系的价值取向，体现了我们党全心全意为人民服务的根本宗旨。"三个有利于"、"三个代表"、以人为本为核心的科学发展观和以人民为中心的发展思想都是中国特色社会主义理论体系核心的集中体现。

中国特色社会主义初级阶段论。中国特色社会主义初级阶段论是对马克思主义共产主义阶段论的创新性发展。马克思在《哥达纲领批判》中就预见真正通往科学社会主义的道路是不平坦的，第一次提出共产主义社会需要分为第一阶段和高级阶段两个阶段的理论。并指出在资本主义社会和共产主义社会之间，有一个政治上的过渡期，这个时期的国家只能是无产阶级的革命专政，其分配方式主要是以等量劳动领取等量产品的按劳分配原则，这是共产主义社会的第一阶段。只有到了高级阶段，社会才能在自己的旗帜上写上"各尽所能，按需分配"。列宁发展了马克思这一理论，将共产主义第一阶段称为社会主义社会。毛泽东同志明确指出："社会主义这个阶段，又可能分为两个阶段，第一个阶段是不发达的社会主义，第二个阶段是比较发达的社会主义。后一阶段可能比前一阶段需要更长的时间。"② 邓小平同志立足于我国国情，提出了社会主义初级阶段理论，并指出我国社会主义初级阶段至少要经历上百年时间，这是一切理论和实践的国情基础，并就此提出了"三步走"战略。在社会主义初级阶段，强调坚持"一个中心，两个基本点"的基本路线不动摇。党的十五大上将"三步走"的第三步具体化，提出了"两个一百年"，党的十九大提出了"两个阶段安排"，将"建国一百年"的预期目

---

① 《在庆祝改革开放四十周年大会上的讲话》，人民出版社，2018，第11页。
② 《毛泽东文集》第8卷，人民出版社，1993，第116页。

标具体化，指出在 21 世纪中叶把我国建设成富强、民主、文明、和谐、美丽的社会主义现代化强国。

中国特色社会主义本质论。关于社会主义本质的认识，经历了一个漫长、曲折的过程。自科学社会主义诞生之日起，马克思主义者就对社会主义本质问题进行了孜孜不倦的探索。在科学社会主义发展史上，最早论述社会主义基本特征的是马克思和恩格斯，这两位革命导师以唯物史观为指导，针对资本主义社会存在的弊端，在批判地继承前人思想成果的基础上，对未来社会主义和共产主义做了种种预测，从不同方面提出了社会主义的一些原则和特征。新中国成立以后，我国社会在经历了一个短暂的新民主主义革命时期后逐步转入社会主义时期，实践探索把"什么是社会主义、怎样建设社会主义"这一问题摆在了党和国家发展的面前。对此，以毛泽东同志为核心的党中央领导集体继续对马克思主义的普遍原理同中国具体实际相结合，进行了认真的探讨，并在这一探讨过程中，开创了一条有中国特色的社会主义改造的道路，建立了社会主义制度，并且进行了全面的社会主义建设，在各方面都取得了旧中国所不可比拟的伟大成就，但也犯下了"左"的错误，导致了一系列决策失误，造成巨大损失。十一届三中全会后，邓小平同志总结多年来离开生产力抽象地谈论社会主义，把许多束缚生产力发展的、并不具有社会主义本质属性的东西当作"社会主义原则"加以固守，把许多在社会主义条件下有利于生产力发展的东西当作"资本主义复辟"加以反对的历史教训，经过深邃的思考，创造性地对社会主义本质进行了新的概括，深化了对社会主义的认识。邓小平同志提出了关于社会主义本质的科学论断："社会主义的本质，是解放生产力，发展生产力，消灭剥削，消除两极分化，最终达到共同富裕。"① 社会主义本质要求不断解放和发展生产力，建立比资本主义更高的生产力，凸显社会主义制度的优越性和政治优势。

---

① 《邓小平文选》第 3 卷，人民出版社，1993，第 373 页。

中国特色社会主义发展动力论。邓小平同志提出"改革是中国的第二次革命"，它极大地解放和发展了社会生产力，进一步完善和发展了社会主义制度，开辟了中国特色社会主义建设的道路，是中国特色社会主义理论体系得以形成的实践基础。改革是解放生产力、发展生产力的过程，改革也是社会主义自我完善和发展的过程。1992 年初，邓小平同志在南方谈话中对衡量改革开放是否成功提出了三个判断标准。他指出："改革开放迈不开步子，不敢闯，说来说去就是怕资本主义的东西多了，走了资本主义道路。要害是姓'资'还是姓'社'的问题。判断的标准，应该主要看是否有利于发展社会主义社会的生产力，是否有利于增强社会主义国家的综合国力，是否有利于提高人民的生活水平。"① 这三个判断标准，从生产力与生产关系、经济基础与上层建筑的综合高度，言简意赅地指出社会主义的本质特征，是判断改革开放各项工作的出发点和检验标准。在新的历史时期要毫不动摇地坚持正确的改革方向，不断提高改革开放的科学性和协调性，着力构建充满活力、富有效率、有利于科学发展的更加开放的体制机制。

"五位一体"理论。"五位一体"理论的形成和发展并不是一蹴而就的，它是在历代领导集体关于中国特色社会主义建设的总体布局的丰富和完善的过程中逐步发展而来的。从十六大报告的"三位一体"（经济建设、政治建设、文化建设），到十七大提出的"四位一体"（增加了社会建设），再到十八大进一步拓展到"五位一体"（增加了生态文明建设），党关于中国特色社会主义建设的总体布局在时代发展和实践探索中不断完善和发展，这体现了党对建设社会主义认识的不断发展，由单纯强调经济发展，到强调社会和谐发展和可持续发展，体现了党对社会发展规律的深刻把握。

中国特色社会主义理论体系是改革开放以来历代领导集体思想的结

---

① 《邓小平文选》第 3 卷，人民出版社，1993，第 372 页。

晶，它针对改革开放过程中存在的矛盾与问题，一脉相承又与时俱进地发展了马克思主义和毛泽东思想，成为社会主义先进文化的重要内容。与此同时，建设社会主义先进文化要以中国特色社会主义理论体系为理论基础，坚持正确的发展方向。

（二）推进马克思主义中国化的着力点

推动马克思主义中国化就是推动社会主义先进文化建设的过程。新时代，推进马克思主义中国化需以基本国情和中华优秀传统文化为着力点，做到一切从实际出发，不忘本来，面向未来。

1. 立足基本国情推进马克思主义中国化

一切从实际出发，既是马克思主义物质观的具体要求，也是马克思主义中国化所要遵循的原则。十九大报告指出中国特色社会主义进入新时代，这就是当前我国所处的实际。推进马克思主义中国化必须从事实出发，从我国基本国情出发。我们党的全部理论和实践只有符合这一实际，才能不断把改革开放和社会主义现代化建设推向前进。首先，要结合中国社会主义现代化实践，结合这一进程中出现的各种社会问题，有针对性有现实意义地发展马克思主义，把中国共产党在处理这些问题上的有益经验提炼为理论，充实、丰富和发展马克思主义。这些问题主要有就业问题、住房问题、教育问题、医疗问题、贪污腐败问题、生态环保问题、食品安全问题、收入差距问题、人口老年化问题等。马克思主义是从国外传入的，其表述方式带有西方的思维模式，推进马克思主义中国化的第一步就是结合中国人的思维习惯进行翻译，不能生搬硬套地直译，也不能用一些晦涩难懂的语言。通过加大编译力度，深化经典阐释，运用符合中国人的思维逻辑和语言风格，遵循传播规律，用人民群众喜闻乐见、易于接受的方式画出最大的思想同心圆。其次，对马克思主义与中国实际相结合要有一个整体性认识。马克思主义与我国实际处于一个动态发展、良性互动的过程中。一方面，马克思主义指导我国实践发展，推动我国社会实际不断发生累积性变化；另一方面，我国实际发生变化带来的新课题、新形势，以及对这些问题的解决又会逐步总结升华为马克思主义理论的最新内容。换言之，马克思主义理论创新和发展建立在中国实践和中国实际的基础之上。

2. 传承中华优秀传统文化推进马克思主义中国化

马克思主义与中国实际相结合，还必须与中华民族传统文化相融合，实现传统文化现代化与马克思主义中国化相统一。

中华优秀传统文化与马克思主义有异曲同工之处，是实现传统文化现代化与马克思主义中国化的思想基础。中华优秀传统文化是中华民族的精神命脉，它源于中华民族几千年的历史实践，发展于多种思想学说的交流、碰撞和互鉴之中，是涵养社会主义核心价值观的重要源泉，也是我们在世界文化激荡中站稳脚跟的坚实根基。传统文化中讲仁爱、重民本、守诚信、崇正义、尚和合、求大同的基本内核，是维护五十六个民族团结统一的稳定局面，激励十三亿多中华儿女不懈奋斗的精神动力。绵延数千年的中华文明已经构筑成中国精神最深厚的底蕴，它如同一种基因保存于中华儿女的身体里，潜移默化影响着中国人的思想方式和行为方式。习近平总书记十分重视传统文化在当代的作用，他在多个场合为传统文化代言，强调对中国传统文化要继承、转化和创新，强调对待传统文化我们应当充满信心。

马克思主义中国化进程中，马克思主义同中国传统文化之间形成一种互动的关系。一方面，从传统文化视角出发阐释马克思主义，可以减少中国人民对马克思主义的"陌生感"，为马克思主义提供有效的"出场方式"。中国传统文化历史悠久、影响深远，它作为我国基本国情中的文化心理而存在，其内含的人文精神和思想理念潜移默化地影响中国人的价值、信念和行为。传统文化中积淀的人文精神是中华民族认知一切的

"前理解"，在看似无形中发挥着"潜在"的影响。传统文化中保存至今的历史典故、风俗习惯、节日仪式、诗词歌赋、名胜古迹等为马克思主义中国化提供了依托素材和现实载体，二者结合也成为中国化马克思主义的重要内容，也使得马克思主义更好地被普通民众所认知、接受和认同。另一方面，马克思主义促进了中国传统文化现代化。传统文化现代化并不是以迷恋传统为基本态度的向传统的简单复归，更不是对传统不加辨识的简单复活，而是以建设社会主义先进文化为根本指向，结合马克思主义与传统问题的共通之处，既促进马克思主义中国化，又推进对优秀传统文化的传承。一则，运用马克思主义的立场、观点、方法对传统文化加以审视，在扬弃的基础上更好地传承和弘扬传统文化，使其更好地在现代社会发挥作用。二则，中国传统文化中的哲学沉思、人文关怀、家国情怀为应对城市病和国际性问题提供了新思路、新希望。当今世界，人口问题、环境污染、生态破坏、资源短缺、信仰危机、恐怖主义等世界性问题严重干扰了社会稳定、人民安泰和国家长治久安。这些问题是马克思主义发展迫切需要回答并在方法论层面提出解决方案的问题，中国传统文化为这些问题的解决提供了中国智慧。

（三）不断推进习近平新时代中国特色社会主义思想

习近平新时代中国特色社会主义思想是马克思主义中国化的最新理论成果，是一个逻辑严密、系统完整的理论体系，具有深厚的历史基础、现实基础和实践基础。具体来说，首先，中华民族五千多年文明史，中国人民近代以来 170 多年斗争史，中国共产党 90 多年奋斗史，中华人民共和国 70 年发展史，改革开放 40 年探索史以及党的十八大以来的变革史，是习近平新时代中国特色社会主义思想形成的历史基础，为习近平新时代中国特色社会主义思想的形成发展提供了特殊的历史文化背景和条件，体现了理论逻辑与历史逻辑的辩证统一。其次，习近平新时代中国特色社会主义思想是理论逻辑与现实逻辑的辩证统一，它基于我国社会主义初级阶段基本国情、社会主要矛盾的深刻变化以及国际国内形势变化，做出了科学的理论判断和重大的理论创新，满足了国家社会发展的现实需要。再次，习近平新时代中国特色社会主义思想是理论逻辑与实践逻辑的辩证统一，它立足于中国改革开放的伟大历史实践、全面建设小康社会的新实践以及实现民族伟大复兴的发展实践基础上，做出了两个阶段的战略安排，具有坚固的实践基础。

习近平中国特色社会主义思想的形成是时代发展的必然选择，也是马克思主义与时俱进理论品格的必然结果。它扎根于中华优秀传统文化、中国革命文化、社会主义先进文化之中，立足于中国社会主义现代化建设和改革开放伟大进程之中，深刻总结了十八大以来党的治国理政的经验，发展了共产党的执政规律、社会主义建设规律和人类社会发展规律。习近平新时代中国特色社会主义思想有其鲜明的特征，在价值维度上始终贯彻以人民为中心的发展理念，强调党性与人民性的深度融合、共同发展；在理论维度上坚持辩证唯物主义和历史唯物主义基本观点，坚持和发展科学社会主义理论，强调在脚踏实地实现中华民族伟大复兴中国梦的过程中逐步向共产主义社会迈进；在实践维度上强调在党的领导下，开展全面建成小康社会实践、全面改革开放实践、全面依法治国实践、全面从严治党实践，牢牢抓住政治建设、经济建设、文化建设、社会建设、生态文明建设，致力于富强、民主、文明、和谐、美丽的社会主义现代化强国建设。

习近平新时代中国特色社会主义思想是社会主义先进文化的最新内容。新时代建设社会主义先进文化，需要坚持用马克思主义观察时代、解读时代、引领时代，用鲜活丰富的当代中国实践来推动马克思主义发展，用宽广视野吸收人类创造的一切优秀文明成果，坚持守正出新、博采众长，不断开辟当代中国马克思主义新境界，不断推进习近平中国特色社会主义思想的发展。首先要坚持"不忘本来、吸收外来、面向未来"。推进习近平新时代中国特色社会主义思想，既要立足本来，立足中国特色社会主义的基调与本色，从中国传统文化、中国实践探索中汲取营养，保持文化的连续性和统一性。又要面向时代，立足时代发展需要和未来指向，将实践需求与理论供给相结合创新发展理论。还要以宽广的世界眼光和开放的胸襟，吸收借鉴世界文明成果和建设经验，进行创造性转化，不断丰富和发展理论。其次要实现习近平新时代中国特色社会主义思想融入日常、落地生根。一方面要加强社会宣传、组织宣传、党委宣传等在社会领域的传播，另一方面要通过"三进"促使其进入教育系统，实现习近平新时代中国特色社会主义思想"系统进教材""生动进课堂""扎实进头脑"，进而使其在青年一代中落地生根。

三　发展当代中国马克思主义

"凡益之道，与时偕行"，世界是变化发展的世界，实践在发展、社会在进步，理论只有跟上时代步伐、把握时代脉搏，才能揭示发展规律、揭示社会现象本质。"是虽常是，有时而不用；非虽常非，有时而必行"。先进文化作为一个具体的历史的概念，其内涵和外延在不同时代、不同民族、不同地域界定有所不同，优秀传统文化是中国古代的先进文化，革命文化是中国近代的先进文化。社会主义先进文化是马克思主义政党思想精神上的旗帜，必须立足时代发展新要求不断与时俱进、开拓创新，发展21世纪的马克思主义，发展当代中国马克思主义。

（一）发展当代中国马克思主义的原因

当代中国马克思主义是社会主义先进文化的重要内容，发展当代中国马克思主义实质就是发展社会主义先进文化。这是马克思主义与时俱进理论品质的客观要求，也是解决社会发展中现实问题的客观需求。

1. 马克思主义与时俱进理论品质的要求

世界是无限运动和永恒发展的世界，生活在特定时空境遇下的个体，其认知能力和认知水平既受到客观时代条件发展的制约，又受到个体思维非至上性的限制，导致每一种真理性认识都是对无限发展的物质世界的接近，这也决定了世界上没有永恒不变的终极真理。诞生于 19 世纪的马克思主义之所以至今仍有强大的生命力，不是因为它是终极真理，而在于它与时俱进的理论品质。社会主义理论发展的五百多年沧桑岁月中，从充满幻想、博爱和空想色彩的《乌托邦》《太阳城》到以坚固事实为基础的科学社会主义理论，经历了莫尔、康帕内拉、圣西门、傅立叶、欧文再到马克思、恩格斯，这中间每一次理论的发展都经历了血与泪的斗争，每一次理论的进步都是对前人理论的批判、继承和超越。

世界是运动变化的，真理具有相对性。马克思主义辩证法和认识论深刻地揭示了世界是运动变化发展的，真理是绝对性与相对性的统一。不仅如此，这也是马克思主义自身发展遵循的准则和规律。例如，马克思和恩格斯在《德意志意识形态》中提出了"同时胜利论"的构想，认为共产主义革命将首先在文明国家至少在少数的工业发达的资本主义国家同时发生，东方国家走向社会主义是在西方国家帮助下实现的，革命由点到线再到面扩张到全世界。而马克思晚年时期在回复查苏利奇的信件中又提出了"卡夫丁峡谷"理论，指出俄国有可能不通过资本主义制度的"卡夫丁峡谷"，而享用资本主义制度的一切肯定成果。1915 年，列宁在《论欧洲联邦口号》中基于帝国主义政治经济发展不平衡规律，提出了"一国胜利论"，指出"经济政治发展的不平衡是资本主义的绝对规律。由此就应得出结论：社会主义可能首先在少数或者甚至在单独一个资本主义国家内获得胜利"[①]。"一国胜利论"是对"同时胜利论"的

[①] 《列宁选集》第 2 卷，人民出版社，1976，第 709 页。

创造性发展，它指出落后的东方国家可以先于西欧国家建立无产阶级政权，世界社会主义革命的中心在东方，东方人民的斗争决定世界社会主义的胜利。"一国胜利论"直接指导了俄国十月革命，使社会主义在俄国由书本上的理论变成现实。这一理论和实践的发展，充分证明理论只有不断与时俱进才能把握客观规律，推动实践发展。

认识是不断发展的，实践、认识、再实践、再认识……如此循环往复，以至无穷。这是认识发展的基本规律，也是马克思主义永葆青春与活力的关键所在。在对未来社会基本特征的描述中，马克思也指出自己的理论只是揭示了未来社会的基本特征，而不做细节描绘，那种能把百年之后人们的生活起居、言谈举止、社会问题都涉及的理论不是马克思主义，而是唯心主义。正因如此，未来的理论还要基于未来的实践，还要依靠未来人们的智慧。实践发展永无止境，理论创新永无止境，马克思主义的精髓就是具体问题具体分析，要结合时代发展与时俱进地推进理论发展。

当代中国马克思主义作为社会主义先进文化重要一维，是推动社会发展的前进动力，需要面向时代问题、时代需要不断与时俱进。需要进一步认清哪些是必须长期坚持的马克思主义基本原理，哪些是需要结合新的实际加以丰富和发展的理论判断，哪些是必须破除的对马克思主义的教条式的理解，哪些是必须澄清的附加在马克思主义名下的错误观点。这样才能用科学的态度对待马克思主义，用发展着的马克思主义指导新的实践，为社会主义先进文化注入新活力。

2. 解决中国社会发展中现实问题的需要

马克思主义作为科学真理，虽然具有普遍的指导意义，但它的具体运用，却要根据各国的具体情况。马克思主义只有在同各国具体实际相结合的过程中，着眼社会发展中的现实问题，不断与时俱进，才能开辟自身的发展道路和新境界，这是马克思主义的题中应有之义。恩格斯说过："马克思的整个世界观不是教义，而是方法。它提供的不是现成的教条，而是进一步研究的出发点和供这种研究使用的方法。"① 要真正运用马克思主义来指导改革开放进程中出现的新问题，必须着眼于时代问题本身，从实践需要与理论供给协同发展的角度，推进21世纪马克思主义。历史经验证明，马克思主义只有与本国国情相结合、与时代发展同进步、与人民群众共命运，才能焕发出强大的生命力、创造力、感召力。发展当代中国马克思主义的过程中，不仅要发挥马克思主义的指导作用，而且要不断形成新的理论成果，增添新的理论内容。

革命战争时期，毛泽东同志把马克思主义与中国实际相结合，提出了"枪杆子里出政权""武装夺取政权""打土豪分田地""抗美援朝，保家卫国"等。社会主义建设时期，邓小平同志提出了"社会主义本质论""三个有利于""市场经济论""初级阶段论""根本任务论"等理论。新时代，习近平总书记提出"中国梦""四个全面""五大发展理念""人民中心论""人类命运共同体""社会主义核心价值观"等。这些都是各个历史时期针对中国发展的现实问题提出的理论，它们在各自的时空条件下发挥着重要的作用，但这种作用是历史的、具体的。因此，发展当代中国马克思主义必须结合中国社会发展中的现实需要，对理论进行"再阐释"和"再发展"。

时代在发展，实践中会出现很多新问题、新矛盾、新困惑，这客观上要求理论的与时俱进。全面建成小康社会的实践、全面深化改革的实践、全面依法治国的实践、全面从严治党的实践、全面从严治军的实践、构建人类命运共同体的实践，开创了中国特色社会主义事业新局面，迫切需要社会主义先进文化（尤其是当代中国马克思主义）释放出更加强大的思想凝聚力和精神引领力。习近平新时代中国特色社会主义思想作为当代中国马克思主义，是对十八大以来国家发展中重大问题的深刻洞

---

① 《马克思恩格斯文集》第10卷，人民出版社，2009，第691页。

察和敏锐判断，"五大发展理念""精准扶贫""一带一路"等思想是在牢牢把握社会主义先进文化发展规律和发展趋势，不断满足人民群众日益增长的美好生活需要过程中，凝结的中国智慧和中国方案。

（二）发展当代中国马克思主义的途径

发展当代中国马克思主义需要着眼于时代之需深入阐释理论，着眼于现实问题发展理论，积极与世界文明碰撞吸纳有益思想。

1. 着眼时代之需深入阐释理论

坚持和发展马克思主义必须结合 21 世纪发展之需重新阐释马克思主义。马克思主义从来不是死记硬背的机械教条，它提供的是方法和航向，必须结合时代发展、语境变化、对象层次等切换马克思主义的话语表达，对一些过时的界定进行重新阐释，那种死死抱守经典作家的个别提法或主张不放的，不是真正的马克思主义者，只是一种"经院主义"做派。事实证明，没有马克思主义中国革命不可能取得成功，教条化地使用马克思主义只会使中国革命和建设遭遇挫折，只有将马克思主义与中国实际相结合，形成符合中国实际的中国化马克思主义，才能产生变革世界的力量，才能使真理的力量更具针对性和现实性。

着眼于时代发展需要，通过有效的话语体系来表述、表达、传播马克思主义，让马克思主义更有吸引力、说服力、影响力。发展 21 世纪马克思主义，首先要进行扎实的文献研究、文本研究。这是一项基础性的工作。从各种手稿研究、文本翻译着手，通过手稿直接研究发现马克思、恩格斯思想。其次要建设具有有效性和认同性的 21 世纪马克思主义话语体系。归根结底理论是国家现代化进程和历史文化背景的产物，只有深刻地把握中国社会发展的进程，着眼于"中国问题""中国道路""中国实践"，在踏踏实实的原始数据基础上发展 21 世纪马克思主义，才能提升理论的吻合度、说明度。

结合时代发展深入阐释马克思主义需要哲学社会科学的全程、全方位支持。落后就要挨打，贫困就要挨饿，理论匮乏就要挨骂。面对世界文化之间的交流、交融与交锋，加快建设社会主义文化强国、增强文化软实力、提高国际话语权，成为我国哲学社会科学亟待解决的问题。然而，我国"目前在学术命题、学术思路、学术观点、学术标准、学术话语上的能力和水平同我国综合国力和国际地位还不太相称"①。发展21世纪马克思主义必须对理论问题深入阐释，摒弃一些不合时宜的话语形式和话语表达，对一些核心概念、核心范畴结合时代话语进行"再表述"，对基础理论进行现代化、通俗化、生活化的表达。

2. 着眼现实问题创新发展理论

问题是创新的起点，也是创新的原动力。问题是时代的格言，是表现时代自己内心状态的最实际的呼声。马克思主义的一切理论都是基于问题产生的，都是对时代之问的解答。事实证明，一切凭空胡编乱造的理论都经不起实践和历史的检验，都将被抛弃在理论发展的长河之中，只有基于问题产生的理论才能在思想史上站得稳、站得久。

每一个时代都有每一个时代需要解决的问题。我们"决不能要求马克思为解决他去世之后上百年、几百年所产生的问题提供现成答案，中国问题只能由中国人民自己解决"②。马克思主义经典作家的语录并非包治百病的灵丹妙药，只有找准现实问题对症下药才是良药。每一个时代都有每一个时代自身需要解决的问题，准确地把握并解决时代问题是思想和社会进步的动力。发展21世纪马克思主义就是要以中国实践、中国发展中的问题和需要为导向，以解决问题、满足需要为出发点，开展理论探索。抓住社会主义现代化建设中的现实问题，始终把时代提出的问

---

① 中央党校中国特色社会主义理论体系研究中心编著《需要理论且能够产生理论的时代》，中共中央党校出版社，2016，第79页。

② 中央党校中国特色社会主义理论体系研究中心编著《需要理论且能够产生理论的时代》，中共中央党校出版社，2016，第53页。

题作为实践发展的中心问题，既是马克思主义在当代社会的"在场"方式，又是马克思主义走进大众内心深处的良好契机。一旦马克思主义不关注时代问题，淡薄问题意识，就会有被边缘化甚至被淘汰的危险。

发展 21 世纪马克思主义要立足时代问题，创造性地提出和探索新的理论，在实践基础上不断总结新经验、升华新理论，又将这种理论运用于实践、指导实践。20 世纪初，列宁突破了同时胜利论的限制，提出社会主义可以率先在某一个或几个国家建立，并对剩余价值论在帝国主义时代做了新的阐释和发展。毛泽东开辟了中国革命独创性道路，摆脱了共产国际的教条主义和苏联"城市中心论"的束缚，走适合中国革命的"农村包围城市，武装夺取政权"道路。邓小平同志开辟了中国特色社会主义道路，破除了"两个凡是"的错误方针，摆脱了计划经济条件下的思想束缚，寻找到一条具有中国特色的改革开放道路。从中体现出着眼现实问题、创新发展理论的重要性和必要性。改革开放 40 年来的经验充分证明，中国特色社会主义道路没有现成的模板、母版可以借鉴，在经典文本中也找不到现成的答案。面对新问题、新形势、新境遇，只有解放思想，破除陈规和教条的束缚，才能在实践上突破创新。换言之，改革创新，思想先行。

马克思主义的诞生就是理论创新的结果。只有理论创新，才能满足时代需要，把握时代特征，揭示时代本质，预见时代趋势。创新带给马克思主义新内涵和新的生长点，它是马克思主义在新时代焕发生命力的不竭动力。纵观马克思主义发展史，唯物史观和剩余价值学说是马克思主义理论创新的最主要成果，与此同时，从"同时胜利论"到"一国胜利论"，从"跨越卡夫丁峡谷"到"东方社会主义理论"，从"共产主义阶段论"到"社会主义初级阶段理论"，从"计划经济"到"市场经济"，社会主义从空想到科学，从理论到实践，从一国到多国的发展演变，充分证明了马克思主义是在一次次大胆创新中不断推向前进的。发展当代中国马克思主义，发展社会主义先进文化必须以现实问题为着眼点，增强理论发展的针对性、时代性和有效性。

3. 勇于碰撞对话吸收世界文明

马克思主义的诞生是批判借鉴吸收世界文明的结果，马克思主义真理性与科学性强化于与其他民族文化的交流和碰撞中。马克思主义蕴含德国古典哲学、英国古典政治经济学和法国空想社会主义，与此同时，马克思主义还充分吸收了19世纪自然科学成果，将能力守恒与转化定律、细胞学说、生物进化论进行了哲学概括。马克思主义从诞生之日起就处于战斗之中，处于一次次激烈的论争之中，诸多经典篇目也是论战的产物。譬如《哲学的贫困》是为批判蒲鲁东《贫困的哲学》而著、《关于费尔巴哈的提纲》是批判包括费尔巴哈哲学在内的一切旧哲学而书、《反杜林论》则是针对"杜林瘟疫"而写等等。

发展当代中国马克思主义必须以宽广的世界眼光，在多元化的思想文化交流交融交锋中借鉴吸收世界文明。经济全球化、网络信息化时代，思想文化纷繁激荡，国外各式各样的社会思潮伴随我国改革开放进程不断深度扩散，对于这些思潮我们要区别对待，既不能全盘肯定，也不能全盘否定。其一，对于与马克思主义异质性的社会思潮，我们要时刻警惕、处处提防，要向广大民众揭示隐藏在各种"外衣"背后的实质。与此同时，面对不良思潮对马克思主义的责难、诋毁和污蔑时，马克思主义者要旗帜鲜明地站出来捍卫，要正面回应问题，为人民群众树立正确的价值导向。再者，要运用法律的武器捍卫马克思主义、捍卫共产党的领导，对于那些有害于公众的篡改歪曲历史的偏激言论，必须从源头上加以控制，禁止其传播，对于情节严重者要予以法律问责。其二，对于与马克思主义具有同质性的理论，要予以借鉴吸收，但这种借鉴吸收不是照搬照抄，而是要将其"本土化"。首先，西方马克思主义在其发展过程中形成很多有益理论，包括葛兰西的"文化领导权理论"、阿尔都塞的"意识形态国家机器理论"、哈贝马斯的"意识形态合法性理论"等，为加强和发展当代中国马克思主义提供了理论借鉴。其次，一些西方学者提出的理论也为当前我国发展马克思主义，把握社会主义意识形态领导权提供了理论启示和借鉴。譬如罗尔斯的正义理论、福山的政治学理论、福柯的话语权理论、约瑟夫·奈的软实力理论，都对发展当代中国马克思主义提供了宝贵的借鉴。

对于世界文明的吸收是有鉴别的吸收，这是中国共产党对待外来文化的一贯主张。鉴别和吸收的根本标准在于，这些内容是否有利于我国社会主义现代化事业的健康发展，是否符合我国国情和文化心理。"一切有利于加强我国社会主义文化建设的有益经验，一切有利于提高我国人民精神境界的文化成果，一切有利于发展我国社会主义文化事业和文化产业的管理方式，都要积极研究借鉴。"① 需要注意的是，汲取世界文明不是机械的照搬照抄，也不是简单模仿或僵硬的嫁接，要进行创造性转化，更多地做集成性、融合性的文化创作。新时代，发展社会主义先进文化需要不断吸收世界文明和一切有益成果。

（三）发展当代中国马克思主义的具体维度

习近平新时代中国特色社会主义思想是当代中国马克思主义的集中体现，是对科学社会主义原则的创造性转化，是对马克思主义基本原理的创造性运用，是对中国化马克思主义成果的创新性发展。十九大报告用"八个明确"和"十四个坚持"对其进行了系统化阐述，并从世界观和方法论两个层面回答了新时代坚持和发展中国特色社会主义的理论问题。新时代，建设社会主义先进文化需要发展当代中国马克思主义，将提升共产党人的理想信念、把握意识形态工作话语权、加强宏观布局和重

---

① 胡锦涛：《始终坚持先进文化的前进方向，大力发展文化事业和文化产业》，《人民日报》2003 年 8 月 13 日，第 1 版。

视党的建设作为重要维度，通过这些维度的发展来建设社会主义先进文化。

1. 理想信念是共产党人的精神之"钙"

理想信念是一种精神追求，是个人、政党、组织、社会、国家、民族存在和发展的精神支柱和精神动力，是固本培元、凝魂聚气的内生力量。理想信念好比人精神上的"钙"，有了这种"钙"才能支撑人坚定前行，才能让人"不为困难所扰、不为矛盾所惑、不为利益所诱"①。精神上如果"缺钙"就容易迷失方向，难担时代使命、历史重托。共产党人如果没有了理想信念，回答不好"我是谁、为了谁、依靠谁"的问题，就容易导致政治上的变质、精神上的贪婪、道德上的堕落、生活上的腐化。因此，共产党人要强化社会主义理想信念，将远大理想与近期目标相结合，将个人理想与社会理想相结合。

首先，将远大理想与近期目标相结合。"马克思科学揭示了人类最终走向共产主义的必然趋势"②，提出了共产主义社会理想，这是共产党人的远大理想，"奠定了共产党人坚定理想信念的理论基础"③。十九大报告指出："中国共产党人的初心和使命，就是为中国人民谋幸福，为中华民族谋复兴。"④ 这一精确而简练的概括既反映了共产党的根本政治底色和政治立场，反映了党始终把人民和人民的利益放在首位，坚定地为人民群众谋幸福、谋发展、谋未来的坚定决心和勇气，也反映出中国已经实现了"站起来"、改革开放"富起来"，要朝着 21 世纪"强起来"的目标不懈努力。这是近代中国的两大历史任务之一，是中华儿女的共同期盼，是实现中国梦的应然之义。为中国人民谋幸福，为中华民族谋复兴，是中国共产党人的初心和使命，也是党制定各项路线、方针、政策的依

---

① 《习近平用典》，人民日报出版社，2015，第 231 页。
② 《在纪念马克思诞辰 200 周年大会上的讲话》，人民出版社，2018，第 16 页。
③ 《在纪念马克思诞辰 200 周年大会上的讲话》，人民出版社，2018，第 16 页。
④ 《决胜全面建成小康社会　夺取新时代中国特色社会主义伟大胜利——在中国共产党第十九次全国代表大会上的报告》，人民出版社，2017，第 1 页。

据。社会主义现代化建设过程中一个个具体目标的实现，都是以远大理想为最终指引，以此确保正确的方向和发展的活力。

其次，将个人理想与社会理想相结合。党的十八大提出了"中国梦"这一个人理想与社会理想的共同体。中国梦归根结底是人民的梦，人民在追求自身梦想的同时就汇聚成中华民族伟大复兴中国梦。中国梦是家国同构的理想信念，它凝结着一代又一代中华儿女的期盼和憧憬，是人民群众团结奋斗的思想同心圆和最大公约数，体现了中国共产党的历史担当和使命追求。实现中国梦必须走中国特色社会主义道路。历史证明，无论是封闭僵化的老路还是改旗易帜的邪路都是死路一条。实现中国梦必须弘扬民族精神和时代精神，要以精神为支撑、为动力，不断鞭策、激励一代又一代中华儿女自强不息、团结奋斗。改革开放以来，我国社会发生了翻天覆地的变化，经济发展日新月异。因此，实现中国梦必须发动每一个勤劳勇敢的中国人，让个人梦的涓涓细流奔流入海，汇聚成一股改造世界的磅礴力量。

根基不牢，地动山摇。理想信念就是我们的根基，是我们为什么要去斗争、实践和争取的内在答案。我们的革命先烈之所以敢于抛头颅洒热血，不怕困难不怕牺牲，就是因为心中有坚定的理想信念。新中国成立之初，百废待兴、百业待举，人民群众在党的领导下积极参与社会主义建设，"一五"计划超额完成充分显示出人民高昂的建设热情和蓬勃的积极性，这正是基于对构建美好幸福生活的期盼。改革开放后，我国经济持续高速增长，一批批敢闯敢拼的人民在开放的浪潮中崛起，成就了当今中国很多知名企业，这也是理想信念的激发。

建设社会主义先进文化的目的在于培养有理想有抱负的时代新人，这一方面要求把社会中合理的个人理想吸纳进社会主义先进文化中，另一方面要求社会主义先进文化源于现实又高于现实，充分发挥其精神引领作用。心中有梦想，脚下有力量。无论大梦小梦家国梦，只要是正当的，它的实现都对社会起推动作用。小小个人梦汇聚中国梦，如奔流入海的支流，它们的汇聚只会让主流更具力量、更加宽广。

2. 牢牢把握意识形态工作话语权

意识形态工作是党一项极端重要的工作，社会主义不去占领意识形态领域，就给资本主义以可乘之机。多元意识形态并存相争的时代背景下，争夺意识形态领导权、话语权成为关涉思想领域"谁主导""谁从属"的重大问题。这一问题既关系个人的思想和价值取向，也关系社会发展的方向、旗帜和道路选择。

任何一个国家和社会都有占统治地位的意识形态，意识形态领域的主导思想从来都是一元的。一个国家的政治法律制度和政权机构等，都是在占统治地位的意识形态指导下建立起来的。在我国，居于主导的意识形态是马克思主义。马克思主义是社会主义意识形态的旗帜和灵魂，是我们立党立国、治党治国之本，在任何时候都不能动摇其指导地位。习近平总书记在全国宣传思想工作会议上指出，能否做好意识形态工作，事关党的前途命运，事关国家长治久安，事关民族凝聚力和向心力。在搞好经济建设的同时，意识形态工作不能有丝毫放松，必须牢牢把握意识形态工作的领导权、管理权和话语权。

建设具有强大凝聚力和引领力的社会主义意识形态，需要做好以下几方面的工作。首先，提升党和人民的文化自信。"文化自信是更基本、更深沉、更持久的力量。"① 文化兴则国运兴，文化强则民族强。没有文化的繁荣兴盛和高度的文化自信，就没有中华民族的伟大复兴。增强文化自信，要在传承中华优秀传统文化、革命文化的基础上大力发展社会主义先进文化，提升国家文化软实力。需要进一步增强文化精品的创作生产能力，进一步增强公共文化服务能力，进一步增强文化产业竞争力。既需要支持公益性文化事业的发展，又需要促进经营性文化产业的发展。

---

① 《习近平关于社会主义文化建设论述摘编》，中央文献出版社，2017，第12页。

就公益性文化事业而言，需要增加数量和种类，提高质量和水平，增强宣传文化事业的竞争力和感染力。就经营性文化产业而言，必须提升文化产品生产商、制造商们的责任意识、底线意识，提升他们传播先进文化和主流意识形态的自觉性和使命感。其次，要坚持和发展马克思主义。一方面，要巩固马克思主义在意识形态领域的指导地位，更好地坚持和发展马克思主义，不断推进马克思主义理论创新，不断把党领导人民创造的成功经验上升为理论，赋予马克思主义实践特色、理论特色、民族特色、时代特色。另一方面，在巩固马克思主义意识形态指导地位的同时，必须积极回应"反马""非马"的挑战，敢于亮剑，敢于旗帜鲜明地捍卫马克思主义的指导地位，用真理揭露谎言，让科学战胜谬误。

意识形态是文化的内核，文化是意识形态的载体。社会主义意识形态内含于社会主义先进文化之中，在社会主义先进文化建设和发展过程中发挥着基础性、保证性、制约性作用。新时代，建设社会主义先进文化离不开社会主义意识形态建设，只有紧紧围绕社会主义意识形态进行社会主义先进文化建设，才能保障文化发展的性质和方向。

3. 宏观布局是发展当代中国马克思主义的重要手段

宏观布局是习近平新时代中国特色社会主义思想的重要内容，也是发展当代中国马克思主义的重要手段。习近平总书记立足宏观整体，以"不谋全局者，不足谋一域"的宏大气魄，从国际国内协同发展角度、从全人类的利益角度对社会主义现代化事业进行谋篇布局。

第一，审时度势。党的十九大总结了改革开放四十年来我国社会发展的新情况、新变化，明确提出"中国特色社会主义进入新时代，我国社会主要矛盾已经转化为人民日益增长的美好生活需要和不平衡不充分的发展之间的矛盾"[①]。这是审时度势后的新概括，伴随着生产力的发展

---

① 《决胜全面建成小康社会 夺取新时代中国特色社会主义伟大胜利——在中国共产党第十九次全国代表大会上的报告》，人民出版社，2017，第11页。

社会主要矛盾发生变化是必然。社会主要矛盾发生了变化，党的奋斗目标和任务也发生改变，不再片面追求 GDP 增长，而更加注重经济发展的质量和效益，更加注重社会各个领域的协同推进。新时代，人民的需要不断升级，对美好生活的需要日益增长，然而不平衡不充分的社会发展还不能满足这一需要。在新的历史方位上，要化解这一社会主要矛盾，一方面要坚持"创新、协调、绿色、开放、共享"的发展理念，化解"不平衡不充分"的发展问题；另一方面要统筹"经济、政治、文化、社会、生态""五位一体"建设，满足人民对美好生活的需要。

第二，全面把握。全面把握社会发展状况和发展阶段，是发展当代中国马克思主义的基础和前提。在全面把握时代变化和社会变化的同时，习近平总书记提出了"四个全面""四个伟大""四个意识""五大发展理念""五位一体"等战略举措，提出了中国梦、文化自信、社会主义核心价值观等，大力发展新闻舆论事业、文艺事业、互联网通信技术、哲学社会科学等，着力抓好物质文明和精神文明两方面，全面把握社会发展的要领。十九大报告指出中国特色社会主义进入新时代，阐释了当前我国社会的主要矛盾是人民日益增长的美好生活需要和不平衡不充分的发展之间的矛盾。这一矛盾转化是基于改革开放四十年来生产力发展提出的。但十九大报告也提出，我国社会主义初级阶段这一基本国情没有变、世界最大发展中国家的国际地位没有变，这"变"与"不变"之间显示了对我国基本国情的把握，也为理论发展和创新提供了基础。

第三，宏观布局。宏观布局是发展当代中国马克思主义的重要内容。实现中华民族伟大复兴必须立足整体，从宏观出发谋篇布局。根据社会主要矛盾的变化，及时做出战略调整。从横向发展而言，要加强社会主义经济、政治、文化、社会、生态"五位一体"建设。从纵向发展而言，提出了社会主义现代化建设两个阶段安排，即从 2020 年到 2035 年基本实现社会主义现代化，从 2035 年到 21 世纪中叶把我国建成富强、民主、文明、和谐、美丽的社会主义现代化强国。与此同时，还要重视我国价值理念的国际传播。通过"一带一路"建设，实现中国技术、中国企业的"走出去"，构建良好的中国形象。通过倡导人类命运共同体，以各国共同关切的利益为纽带，加强联系与交流，在权力、利益、可持续发展和全球治理方面形成一致的价值观，以此促进世界的和平稳定发展。

4. 新时代党建思想是发展当代中国马克思主义的重要组成

发展当代中国马克思主义的重要一环就是发展马克思主义党建思想。中国共产党作为社会主义事业的领导核心，充分加强党的先进性、纯洁性建设，是统筹发展社会主义的根本所在。马克思和恩格斯在《共产党宣言》中首次提出共产党的性质和纲领，指出"过去的一切运动都是少数人的，或者为少数人谋利益的运动。无产阶级的运动是绝大多数人的，为绝大多数人谋利益的独立运动"[1]。共产党人以无产阶级为阶级基础，但是"没有任何同整个无产阶级的利益不同的利益"[2]。列宁发展了马克思主义的建党思想，他在《怎么办？》《进一步，退两步》《共产主义运动中的"左派"幼稚病》中阐述了新型无产阶级政党学说，奠定了新型无产阶级政党的思想基础和组织基础。中国共产党历代领导集体也十分重视党的建设问题，提出了很多党建理论，包括党的思想路线、团结—批评—团结的方法、先进性纯洁性建设等等。新时代，党的建设思想主要包括党的领导和党的建设两部分，党的领导为党的建设指明方向，党的建设为党的领导巩固基础。

第一，党的领导是中国特色社会主义最本质的特征。十九大报告指出"党政军民学，东南西北中，党是领导一切的"[3]。中国共产党的领导是中国特色社会主义最本质的特征，是坚持和发展社会主义事业的关键。

---

[1] 《马克思恩格斯选集》第1卷，人民出版社，2012，第411页。
[2] 《马克思恩格斯选集》第1卷，人民出版社，2012，第413页。
[3] 《决胜全面建成小康社会　夺取新时代中国特色社会主义伟大胜利——在中国共产党第十九次全国代表大会上的报告》，人民出版社，2017，第20页。

党的领导地位是在新民主主义革命、社会主义革命和建设、改革开放和社会主义现代化建设过程中形成和巩固的。新中国成立以来，党的领导地位在一次次重大历史实践中得以巩固，三大改造的完成、氢弹和原子弹的试验成功、抗震救灾的胜利、世贸组织的成功加入、抗击"非典"的胜利、奥运会成功筹办，飞天梦、深潜梦的一步步实现，都彰显了党是领导社会主义事业走向成功的核心力量。新时代，强调党的领导对党、国家和人民命运的极端重要性，把党领导的重要性提到了前所未有的高度，厘清了对党的含糊认识，且为全面加强党的领导提供了法理支撑。

第二，坚持党的领导就要全面从严治党，加强的自身建设。十八大以来，习近平总书记围绕党建工作开展了"为民务实清廉"的群众路线教育，在党内开展了"两学一做""三严三实"等组织会议，教育广大领导干部要严于律己、严以用权，起到身体力行、率先垂范的作用。正所谓，"其身正，不令而行；其身不正，虽令不从"，领导干部只有加强自身理论建设、思想建设、作风建设，才能发挥示范引领作用，才能更好地面对"四大危险""四种挑战"。十八大以来，习近平总书记在党的建设方面，回答了新时代党的建设的重大课题、确立了新时代党的建设必须坚持的政治原则、指明了新时代党的建设的目标和部署。

建设社会主义先进文化需要坚持党的领导。社会主义先进文化是党性与人民性的统一，所谓党性就是要坚持党的领导，将社会主义先进文化建设作为党宏观布局的重要组成部分，服务于党的路线、方针、政策，并与社会主义物质文明相结合，共同推进社会主义现代化建设。所谓人民性就是强调社会主义先进文化建设要以人民为主体，坚持人民立场，满足人民精神文化需求。只有坚持人民性的社会主义先进文化，才是有温度、有价值的，也才能更好地发挥思想引领作用。

第四章　中国精神是社会主义先进文化的灵魂

在十二届人大一次会议闭幕会上，习近平总书记指出："实现中国梦必须弘扬中国精神。这就是以爱国主义为核心的民族精神，以改革创新为核心的时代精神。"① 以爱国主义为核心的民族精神和以改革创新为核心的时代精神相辅相成、相得益彰，共同构筑了社会主义先进文化思想的精神家园，为社会主义先进文化思想的形成和发展提供不竭的精神动力。在全面建成小康社会、全面建设社会主义现代化强国的新时代，我们必须高举中国精神，以中国精神动员全党全国各族人民锐意进取、攻坚克难，全面推进深化改革，为发展和完善中国特色社会主义，为实现中华民族伟大复兴中国梦而努力奋斗。

一　中国精神的基本内容

精神是人们在改造世界的过程中产生的意识层面的成果，是对物质世界的反映和写照。精神一经产生，就会形成巨大的能动作用，成为推

① 《十八大以来重要文献选编》（上），中央文献出版社，2014，第235页。

动人们认识和改造物质世界的强大力量。纵观人类发展历史不难发现，精神在推进人类社会发展进步的过程中扮演着重要角色。国家精神，是一个国家在长期的社会实践过程中形成的，具有独特气质和风格的思想精粹，是维系国家生存、推进国家进步的精神纽带。正如梁启超所言："凡一国之能立于世界，必有其国民独具之特质，上自道德法律，下至风俗习惯、文学美术，皆有一种独立之精神，祖父传之，子孙继之，然后群乃结，国乃成。"① 人无精神而不立，国无精神而不强。任何一个自立自强的国家都拥有属于自己的国家精神。中国精神是一代又一代中华儿女在数千年的生产实践过程中逐渐积淀而成的、彰显中华民族特质、展现中华民族风貌的思想精华，是中华民族的独特精神标识。中国精神由以爱国主义为核心的民族精神和以改革创新为核心的时代精神交融而成。在中华民族五千多年的历史进程中，中华民族形成以爱国主义为核心的团结统一、爱好和平、勤劳勇敢、自强不息的伟大民族精神。民族精神是中华民族历尽沧桑、饱经磨难却又屹立不倒的强大精神支柱，是激励中华儿女团结一心，携手共进的精神旗帜。新中国成立后，在党领导全体中国人民进行社会主义革命、建设和改革的伟大实践中，形成以改革创新为核心的时代精神。时代精神是民族精神在当代中国的发展延续，是激励当代中国人民开拓进取、砥砺前行，为实现中华民族伟大复兴中国梦不懈奋斗的强大精神动力。

（一）以爱国主义为核心的民族精神

民族精神是一个民族区别于其他民族的精神标识，是一个民族在特定的地理自然环境和社会历史背景下，在共同的生活实践中逐渐积淀而成的特有的精神气质。它渗透在民族心理、民族意识、民族文化、民族价值观念之中，影响着民族生活的方方面面。黑格尔受唯心史观的影响，

---

① 梁启超：《饮冰室合集·专集之四》，中华书局，1989，第6~7页。

将民族精神视为推动民族历史发展的决定性因素，这显然是错误的，但他的观点能够帮助我们充分认识到民族精神之于国家和民族的重要意义。

中华民族是世界上最古老的民族之一，也是世界上唯一拥有五千年不间断文明史的民族。在中华民族数千年的生活实践中，中华民族形成独特的民族精神。"为什么中华民族能够在几千年的历史长河中顽强生存和不断发展呢？很重要的一个原因，是我们民族有一脉相承的精神追求、精神特质、精神脉络。"① 中华民族精神包含非常丰富的内容，其中，爱国主义是中华民族精神的核心，是民族精神的最高体现，也是支撑中华民族和民族精神历尽沧桑却屹立不倒的精神支柱。这是由中华民族的发展历程决定的，也是由中华民族精神整体结构及其逻辑关系决定的。

从历史上看，爱国主义是中华民族的精神基因，是推动中华民族生存发展的精神动力。世界上只有中华民族的文化体系是唯一幸存至今且从未间断过的文化体系。但这并不意味着中华民族的发展是一帆风顺的，事实上，中华民族是一个灾难深重的民族。几千年来，中华民族饱经沧桑、屡遭磨难，经历了无数次刻骨铭心的天灾人祸，几经绝境。特别是近代以来，中华民族更是饱受欺凌，山河破碎、民生凋敝。但中华民族不仅没有被打倒，反而越发刚毅顽强，表现出无与伦比的顽强生命力，始终屹立在世界的东方。"5000 多年来，中华民族之所以能够经受住无数难以想象的风险和考验，始终保持旺盛生命力，生生不息，薪火相传，同中华民族有深厚持久的爱国主义传统是密不可分的。"② 可以说，中华民族数千年来的历史，是一部攻坚克难、砥砺奋进的抗争史，更是一部中华儿女为维护国家统一、推进民族发展而不懈奋斗的爱国史。在这一过程中，中华民族不断觉醒，中华民族精神也不断升华，集中体现为心

---

① 《习近平谈治国理政》，外文出版社，2014，第 181 页。
② 习近平：《在中共中央政治局第二十九次集体学习时的讲话》，《人民日报》2015 年 12 月 31 日，第 1 版。

系国家民族前途命运的伟大爱国主义精神。这种爱国主义精神具有极强的感染力和凝聚力，鼓舞亿万中华儿女团结一心，用热血和生命捍卫国家统一和民族团结，推动中华民族一次又一次重整旗鼓、浴火重生。

从逻辑上看，爱国主义是民族精神的凝练和升华，民族精神则是爱国主义精神在不同维度的细化和延伸。中华民族在数千年的生活实践中形成以爱国主义为核心的团结统一、爱好和平、勤劳勇敢、自强不息的民族精神。团结统一强调中华民族内部各民族之间团结一致、同心同德，共同为祖国的繁荣发展贡献力量。这是爱国主义在处理中华民族内部关系问题上的基本要求，中华民族是一个融合多个民族而形成的多元统一体，各兄弟民族和谐友爱、团结统一是中华民族繁荣发展的基本前提。爱好和平强调中华民族同世界其他民族要友好相处、和谐共存、协同共进，这是爱国主义在协调本民族与世界其他民族关系时的基本要求。中华民族不可能独立于世界大势之外而实现独自发展，必然会受到外部环境的影响，只有和谐稳定的外部环境才能为中华民族的发展提供有力的支持。自强不息、勤劳勇敢强调中华儿女在生活实践中既要有勤勤恳恳、不懈努力的勤劳态度，又要有不畏艰辛、攻坚克难的勇气。中华民族只有始终秉持这种勤劳勇敢的优良传统，才能奋勇前进，不断推进中华民族繁荣进步，创造中华民族的美好未来。由此观之，中华民族精神紧紧围绕爱国主义这一核心生成和发展，团结统一、爱好和平、勤劳勇敢、自强不息的民族精神都是爱国主义精神在不同领域的具体体现。

（二）以改革创新为核心的时代精神

时代精神是社会意识形态的重要组成部分，随着社会实践的变迁而发展变化。依据唯物史观中社会存在决定社会意识的原理，我们可以将时代精神界定为：时代精神是指在一定的社会历史时期，在社会生产生活实践活动中孕育出来的，反映该时期社会实践主题及社会发展总趋势，并对社会未来发展起到积极推动作用的社会意识结构中最先进、最活跃、最具影响力的思想观念。

时代精神不是凭空产生的，也不是抽象孤立的，每一种时代精神都是民族精神在不同历史时期的传承延续和发展创新，每一种时代精神都以具有深厚历史积淀的民族精神为根基。就中国而言，创造创新一直是中华民族最深沉的民族禀赋，改革创新精神也一直蕴含在中华民族的血脉之中。中华民族改革创新的优良传统不仅体现在"苟日新，日日新，又日新""不期修古，不法常可"的古训中，更体现在中华儿女用自己的勤劳和智慧所创造的光辉灿烂的中华文明之中。改革开放以来，全党全国各族人民在传承既有民族精神的基础上，又结合改革开放的伟大实践，将改革创新精神不断发扬光大，正式形成以改革创新为核心的时代精神。

1. 改革开放的时代主题决定了改革创新精神的核心地位。

改革创新精神为什么在时代精神中居于核心地位，这不是一个不证自明的问题，根据唯物史观中社会存在决定社会意识的原理，我们应当首先从当代中国的社会实践中寻找答案。时代发展主题决定时代精神，也决定时代精神的核心。在党带领全国各族人民建设中国特色社会主义，推进我国改革开放事业不断发展的过程中，改革创新精神不断升华并发扬光大，成为时代精神的核心。

十一届三中全会的召开，标志着我国进入了以改革开放和社会主义现代化建设为主要任务的历史时期，因此也可以将其视为以改革创新为核心的时代精神的历史起点。以邓小平为核心的第二代领导集体高瞻远瞩，在综合考量国内外发展大势的基础上，果断纠正"以阶级斗争为纲"的错误思想路线，提出了"解放思想，实事求是"的号召，呼吁全党全国各族人民解放思想，抛弃旧的思想束缚，实行改革开放，将工作重心转移到经济建设上来。改革开放是一项前所未有的壮举，没有现成的模式可以参考，也没有成功的经验可供选择。党中央带领全国人民发扬改革创新、艰苦奋斗的伟大精神，"筚路蓝缕，以启山林"，以惊人的勇气和毅力，摸索出了一条适合中国国情的，带有中国特色的发展道路。并在这一过程中创造性地回答了"什么是社会主义、怎样建设社会主义"这一根本问题，提出了社会主义本质论、社会主义初级阶段论、社会主义市场经济论等极具创造性的理论，使社会主义中国散发出新的生机与活力，也使以改革开放为核心的时代精神得以初步形成。

在中国共产党带领人民进行社会主义现代化建设的过程中，积极观照时代发展需要，进一步回答了"什么是社会主义、怎样建设社会主义"这一根本问题，创造性地回答了"建设什么样的党、怎样建设党"，"实现什么样的发展、怎样发展"等一系列时代课题。结合该时期我国改革开放的具体实践，江泽民同志和胡锦涛同志对以改革创新为核心的时代精神做出了进一步阐释。江泽民同志提出在改革开放新时期要发扬五种精神，即"解放思想、实事求是的精神，紧跟时代、勇于创新的精神，知难而进、一往无前的精神，艰苦奋斗、务求实效的精神，淡泊名利、无私奉献的精神"①。胡锦涛同志则将当代中国时代精神概括为"以人为本、与时俱进、社会和谐、和平发展"② 四种精神。这些精神都是以改革创新为核心的时代精神在不同时期的具体表现，对于丰富和拓展以改革创新为核心的时代精神具有重要意义。

党的十八大以来，经过改革开放 40 年的持续推进，改革开放进入攻坚期和深水区。"容易的、皆大欢喜的改革已经完成了，好吃的肉都吃掉了，剩下的都是难啃的硬骨头"③。在这样的情况下，以习近平同志为核心的党中央领导集体继续高举改革开放旗帜，以前所未有的决心和魄力全面深化改革。针对全面深化改革过程中遇到的时代难题，习近平总书

---

① 《江泽民文选》第 3 卷，人民出版社，2006，第 244 ~ 245 页。
② 胡锦涛：《在美国耶鲁大学的演讲》，《人民日报》2006 年 4 月 21 日，第 1 版。
③ 《习近平中国特色社会主义思想三十讲》，学习出版社，2018，第 95 页。

记提出了一系列新思想、新论断和新见解，对新时代全面深化改革的价值、依据、方向、任务、方法和主体等问题进行了系统阐释，形成全面深化改革思想，勾画出新时代全面深化改革的宏伟蓝图。在全面深化改革思想的指引下，全国各族人民积极投身改革开放的伟大实践，汇聚起全面深化改革的强大正能量，推动各项事业不断创新发展，推进中国特色社会主义迈向新时代。这一时期，习近平总书记高度重视时代精神的弘扬和培育，他将以改革创新为核心的时代精神视为中国精神的重要组成部分，并将中国精神的弘扬提高到关系中国特色社会主义前途命运的战略高度，强调"实现中国梦必须弘扬中国精神"①，"中国特色社会主义是物质文明和精神文明全面发展的社会主义，一个没有精神力量的民族难以自立自强，一项没有文化支撑的事业难以持续长久"②。由此，以改革创新为核心的时代精神不断升华，成为引领中华民族锐意进取、攻坚克难的精神旗帜。

纵观我国改革开放的历史进程可以发现，在改革开放的伟大实践中，改革创新精神不断发扬光大，成为推进中国特色社会主义不断发展完善，推进我国理论、制度、科技、文化等各项事业创新发展的核心力量。因此，我们可以认为，改革开放的时代主题决定了改革创新精神成为我国时代精神的核心。

2. 以改革创新为核心的时代精神的内容构成

随着我国社会主义建设事业的不断推进，以改革创新为核心的时代精神也不断丰富发展。党和国家领导人一直都非常重视时代精神的凝练和培育，并依据不断发展变化的实际，不断赋予时代精神新的阐释。2001年中共中央发布的《公民道德建设实施纲要》则将新时期时代精神概括为："解放思想、实事求是，与时俱进、勇于创新，知难而进、一往

---

① 《十八大以来重要文献选编》（上），中央文献出版社，2014，第235页。
② 《十八大以来重要文献选编》（上），中央文献出版社，2014，第280页。

无前，艰苦奋斗、务求实效，淡泊名利、无私奉献。"2006 年，胡锦涛同志在美国耶鲁大学演讲时则将时代精神定义为"以人为本、与时俱进、社会和谐、和平发展"① 四种精神。其中，改革创新是推动时代精神创新发展的精神命脉。命脉，原指维系、支撑个人生命的根本，即支撑生命的主心骨。改革创新精神之于时代精神而言正是这样一种存在，它是推动时代精神创新发展的基本支撑和主心骨，其他时代精神都是改革创新精神在不同维度的拓展和延伸。

解放思想是改革创新的思想前提和要求。邓小平同志指出解放思想即"使思想和实际相符合，使主观和客观相符合，就是实事求是"②。客观世界是不断发展变化的，使我们的主观思想同客观实际相符合，就是要我们的思想同不断发展变化的实际相符合，这就要求我们在充分认识事物发展变化规律的基础上，不断冲破旧的思想观念的束缚，研究新情况、提出新观点、解决新问题，使思想跟随不断发展变化的客观实际而不断发展创新。解放思想是改革创新的思想前提和基本要求，唯有解放思想，使人们的思想与时俱进，紧跟时代的步伐，人们才能冲破既有思想观念的束缚，大胆探索，求变求新。解放思想一直伴随我国改革开放伟大革命的始终，是我国改革开放伟大实践和社会主义现代化事业取得成功的一大法宝，是我们弘扬改革创新精神，发挥人民群众创造创新的主动性和积极性，推进改革开放进程的必然要求。

以人为本是我们弘扬改革创新精神、推进改革开放伟大革命的根本目的。以人为本即以广大人民群众的根本利益为本。以人为本是中国共产党的光荣传统，中国共产党自诞生之日起就始终坚持人民立场，坚持全心全意为人民服务。在进行社会主义革命、建设的过程中，中国共产党始终坚持为人民谋幸福、为民族谋复兴的初心和使命，以带领人民走

---

① 胡锦涛：《在美国耶鲁大学的演讲》，《人民日报》2006 年 4 月 21 日，第 1 版。
② 《邓小平文选》第 2 卷，人民出版社，1994，第 364 页。

向幸福生活，实现人的自由而全面发展为追求。在实现改革开放和开展社会主义现代化建设的过程中，以人为本一直是中国共产党一切实践的出发点和落脚点，我们弘扬改革创新精神、开展改革开放伟大革命，也必须始终坚持以人为本，做到不忘初心，牢记使命，不断深化在经济、政治、社会、文化、生态文明领域的改革，解决好人民群众最关心最直接最现实的利益问题，满足人民对美好生活的向往。

求真务实是改革创新精神在实践层面的要求。求真，即实事求是地把握事物的基本情况，掌握事物运动发展的客观规律。务实，即强调人们在实践过程中，要办实事、求实效。我们在弘扬改革创新精神，推行改革开放的过程中，一方面要求真，坚持从实际出发，尊重事物发展的客观规律，不能异想天开；另一方面要务实，要坚决杜绝形式主义和"面子工程"，要勤勤恳恳、脚踏实地，出实招、抓落实、办实事。唯有如此，才能让各项改革措施落地生根，才能确保改革开放真实有力地推进。因此，弘扬改革创新精神、推进改革开放和社会主义现代化建设事业必须在实践过程中弘扬求真务实精神，做到既能勇于开拓创新，又能脚踏实地，扎扎实实为实现中华民族伟大复兴的中国梦而努力奋斗。

无私奉献是我们在改革发展过程中的道德要求。无私奉献是中华民族的传统美德，指个人为了国家、集体和他人的利益自觉自愿且不求回报地让渡、牺牲自身利益的行为。在党带领人民进行社会主义革命、建设、改革的过程中，一代代中国共产党人鞠躬尽瘁、死而后已，用自己的热血和生命换来了中华民族的独立与解放，换来了中华民族的繁荣富强。奉献精神由此得以传承并发扬光大，成为中国共产党人的鲜明特征。改革开放以来，随着社会主义市场经济的确立与发展，拜金主义、个人主义价值观不断蔓延，这些不正之风与奉献精神背道而驰，为我国改革开放和现代化建设事业带来了不小的挑战。因此，在新的时代条件下，我们应大力培育和弘扬"无私奉献"精神，帮助人们不断加强道德修养，正确认识集体和个人、奉献与索取之间的关系，形成奉献意识、传承奉献传统，践行奉献精神，为社会主义现代化事业奉献自己的力量。

社会和谐是我们在改革发展过程中处理国内关系的要求。坚持维护社会和谐能够为我国改革开放和社会主义现代化建设视野提供良好的内部环境。"和谐"是中华民族自古以来就不断追求的美好社会理想。从老子的"小国寡民、清静无为"到孔子的"君子和而不同"再到孟子的"老吾老以及人之老，幼吾幼以及人之幼"，中国古代思想家一直孜孜不倦地探求和谐社会的理想形态。"构建社会主义和谐社会"是在继承中国古代和谐思想的基础上，又立足我国社会现实需要提出的，是中国共产党人在社会建设领域的有益尝试。改革开放以来，党的历代领导人都十分重视和关注社会和谐问题，邓小平同志提出的"实现共同富裕"是从经济角度对社会和谐的观照。江泽民同志曾指出要推进各项社会事业健康发展，使社会更加和谐。胡锦涛同志在党的十六届六中全会上又明确提出构建社会主义和谐社会的科学命题。十八大以来，党中央又将"和谐"纳入社会主义核心价值观。可以说，"社会和谐"是改革开放以来，党和国家的最基本的价值追求之一。关注国内社会的和谐，着力在我国社会内部集聚更多和谐因素，构建和谐社会，是稳步推进改革开放和社会主义现代化进程的重要保障。

和平发展是我们在改革发展过程中处理国际关系的要求。坚持和平发展能够为我国改革开放和社会主义现代化建设提供良好的外部环境。和平发展即中国在发展过程中坚决摒弃以武力和战争实现崛起的旧发展道路，坚持不称霸、不扩张，坚持以和平的方式实现自身发展、促进世界和平进步。回顾中国数十载的发展历程我们可以发现，几十年来，中国在借助和平友好的国际环境发展自身的同时，又积极通过自身的发展回报国际社会，不断为促进世界和平进步、世界繁荣发展贡献中国智慧和中国力量。和平发展是中国向世界人民做出的庄严承诺，过去如此，未来更如此。因此，新时代我们弘扬改革创新精神，建设中国特色社会主义，必须要一以贯之地坚持和平发展。

由此，改革创新精神是时代精神的核心和命脉，解放思想、以人为本、求真务实、社会和谐、和平发展都与改革创新精神紧密相连。

二　中国共产党对中国精神的培育和弘扬

中华民族是世界上唯一拥有五千年不间断文明史的民族，古老的中华文明孕育了中国精神，为中国精神的形成和发展提供了丰富的文化养料。在中华文明的滋养下，中国精神逐渐生成并发扬光大。"天下兴亡，匹夫有责"的爱国精神、"民贵君轻"的民本精神、"仁民爱物"的博爱精神、"经世致用"的务实精神等构成古代中国精神的主要内容。近代以来，国运衰败、民族危亡，中华民族经历了数千年未有的大变局，这种变局不仅导致中国社会的秩序危机，也给中国人民的精神世界带来了重创，促进了中华民族的精神觉醒和精神转型，求变求新、救亡图存成为近代中国精神的主题。中国共产党成立以来，在带领中国人民进行社会主义革命、建设、改革的一系列伟大实践过程中，将马克思主义科学理论与中国精神相结合，赋予中国精神新的增长点。可以说，中国共产党是中国精神的最好传承者和铸造者，在党的领导下，中国精神不断升华创新，迸发出了前所未有的生机和活力，中国精神成为引领当代中国人民推进中国特色社会主义建设事业的伟大精神旗帜，也成为滋养社会主义先进文化的精神家园。研究社会主义先进文化，必须研究中国精神，特别是党领导人民在社会主义革命、建设和改革过程中培育的中国精神。

（一）社会主义革命和建设时期的中国精神

这一时期形成的"红船精神""长征精神""延安精神""抗战精神"

等一系列伟大精神都在不同程度上蕴含和体现着中国精神，为中国的发展和延续提供了丰富的精神内涵。在这些伟大精神的感召下，中国共产党以非凡的胆略和惊人的气魄，带领中国人民探索出具有中国特色的革命和建设道路，取得了新民主主义伟大胜利和社会主义建设伟大成就，从根本上改变了近代中国积贫积弱、任人鱼肉的悲惨境遇，实现了中华民族由衰到盛的历史性转变。

1. 红船精神

1921 年 7 月，中国共产党先在上海后在嘉兴南湖的一条游船上召开了中国共产党第一次全国代表大会。大会通过了党的第一个纲领和决议，标志着中国共产党的诞生。这条游船见证了中国共产党的成立，也见证了近代中国革命史上具有里程碑意义的大事件，人们称其为"红船"。习近平同志在浙江任职期间，首次提出"红船精神"的概念，并将红船精神概括为"开天辟地、敢为人先的首创精神，坚定理想、百折不挠的奋斗精神，立党为公、忠诚为民的奉献精神"①。红船精神可以视为以改革创新为核心的时代精神的滥觞。近代以来，中国人民遭受着腐朽没落的封建统治者和帝国主义侵略者的双重压迫。在中华民族最危难的时刻，许多仁人志士都以救亡图存为己任，在黑暗中探索救国救民的道路。他们先后尝试用资本主义、改良主义、无政府主义、社会达尔文主义等各种方式挽救处于水深火热中的中国，但均以失败告终，都没能从根本上拯救中华民族。一批先进的革命分子在接触和学习马克思主义之后，毅然决然地选择在马克思主义理论的指导下创办马克思主义政党，带领中国人民探寻适合中国国情的革命道路。正是得益于这种开天辟地、敢为人先的非凡胆略，坚定理想、百折不挠的惊人毅力和立党为公、忠诚为民的使命担当，中国共产党人才能带领中国人民取得中国革命和建设事业的伟大胜利。

---

① 习近平：《弘扬"红船精神"走在时代前列》，《人民日报》2017 年 12 月 1 日，第 2 版。

2. 长征精神

长征是 1934 年 10 月至 1936 年 10 月，中央红军为摆脱国民党军队的"围剿"而进行的长达两年的战略转移行动。"长征精神"就是在长征过程中孕育的伟大革命精神。1934 年 10 月，受"左倾"错误思想的影响，红军第五次反"围剿"失败，中央红军被迫撤离苏区。在长达两年的转战过程中，中国共产党发扬实事求是、勇于创新的革命精神，及时纠正党内错误思想，并根据敌我双方的实际态势采取积极的防御战略和灵活多变的战略战术。从强渡乌江到攻克娄山关，从四渡赤水到巧夺金沙江，毛泽东等中共领导人既尊重现实，又敢于创新，带领红军取得了一次又一次伟大胜利，创造了一个又一个中国乃至世界军事史上的奇迹。习近平总书记将长征精神归纳为"全国人民和中华民族的根本利益看得高于一切，坚定革命的理想和信念，坚信正义事业必然胜利的精神；就是为了救国救民，不怕任何艰难险阻，不惜付出一切牺牲的精神；就是坚持独立自主、实事求是，一切从实际出发的精神；就是顾全大局、严守纪律、紧密团结的精神；就是紧紧依靠人民群众，同人民群众生死相依、患难与共、艰苦奋斗的精神"[①]。长征精神一经形成，就成为鼓舞中国共产党人和中国人民攻坚克难，不断奋勇向前的精神动力。

3. 延安精神

1935 年 10 月，中央红军到达陕北吴起镇。此后，延安成为中国共产党的革命根据地，成为中国革命的指挥中枢和战略后方。中共中央领导集体在这里做出了一系列决定中国革命前途命运的关键性决策，为中国革命取得最终胜利奠定了坚实的基础。中国共产党在延安期间，孕育出宝贵的"延安精神"，即自力更生、艰苦奋斗的创业精神，解放思想、实事求是的思想路线，全心全意为人民服务的根本宗旨。在社会主义革命、建设和改革的过程中，历代领导集体都十分重视延安精神的弘扬和传承，

---

① 《十八大以来重要文献选编》（下），中央文献出版社，2018，第 395 页。

延安精神从始至终都一直是鼓舞全党全国人民奋勇前行的精神旗帜，成为中国精神的重要组成部分。

4. 抗战精神

1931 年 9 月 18 日，日本发动了侵华战争。为抵御日本帝国主义的野蛮入侵，中华儿女前赴后继、英勇抗争，用自己的生命和鲜血筑起捍卫民族尊严和祖国统一的钢铁长城。经过长达 14 年的浴血奋战，中国人民最终取得了胜利。抗日战争是近代以来中国在抗击外敌入侵的过程中取得的第一次全面性伟大胜利，这不仅是中国革命史上的奇迹，也是世界战争史上的壮举。"抗战精神"就是在这场惊天地、泣鬼神的抗日战争中孕育的伟大革命精神。抗战精神不仅体现了"天下兴亡，匹夫有责"的爱国主义民族精神，而且体现了"开拓创新，善于在危难中开辟发展新路的民族创造精神"①。在抗日战争过程中，中国共产党从实际出发，提出持久战的总方针和人民战争的战略方法，并同广大人民群众一道开创了一系列独具特色的战略战术，如伏击战、破袭战、地雷战、地道战、麻雀战等，使日本侵略者陷入了人民战争的汪洋大海中，彻底粉碎了日本侵略者三个月灭亡中国的狂妄计划。

5. 大庆精神

大庆精神是在社会主义建设过程中形成的具有代表性的时代精神。石油是支撑工业发展的"血液"，新中国成立后，国内石油产量极少，长期依赖进口。在国家经济生产落后、百废待兴的历史条件下，改变中国贫油现状，发展中国自己的石油工业就显得非常重要。1959 年黑龙江大庆油田被发现后，几万石油工人响应号召，奔赴前线。在自然条件极端恶劣、石油工业基础薄弱、技术力量先天不足的情况下，以王进喜、王启民为代表的一线石油工作者发扬改革创新精神，发扬"宁肯少活二十年，拼命也要拿下大油田"的顽强拼搏精神，自力更生、艰苦奋斗，攻

---

① 《胡锦涛文选》第 2 卷，人民出版社，2016，第 336 页。

克了一个又一个的技术难关，短时间内建成年产量 600 万吨的大油田，摘掉了中国石油工业落后的帽子，有力地回应了来自外国专家的质疑。"大庆精神"就是在这次石油会战中铸就的伟大精神，充分反映了石油工作者不畏艰难、刚毅顽强、艰苦创业的精神品质，是激励中国人民积极投身社会主义建设的精神旗帜。

6. "两弹一星"精神

"两弹一星"精神是新中国成立初期，老一辈科学家和广大科研人员在投身祖国国防和科技事业的过程孕育出来的宝贵精神财富，是以改革创新为核心的时代精神的直接体现。新中国成立初期，为应对西方国家的武力威胁和技术垄断，党中央做出了独立自主研制"两弹一星"的战略决策，以钱学森、邓稼先等人为代表的一大批优秀科学家和广大技术工人、工程师、解放军官兵纷纷响应国家号召，独立自主、开拓创新，克服重重技术难关，勇攀科学高峰，以惊人的毅力和速度完成"两弹一星"的研发工作：1964 年 10 月 16 日，中国第一颗原子弹爆炸成功；1967 年 6 月 17 日，中国第一颗氢弹空爆试验成功；1970 年 4 月 24 日，中国第一颗人造卫星发射成功。可以说，正是得益于独立自主、自力更生的创造创新精神，老一辈科研工作者才能在短时间内取得令人瞩目的辉煌成就，才能推动我国国防和科技事业迅速发展。

（二）改革开放时期的中国精神

1978 年，党的第二代领导集体考量国内外发展大势，创造性地做出了改革开放的伟大决策。自此，我国正式进入以改革开放和社会主义现代化建设为主要任务的历史时期。在以改革开放为时代最强音的历史时期，中国精神随着改革开放实践的推进不断发展延续，成为推动改革开放和社会主义现代化建设事业发展前进的精神动力。这一时期中国精神具体体现为以下几种精神。

1. 特区精神

20 世纪 80 年代，为推进改革开放和社会主义现代化建设事业，党中央做出了创建经济特区的战略决策，先后创建了深圳、珠海、厦门、汕头和海南五个经济特区。经济特区是中国改革开放的窗口和试验田，在创建经济特区的过程中，国家给予充分的政策支持，鼓励经济特区充分引进境外资金、技术、人才和管理经验来促进本地区乃至全国的经济发展。创办经济特区，探索中国特色社会主义经济发展道路是一项前所未有的创新性实践，并没有现成的经验可以借鉴。这就要求特区人民充分解放思想，激活创造创新智慧，大胆尝试，不断摸索。特区精神就是在特区人民的摸索实践中形成的伟大精神。2010 年 5 月，深圳市五次党代会报告将特区精神归纳为七个方面，即"敢闯敢试、敢为天下先的改革精神；海纳百川、兼容并蓄的开放精神；追求卓越、崇尚成功、宽容失败的创业精神；'时间就是金钱、效率就是生命'、'空谈误国、实干兴邦'的创业精神；不畏艰险、敢于牺牲的拼搏精神；团结互助、扶贫济困的关爱精神；顾全大局、对国家和人民高度负责的奉献精神"。特区精神是以改革创新为核心的时代精神在改革开放时期的延伸和发展，它以敢闯敢试、敢为天下先的改革创新精神为精髓，是推动经济特区创新发展，引领中国改革开放的强大精神动力，为中国特色社会主义建设事业做出了巨大贡献。

2. 载人航天精神

探索浩渺宇宙，发展航天事业，建设航天强国是我们一直不懈追求的航天梦。1992 年 1 月，我国政府正式启动载人航天工程。2003 年 10 月，杨利伟搭乘"神舟"五号飞船顺利升空，经过 21 小时 23 分钟的安全飞行后安全返回，我国首次载人航天飞行取得圆满成功。2005 年 10 月，航天员费俊龙、聂海胜搭乘"神舟"六号载人飞船开始了第二次载人航天飞行，经过 115 小时 32 分钟的飞行后顺利着陆，我国载人航天工程实现了由载人首飞到多人多天飞行的重大突破。此后，我国载人航天技术不断创新发展，取得了一个又一个的辉煌成就，我国也在短时间内一跃成为继苏联、美国之后第三个独立掌握载人航天技术的国家。在长期的奋斗中，我国航天工作者不仅创造了举世瞩目的业绩，而且铸就了"特别能吃苦、特别能战斗、特别能攻关、特别能奉献"① 的载人航天精神。载人航天精神是对社会主义建设时期形成的"两弹一星"精神的继承和发展，更是以改革创新为核心的时代精神的生动体现。我国载人航天事业起步较晚、基础薄弱，苏联、美国的载人航天技术领先我们几十年的时间。在这样的情况下，中国航天人没有选择照搬照抄苏美两国现成的经验技术，而是直接瞄准载人航天技术领域的前沿、难点和热点问题，坚持高起点、高标准、严要求，大胆创新，追求卓越，突破了一个又一个的技术难关，破解了一道又一道的科学难题，最终实现中国载人航天事业的跨越式发展，也为世界载人航天事业的发展贡献了中国智慧。正如中国载人航天工程总设计师王永志所说的："我们要横空出世，一起步就要赶超到位。"可以说，没有历代航天人不甘落后、敢于探索、勇于超越的改革创新精神，就没有我国载人航天事业的辉煌成就。

3. 奥运精神

2008 年 8 月 8 日至 24 日，第 29 届奥运会在北京成功举办。全体中国人民齐心协力、众志成城，共同为世界人民呈现了一场气势恢宏、盛况空前的体育盛会。时任国际奥委会主席罗格在北京奥运会闭幕式上赞扬第 29 届北京奥运会"是一届真正称得上无与伦比的奥运会"。国际奥委会前主席萨马兰奇评价道："北京奥运会是所有奥运会中最好的一届奥运会。在未来应该很少有人可以做到这种程度。这不光是我个人的看法，同时也是绝大部分媒体和国际奥委会官员的看法。"北京奥运会的成功举办不仅极大地提升了中国的国际地位，提升了中华儿女的民族自信心和

---

① 《十七大以来重要文献选编》（上），中央文献出版社，2009，第 503 页。

自豪感，而且为我们留下了宝贵的精神财富，即伟大的奥运精神。正是凭借着回报祖国、为国争光的爱国精神，精益求精、锐意进取的创新精神和众志成城、精诚团结的协作精神，中国人民才能举办这样一场精彩绝伦、堪称完美的体育赛事。奥运精神不仅体现了以爱国主义为核心的民族精神，也体现了以改革创新为核心的时代精神，是二者的完美融合。

此外，在这一时期，我国经历了1998年特大洪水灾害、2003年的非典型性肺炎疫情、2008年汶川地震等严重自然灾害，在同这一系列自然灾害进行斗争的过程中，伟大的中国人民孕育了抗洪精神、抗击"非典"精神、抗震救灾精神等一系列伟大精神。抗洪精神即"万众一心、众志成城，不怕困难、顽强拼搏，坚忍不拔、敢于胜利的伟大精神"。抗击"非典"精神即"万众一心、众志成城，团结互助、和衷共济，迎难而上、敢于胜利"的精神。抗震救灾精神即"万众一心、众志成城，不畏艰难、百折不挠，以人为本、尊重科学的精神"。① 这些在抗击自然灾害过程中生成的宝贵精神都为中国精神注入了新的元素。

（三）全面深化改革时期的中国精神

党的十八大以来，以习近平同志为核心的党中央，以极大的政治勇气和责任担当，推进中国特色社会主义建设进入新时代。在新的历史条件下，我国的改革开放和社会主义现代化进程也必须在既有成果的基础上不断纵深推进。改革开放的任务越发艰巨，我们的中国特色社会主义建设事业也面临新的问题和挑战。在这样关键的历史节点上，坚定理想信念，构建激励全体中国人民锐意进取的精神家园就显得尤为重要。习近平总书记高度重视中国精神的培育和弘扬，将培育和弘扬中国精神上升到国家战略的高度，强调"实现中国梦必须弘扬中国精神，这种精神

---

① 《胡锦涛文选》第3卷，人民出版社，2016，第83页。

是凝心聚力的兴国之魂、强国之魂"①，"中国特色社会主义是物质文明和精神文明全面发展的社会主义。一个没有精神力量的民族难以自立自强，一项没有文化支撑的事业难以持续长久"②。这一时期，中国精神的创新发展主要集中在以下三点。

其一，对革命精神的继承和创新。革命精神即中国共产党带领中国人民在长期的革命、建设、改革过程中形成的一系列宝贵精神财富。红船精神、长征精神、延安精神、抗战精神、"两弹一星"精神等都是革命精神的典型代表。习近平总书记非常重视革命精神的继承和弘扬，并且十分注重结合治国理政的新情况不断丰富、发展和完善革命精神。他不仅概括出了以"开天辟地、敢为人先的首创精神，鉴定理想、百折不挠的奋斗精神，立党为公、忠诚为民的奉献精神"为内涵的"红船精神"和以"坚定信念、求真务实、一心为民、清正廉洁、艰苦奋斗、争创一流、无私奉献"等为主要内涵的"苏区精神"，还对"延安精神"、"长征精神"和"抗战精神"等伟大革命精神进行了新的更为深刻的阐释和概括。在论及延安精神时，习近平总书记强调，"弘扬延安精神，要把坚定正确的政治方向放在第一位，牢记全心全意为人民服务宗旨，坚持解放思想、实事求是、与时俱进，始终牢记'两个务必'，保持延安时期那么一种忘我精神、那么一股昂扬斗志、那么一种科学精神，为建设和发展中国特色社会主义不懈奋斗"③。在论及长征精神时，习近平总书记强调："长征精神就是把全国人民和中华民族的根本利益看得高于一切，坚定革命的理想和信念，坚信正义事业必然胜利的精神；就是为了救国救民，不怕任何艰难险阻，不惜付出一切牺牲的精神；就是坚持独立自主、实事求是，一切从实际出发的精神；就是顾全大局、严守纪律、紧密团结的精神；

---

① 《十八大以来重要文献选编》（上），中央文献出版社，2014，第 235 页。
② 《十八大以来重要文献选编》（上），中央文献出版社，2014，第 280 页。
③ 习近平：《结合新的实际弘扬延安精神　坚持求真务实推进党的建设》，《人民日报》2009 年 11 月 17 日，第 3 版。

就是紧紧依靠人民群众，同人民群众生死相依、患难与共、艰苦奋斗的精神。"① 在论及抗战精神时，习近平总书记则将抗战精神的具体内涵概括为"天下兴亡、匹夫有责的爱国情怀，视死如归、宁死不屈的民族气节，不畏强暴、血战到底的英雄气概，百折不挠、坚忍不拔的必胜信念"②。习近平在新时期对中国革命传统精神的论述，不仅完善了中国革命传统精神的谱系，而且赋予中国革命传统精神新的时代内涵和时代价值，对于新时期革命传统精神的激活和弘扬具有重要意义。

其二，"四个伟大精神"。习近平总书记在第十三届全国人大一次会议上提出了"四个伟大精神"，即伟大创造精神、伟大奋斗精神、伟大团结精神和伟大梦想精神。"四个伟大精神"不仅铸就了绵延几千年发展至今的中华文明，而且深刻影响着当代中国发展进步，深刻影响着当代中国人的精神世界③。"四个伟大精神"的提出，是在新的历史条件下对中国精神的最新凝练和诠释。伟大创造精神，是中国人民在数千年的生产实践中孕育出来的勇于探索，不断超越的创造创新精神。伟大奋斗精神，是中国人民在推动社会发展过程中锐意进取、攻坚克难、自强不息的拼搏精神。伟大团结精神，是维系中华民族团结一心，共同发展的强大精神力量，是中华儿女在维护祖国统一和民族团结过程中孕育出来的同舟共济、守望相助的伟大精神。伟大梦想精神，是中国人民在追求中华民族伟大复兴中国梦的过程中展现出来的不忘初心、砥砺前行、不懈奋斗的追梦精神。"四个伟大精神""是一代一代中华儿女创造和积淀出来的，也需要一代一代传承下去"④。在新的历史条件下，"四个伟大精神"是我们坚定中国特色社会主义道路自信、理论自信、制度自信、文化自信，

---

① 《十八大以来重要文献选编》（下），中央文献出版社，2018，第395页。
② 习近平：《在纪念中国人民抗日战争暨世界反法西斯战争胜利69周年座谈会上的讲话》，《人民日报》2014年9月4日，第2版。
③ 习近平：《在北京大学师生座谈会上的讲话》，《人民日报》2018年5月3日，第2版。
④ 习近平：《在北京大学师生座谈会上的讲话》，《人民日报》2018年5月3日，第2版。

风雨无阻地推进中国特色社会主义建设事业的强大精神支柱。

其三，新时代实干精神。随着我国改革开放挺进深水区和攻坚期，全面推进改革所面临的困难、挑战、质疑和阻碍前所未有。在这样的情势下，要想继续深化改革开放，继续推进中国特色社会主义建设事业，不仅要坚定全面深化改革的信心和决心，更要发扬实干精神，确保每一项改革政策都落地生根、产生实效。"钉钉子精神"和"工匠精神"就是新时代实干精神的代表。"钉钉子精神"是习近平总书记在中国共产党十八届二中全会上提出的，他强调："我们要有钉钉子精神。钉钉子往往不是一锤子就能钉好的，而要一锤一锤接着敲，直到把钉子钉实钉牢，钉牢一颗再钉下一颗，不断钉下去，必然大有成效。"①"钉钉子精神"要求我们在全面深化改革的过程中，凭借脚踏实地、持之以恒的耐心和韧劲，扎扎实实开展工作，将改革开放的各项政策一步接一步、一项接一项地贯彻落实下去，做到抓铁有痕、踏石留印。"工匠精神"也是新时代实干精神的重要组成部分。"工匠精神"是人类手工业时期广大手工业者在辛勤劳动的过程中形成的宝贵精神遗产，其内容主要包括认真踏实的敬业精神、全情投入的专注精神、精益求精的严谨精神和追求卓越的创造精神。在中国特色社会主义的新时代弘扬"工匠精神"，对于推进社会主义经济建设、政治建设、文化建设和生态文明建设具有重要意义。

三　弘扬中国精神的基本要求

弘扬中国精神，也就是弘扬以爱国主义为核心的民族精神和以改革创新为核心的时代精神，将二者深深地熔铸在我们的民族意识、民族心理和民族品格之中，成为动员全党全国各族人民砥砺前行的精神旗帜。

---

① 《习近平谈治国理政》，外文出版社，2014，第400页。

（一）弘扬以爱国主义为核心的民族精神的基本要求

习近平总书记在中共中央政治局第二十九次集体学习时的讲话中，明确提出了弘扬爱国主义精神的基本要求，很好地回答了在新的历史方位下如何更好地弘扬爱国主义精神、如何更好地发挥爱国主义精神的引领作用的问题。新时代我们应该牢记这五点要求，高举爱国主义精神旗帜，激励全体中华儿女奋发向上，汇聚起实现中华民族伟大复兴中国梦的磅礴力量。

1. 坚持把爱国主义教育作为永恒的主题

加强爱国主义教育，坚持把爱国主义教育作为永恒的主题是新时代弘扬爱国主义精神的基本前提。只有将爱国主义教育贯穿到国民教育和精神文明建设全过程，坚持开展深入、持久、鲜活的爱国主义教育，才能将爱国主义精神发扬光大，才能将爱国主义深深地印在每一位中华儿女的心中。党和国家历来都有重视爱国主义教育的传统，回顾新中国成立以来爱国主义教育的历史可以发现，爱国主义教育一直是思想政治工作和意识形态工作的主旋律。爱国主义的内涵随着时代变迁不断丰富和发展，不同时期爱国主义教育的主题也不尽相同。在新的历史方位下，开展爱国主义教育应该着重关注以下几点内容。

其一，开展历史观、民族观、国家观、文化观教育。历史观、国家观、民族观和文化观教育是爱国主义教育的基石。习近平总书记认为，弘扬爱国主义精神，首先要"引导人民树立和坚持正确的历史观、民族观、国家观和文化观，不断增强中华民族的归属感、认同感、尊严感、荣誉感"①。理性爱国主义的生成，离不开正确的历史观、国家观、民族观和文化观。开展历史观教育，就是要引导人们尊重和传承中华民族的

---

① 习近平：《在中共中央政治局第二十九次集体学习时的讲话》，《人民日报》2015年12月31日，第1版。

光荣历史，旗帜鲜明地反对历史虚无主义，反对任何人以任何形式歪曲中华民族悠久历史和抹黑近代以来中国革命、建设、改革的历史。开展民族观教育，就是要帮助人们树立正确的民族观，引导人们始终以维护民族团结、实现中国各民族共同繁荣发展为己任，旗帜鲜明地反对任何试图分裂中华民族的言论和行为。开展国家观教育，就是要引导人们正确认识国家发展与个人进步之间的辩证关系，自觉将个人发展目标与国家发展目标统一起来，在实现中国梦的生动实践中谱写精彩人生。开展文化观教育，就是要引导人们尊重、守护和传承中华民族的优秀文化，并在建设新时代中国特色社会主义的伟大实践中将中华民族的优秀文化发扬光大，不断增强中华民族的文化自信和文化自强。

其二，开展国情教育。客观、全面地了解国家的发展情势，是理性爱国主义达成的重要条件。开展国情教育，应该从横纵两个角度展开。纵向角度，即回顾中华民族的发展历史，特别是要回顾中华民族近代从站起来到富起来再到强起来的发展历程，在纵向对比中凸显社会主义中国的辉煌建设成就。横向角度，即将社会主义中国与同时代的其他国家相比较，在横向对比中客观分析社会主义中国的优势和不足之处。唯有如此，才能讲好中国故事，才能讲出中华民族朝气蓬勃、从容自信的精神风貌，才能让亿万中华儿女更加认同和热爱自己的祖国，更加自信自尊自强地生活在这片土地上。

其三，开展社会主义核心价值观教育。习近平总书记强调，开展爱国主义教育应同弘扬和践行社会主义核心价值观结合起来。"爱国"是核心价值观的重要内容之一。相较于其他认知图式，价值观具有较强的持久性和稳定性，对个体思想行为的影响力也更为深远。因此，将"爱国"上升到社会主义核心价值观的层面，将爱国主义教育同弘扬和践行社会主义核心价值观结合起来，能够让爱国主义在每一个中国人心中牢牢扎根，成为每一位中华儿女的坚定信念和精神依靠，对于爱国主义精神的弘扬和培育大有助益。

2. 坚持爱国主义与爱社会主义相统一

爱国主义不是抽象的，爱国主义必须聚焦至特定的、具体的国家。现实生活中，每个国家都有其特定的社会形态和社会制度。我国是社会主义国家，社会主义制度是我国根本制度。因此，当代中国，弘扬爱国主义必须坚持爱国主义与爱社会主义的统一。邓小平同志论及爱国主义时指出"有人说不爱社会主义不等于不爱国。难道祖国是抽象的吗？不爱共产党领导的社会主义的新中国，爱什么呢？"[①] 在中共中央政治局第二十九次集体学习时，习近平总书记也强调："只有坚持爱国和爱党、爱社会主义相统一，爱国主义才是鲜活的、真实的，这是当代中国爱国主义精神最重要的体现。"[②]

社会主义和当代中国的前途命运紧密地联系在一起，二者已然构成休戚与共的命运共同体。这是由近代以来中华民族由弱到强 170 多年的历史进程证明的，也是由中华人民共和国成立 70 年来的发展历程所证明的，更是由改革开放 40 年来党带领中国人民进行的伟大实践所证明的。党的十一届三中全会后，党带领人民进行改革开放和社会主义现代化建设，开辟了中国特色社会主义道路。经过几十年的努力，我国各项事业繁荣发展，取得了前所未有的辉煌成就，中国特色社会主义进入新时代，中华民族实现了从站起来、富起来到强起来的伟大飞跃。

历史与现实雄辩地证明，只有社会主义才能救中国，只有中国特色社会主义才能发展中国。因此，在当代中国弘扬爱国主义精神，必须坚持爱国主义与爱社会主义的统一，不断增强中国特色社会主义道路自信、理论自信、制度自信、文化自信，坚定不移地建设和发展中国特色社会

---

① 《邓小平文选》第 2 卷，人民出版社，1994，第 392 页。

② 习近平：《在中共中央政治局第二十九次集体学习时的讲话》，《人民日报》2015 年 12 月 31 日，第 1 版。

主义。唯有如此，才能实现中华民族伟大复兴的中国梦。

3. 坚持维护祖国统一与民族团结

维护祖国统一与民族团结，是爱国主义的基本要求。中华民族是融合多个民族而逐渐形成的多元统一的民族实体。自秦汉建立大统一的民族国家以来，儒家文化和封建专制制度共同孕育了中华民族强烈的国家意识和民族情怀，反对分裂维护国家统一和民族团结由此成为数千年来中华儿女共同的追求。近代以来，中华儿女为抵御外辱而进行的长达百余年的抗争更是让维护国家统一和民族团结的爱国主义精神发扬光大，深深熔铸在中华民族的血脉之中。

维护祖国统一与民族团结，不仅事关中华民族的情感和尊严，也关系到中华民族的前途命运，是中华民族的根本利益所在。因此，新时期"弘扬爱国主义精神，必须把维护祖国统一和民族团结作为重要着力点和落脚点"①。维护祖国统一，就是要维护国家主权和领土完整，坚决反对一切分裂祖国的活动。大陆和香港、澳门、台湾是紧密相连的命运共同体，维护祖国统一，其一要继续坚持"一国两制"方针，保持香港、澳门长期繁荣稳定；其二要坚持一个中国原则，推动两岸关系和平发展，坚定反对"台独"分裂势力。维护民族团结，就是要求"各民族相互了解、相互尊重、相互包容、相互欣赏、相互学习、相互帮助，像石榴籽那样紧紧抱在一起"②，使中华民族这个大家庭更加和谐美好，使各民族携手共进，共同为了中华民族的繁荣昌盛不懈奋斗。

4. 尊重和传承中华民族历史和文化

尊重和传承祖国的历史和文化是弘扬爱国主义精神、培育爱国主义情感的重要条件。如果没有对祖国历史和文化最基本的尊重和爱护，就

---

① 习近平：《在中共中央政治局第二十九次集体学习时的讲话》，《人民日报》2015 年 12 月 31 日，第 1 版。

② 习近平：《坚持依法治疆团结稳疆长期建疆　团结各族人民建设社会主义新疆》，《人民日报》2014 年 5 月 30 日，第 1 版。

很难达成对自己和民族的认同，更不可能生成深厚的爱国主义情怀。中华民族是一个有五千年悠久历史的民族，在这五千年的历史进程中，伟大的中华儿女创造出了辉煌灿烂、独具特色的中华文化。中华民族源远流长的历史文化为中华民族的发展前进提供了丰厚的精神滋养，并且已经深深地融入中华民族的骨髓和血脉之中，成为中华民族的"根"和"魂"。"站立在960万平方公里的广袤土地上，吸吮着中华民族漫长奋斗积累的文化养分"①，每一个中国人，每一个中华儿女都应该对祖国的历史文化有着深厚且真挚的情谊，也应该对这片土地有着浓浓的眷恋之情。

就历史而言，历史在提升民族认同和国家认同、增强国家的向心力和凝聚力、维护社会团结稳定等方面发挥重要作用。灭人之国，必先去其史，抛弃或随意歪曲历史，不仅会扰乱人们对历史事件或历史人物的认知，有些颠覆性的评价甚至会导致政治信仰的坍塌和民族精神的丧失，苏联就是最好的证明。苏联解体前夕，国内历史虚无主义盛行，全国上下掀起了"重评历史"的热潮，否定苏共领导下的社会主义革命和建设的历史，进而否定苏共的领导和苏联的社会主义制度。这股思潮严重干扰了苏联人民的思想，导致严重的思想混乱和意识形态危机，为西方敌对势力提供了可乘之机。如今，在我国，也有一些人打着"重新评价历史"的幌子，大肆歪曲抹黑近代中国的革命史以及社会主义建设和改革的历史，妄图以此否定马克思主义，否定只有社会主义才能救中国的历史事实，进而否定党的领导和中国特色社会主义制度。前事不忘，后事之师，我们应当尊重和爱护中华民族的悠久历史，珍惜来之不易的社会主义革命和建设成果，热爱和拥护社会主义中国。

就文化而言，中华传统文化是中华民族的"根"和"魂"，是支撑中华民族生存发展的精神命脉。因此，弘扬爱国主义精神必须尊重和传承中华优秀传统文化。中华传统文化源远流长、博大精深，蕴含着极为

---

① 《习近平谈治国理政》第2卷，外文出版社，2017，第339页。

丰富的内容，如道法自然、天人合一、修齐治平、知常达变、革故鼎新、见贤思齐、孝悌忠信、崇德向善、求同存异等。这些都是中华民族世世代代累积起来的宝贵智慧结晶和精神财富，对于当代中国人民的生活实践具有极强的借鉴意义。因此，习近平总书记强调，"要努力从中华民族世世代代形成和积累的优秀传统文化中汲取营养和智慧，延续文化基因，萃取思想精华，展现精神魅力。要以时代精神激活中华优秀传统文化的生命力，推进中华优秀文化创造性转化和创新发展"①。只有这样，才能增强中华民族的文化自信和文化自强，才能使中华优秀传统文化在当代中国散发出新的生机和活力，指引当代中国人奋勇向前。

5. 坚持立足民族和面向世界相统一

随着经济全球化和世界一体化程度的加深，和平、发展、合作、共赢逐渐成为时代的发展潮流。世界各国联系日趋紧密，形成一荣俱荣、一损俱损的命运共同体。在这样的国际环境下，中国的前途命运与世界发展大势紧密相连，中国不可能超脱于世界之外实现独立发展。因此，新时代弘扬爱国主义精神，必须具备宽广的国际视野，将爱国主义同国际主义结合起来，坚持立足民族和面向世界相统一，在维护国家和民族利益的同时，也要注意同其他国家携手合作、协同共进，为世界繁荣发展贡献中国智慧和中国力量。

新时代弘扬爱国主义精神，必须坚持立足民族，必须坚定地维护国家和民族的利益。在经济全球化和世界一体化的今天，世界各国构成你中有我、我中有你的共同体。有一种观点认为，随着世界各国联系的日趋紧密，国家最终将不复存在。因此，如今已经不再需要强调国家主权和国家利益，爱国主义精神也丧失了存在的合法性和必然性。实际上，在经济一体化的今天，国家仍然是国家关系的基本单元，国家也依然是

---

① 习近平：《在中共中央政治局第二十九次集体学习时的讲话》，《人民日报》2015年12月31日，第1版。

民族存在的最高形式，个人的前途命运同国家的发展进步依然紧密相连，爱国主义也依然有其合法性和必要性。特别是对于中国这样一个庞大的发展中国家而言，强大的国家是保障每一个中国人生存发展权益、保障中华民族繁荣发展的坚实后盾。因此，新时代我们必须要坚定不移地弘扬和培育爱国主义精神，更加坚定不移地捍卫国家尊严和民族利益。

新时代弘扬爱国主义精神，还要坚持面向世界，实现立足民族和面向世界相统一。纵观世界发展大势可以发现，虽然目前人类社会整体发展形势较好，但隐忧仍在，经济周期性波动、全球贫富两极分化、环境危机、恐怖主义等问题时刻威胁着人类社会的前途和命运。在这些困难和挑战面前，没有哪个国家能独善其身。世界各国唯有坚持合作共进，同舟共济，才能共同维护世界和平稳定发展，才能为自身发展提供良好的外部环境。因此，新时代弘扬爱国主义精神，不仅要着眼国内的发展建设，更要积极参与国际事务，积极承担国际责任，为解决全球生态危机、维护国际和平事业、变革全球治理体系、促进世界繁荣发展贡献中国智慧和中国力量。

（二）弘扬以改革创新为核心的时代精神的基本要求

1. 坚持以人民为中心的根本立场

新时代弘扬改革创新精神必须始终坚持以人民为中心的根本原则。人民群众是改革创新的践行主体，也是改革创新的利益主体。弘扬改革创新精神不仅要尊重人民群众主体地位，发挥人民群众首创精神，更要从人民群众的根本利益出发，做到改革为了人民，发展为了人民，满足人民群众的美好生活需要，让改革创新的成果惠及全体人民。

马克思和恩格斯认为，未来理想社会的终极目标和最高价值追求在于使人向作为社会的人即合乎人的本性的人的自身的复归，即通过实现人的全面而自由发展使人全面占有自己的本质，实现人的解放。中国共产党自成立以来，在马克思主义理论的指导下，也始终以实现人的全面发展、维护广大人民群众的根本利益为终极目标。早在社会主义革命和建设时期，毛泽东就提出要一切为了群众，一切依靠群众，坚持从群众中来，到群众中去。在改革开放时期，党和国家领导人更是强调改革开放要始终坚持以人为本，服务和代表广大人民群众的根本利益。邓小平同志提出"社会主义的目的就是要全国人民共同富裕"①，并将"是否有利于提高人民的生活水平"作为衡量各方面工作利弊得失的标准之一。江泽民同志提出"三个代表"重要思想，要求中国共产党必须始终代表最广大人民的根本利益。胡锦涛同志则明确提出以人为本的科学发展观。十八大以来，习近平总书记提出了"以人民为中心"的思想，将人民群众视为改革开放的践行主体和利益主体，强调将人民赞成不赞成、高兴不高兴、满意不满意作为衡量改革的基本标准。可以说，坚持以人民为中心是我党弘扬改革创新精神、开展改革开放伟大实践一以贯之的根本原则，新时代弘扬改革创新精神，更要坚持以人民为中心的优良传统。这就要求我们做到以下两点。

其一，要尊重和发挥人民群众首创精神，相信人民和依靠人民，充分发挥人民群众的主观能动性，使人民群众作为践行改革创新精神的主体。人民群众是历史的创造者。纵观我国改革创新的历史可以发现，"改革开放在认识和实践上的每一次突破和发展，改革开放中每一个新生事物的产生和发展，改革开放每一个方面经验的创造和积累，无不来自亿万人民的实践和智慧"②。因此，在改革开放进入深水区和攻坚期的今天，我们必须高举改革开放伟大旗帜，激发亿万群众的创新精神和创造智慧，动员全国各族人民积极投身改革开放的伟大实践中，汇聚起全面深化改革开放的强大力量，推动我国改革开放事业和社会主义现代化建设事业

---

① 《邓小平文选》第 3 卷，人民出版社，1993，第 110~111 页。
② 《习近平关于全面深化改革论述摘编》，中央文献出版社，2014，第 138 页。

不断前行。其二，要保证改革创新为了人民，坚持以改革创新推动社会主义物质文明建设和精神文明建设，满足人民群众对美好生活的向往。"我们要随时随刻倾听人民呼声、回应人民期待"①，并"必须始终把人民利益摆在至高无上的地位，让改革发展成果更多更公平惠及全体人民……使人民获得感、幸福感、安全感更加充实、更有保障、更可持续"②。

2. 坚持中国特色社会主义的政治方向

弘扬改革创新精神，坚持改革开放，必须坚持正确的政治方向。方向问题至关重要，改革能否坚持正确的方向和道路，直接关系到改革的成败。习近平总书记强调："推进改革的目的是要不断推进我国社会主义制度自我完善和发展，赋予社会主义新的生机活力。这里面最核心的是坚持和改善党的领导、坚持和完善中国特色社会主义制度，偏离了这一条，那就南辕北辙了。"③ 我们党自成立那一天起，就在马克思主义的指导下始终把团结带领中国人民实现社会主义、共产主义作为自己的远大理想和奋斗目标。在党领导中国人民进行革命、建设、改革的艰苦实践中，这一崇高的理想信念不断激励着一代又一代中国人民奋勇前行。今天，我们所进行的一切改革和创新，都应该沿着中国特色社会主义道路不断前进，既不走封闭僵化的老路，也不走改旗易帜的邪路，应该始终坚持以完善和发展社会主义，实现共产主义为奋斗目标。

因此，我们在弘扬改革创新精神的同时，还要加强对人民群众，特别是党员干部的理想信念教育，确保改革创新始终为中国特色社会主义建设事业服务。习近平总书记高度重视理想信念教育，曾在多个场合论及理想信念教育问题。他认为，马克思主义信仰、共产主义远大理想和中国特色社会主义共同理想是中国共产党人安身立命的根本，是中国共

① 《十八大以来重要文献选编》（上），中央文献出版社，2014，第236页。
② 《决胜全面建成小康社会　夺取新时代中国特色社会主义伟大胜利——在中国共产党第十九次全国代表大会上的报告》，人民出版社，2017，第45页。
③ 《习近平中国特色社会主义思想三十讲》，学习出版社，2018，第96页。

产党的精神之"钙"，是支撑共产党人在中国革命、建设、改革过程中战胜各种艰难险阻，赢得胜利的精神支柱。在全面深化改革的关键时期，党和国家的事业面临着重重考验。因此，我们更要高度重视意识形态工作和理想信念教育，教育党员干部和人民群众坚定理想信念、坚定政治立场、永葆政治本色，"在胜利和顺境时不骄傲不急躁，在困难和逆境时不消沉不动摇，经受住各种风险和困难考验"①，在改革创新精神的引领下，脚踏实地推进改革开放和社会主义现代化事业稳步前进。

3. 坚持全面深化改革的总体目标

以改革创新为核心的时代精神形成于改革开放的伟大实践中，而以改革创新为核心的时代精神一经形成，又成为引领全国各族人民砥砺奋进的精神旗帜，指引和鼓舞着人们将改革创新精神不断深化到理论建设、制度建设、经济建设、文化建设等各个方面，共同推动中国特色社会主义不断发展和完善。"建设有中国特色社会主义事业，是一项充满艰辛、充满创造的壮丽事业。伟大的事业需要并将产生崇高的精神，崇高的精神支撑和推动着伟大的事业。"② 改革开放的伟大实践是改革创新精神的源头活水，没有改革开放的伟大实践，就难以在全社会范围内形成改革创新的社会意识。而同时，没有改革创新精神的鼓舞和引领，改革开放的伟大实践就难以为继。只有在全面深化改革的实践中，才能彰显改革创新精神的意义和价值，也只有在全面深化改革的实践中，才能不断丰富和激活改革创新精神。

这就要求我们将弘扬改革创新精神同改革开放的伟大实践紧密结合起来，我们要在全面深化改革的实践中，在全社会范围内积极培育和弘扬改革创新精神，提高人们的创新意识和创新能力，充分调动人们创造创新的积极性，激活一切劳动、知识、技术、管理、资本的活力，"让一

---

① 《十八大以来重要文献选编》（上），中央文献出版社，2014，第117页。
② 《江泽民论有中国特色社会主义（专题摘编）》，中央文献出版社，2002，第397页。

切创造社会财富的源泉充分涌流"①，进而推进社会主义市场经济建设、民主政治建设、先进文化建设、和谐社会建设和生态文明建设协调发展，为实现完善和发展中国特色社会主义制度、推进国家治理体系和治理能力现代化的全面深化改革总目标奠定基础。

4. 坚持交流互鉴和合作共赢相统一

弘扬改革创新精神，推进我国改革开放事业稳步前进，还要求我们坚持同世界各国交流互鉴、合作共赢。早在改革开放初期，邓小平同志就曾指出，中国的发展离不开世界。在和平、发展、合作、共赢成为时代潮流的今天，中国的前途命运与世界发展大势更是紧密相连。中国不可能超脱于世界之外实现独立发展。基于这样的情势，习近平总书记提出了构建"人类命运共同体"的战略构想。这一构想的提出，对中国和平发展及世界繁荣进步具有重要意义。在这样的历史条件下，弘扬改革创新精神，必须着眼世界发展大势。这就要求我们一方面要积极同世界各国交流互鉴，充分吸收和学习其他国家的优秀文明成果和先进实践经验；另一方面要秉承合作共赢的理念，努力为世界繁荣发展贡献中国智慧和中国方案。

其一，坚持交流互鉴，充分吸收和学习其他国家的优秀文明成果和实践经验。当前，人类社会正处在大发展、大变革、大调整的关键时期，世界各国面临的不确定性和不稳定性非常突出。在这样的境遇下，弘扬改革创新精神，推进改革发展不仅是中国的任务，也是世界其他国家共同的目标。因此，我国在推进改革创新的过程中，应该抛弃成见，积极关注其他国家特别是发达国家的改革实践，积极主动地同其他国家展开对话和交流，充分汲取其他国家的优秀文明成果和先进经验，助力我国改革开放事业、社会主义现代化事业的创新发展。

其二，坚持合作共赢，努力为世界繁荣发展贡献中国智慧和中国方

---

① 《十八大以来重要文献选编》（上），中央文献出版社，2014，第512页。

案。随着经济全球化和世界一体化程度的加深，世界各国已经成为休戚相关、福祸与共的命运共同体。纵观世界发展大势，虽然目前人类社会整体发展形势较好，但隐忧仍在，经济周期波动、全球贫富两极分化、环境危机、恐怖主义等问题时刻威胁着人类社会的前途和命运。面对这些困难和挑战，世界各国唯有坚持合作共进，同舟共济，才能共同维护世界和平稳定发展，为自身发展提供良好的外部环境。在这样的情势下，我们弘扬改革创新精神，不仅要着眼国内改革开放的实践，更要积极承担国际责任，为解决全球生态危机、维护国际和平事业、变革全球治理体系贡献中国智慧和中国方案。

5. 坚持改革创新精神教育

弘扬改革创新精神，最基本的要求就是让人们认同改革创新精神，并将这种精神内化于心，外化于行。这就要求我们注重和加强改革创新精神教育，使改革创新精神真正成为中华儿女普遍的精神追求和价值观念。在开展改革创新精神教育的过程中，我们应该着重关注以下两点问题。

其一，扩大改革创新精神教育的普及程度。目前，我们较为重视青年学生和知识分子的改革创新精神教育。对其他各阶层群众的教育重视度还不够。事实上，在鼓励大众创业、万众创新的今天，人民群众是弘扬改革创新精神、推进改革开放伟大实践的主要依靠力量。因此，我们应在不同社会阶层、不同社会群体中广泛开展改革创新精神教育，实现人民群众对改革创新精神的整体认同。在教育过程中，我们应充分考虑不同社会阶层、不同社会群体的文化程度、知识背景、年龄层次和实际需要，有针对性地分类开展改革创新精神教育。如此，才能做到有的放矢，提高改革创新精神教育的亲和力和实效性。

其二，拓展和丰富改革创新精神教育的内容。改革创新从来都不是一帆风顺的，改革开放更是一项艰苦而伟大的事业。践行改革创新精神，推进改革开放伟大实践，不仅需要人们具备创新意识和创新能力，还需要人们具备一些优良品质，如不畏险阻、敢于拼搏的奋斗精神，奋勇争先、搏击竞逐的竞争精神，百折不挠，不畏挫折的拼搏精神，敢于吃苦、勇挑重担的担当精神等。这就要求我们在开展改革创新精神教育的过程中，注重拓展和丰富改革精神教育的内容，引导人们形成践行改革创新精神所必备的优良品质，汇聚起推进改革开放的强大力量，推动中国特色社会主义事业不断发展前进。

第五章　社会主义核心价值观是社会主义先进文化的精髓

　　党中央在十八大报告中对社会主义核心价值体系做出了高度凝练的概括，提出要倡导富强、民主、文明、和谐，倡导自由、平等、公正、法治，倡导爱国、敬业、诚信、友善，积极培育和践行社会主义核心价值观。社会主义核心价值观是社会主义核心价值体系的内核，是社会主义意识形态的价值表达，是当代中国精神的集中体现。社会主义核心价值观凝结着社会主义先进文化的精髓，决定社会主义先进文化的性质，引领社会主义先进文化的前进方向。2013 年 12 月 23 日，为深入贯彻落实党的十八大和十八届三中全会精神，中共中央办公厅印发《关于培育和践行社会主义核心价值观的意见》（以下简称《意见》）。《意见》的印发为培育和践行社会主义核心价值观提供了基本遵循。

一　社会主义核心价值观的基本内涵

　　培育和践行社会主义核心价值观，要把"三个倡导"讲清楚，把社会主义核心价值观的基本内容明确清楚，把社会主义核心价值观的内涵阐释清楚。党的十八大报告最早提出"三个倡导"，2013 年颁发的《意见》进一步明确"富强、民主、文明、和谐，自由、平等、公正、法治，爱国、敬业、诚信、友善"24 个字是社会主义核心价值观的基本内容，这 24 个字深刻回答了在当前时代下我们应该坚守什么样的核心价值观这一时代课题。社会主义核心价值观将国家、社会、个人作为三个层面加以区分，又将这三个层面的价值追求融于一体，秉承传统优秀文化基因，体现社会主义本质属性，吸收外来养分，顺应时代要求，从根本上反映了社会主义先进文化的发展要求。

（一）国家层面的价值目标

"富强、民主、文明、和谐"是国家层面的价值目标，回答了我们要建设一个什么样的国家这一重大问题。"富强、民主、文明、和谐"是党在社会主义初级阶段必须始终坚持的奋斗目标和价值指向，也是全国各族人民共同的理想信念和价值追求。

1. 富强

"富强"意指国富民强。社会主义核心价值观中的"富强"，是中国特色社会主义建设事业最基本的价值目标，即强调通过解放和发展社会生产力，提高国家经济实力，进而让全体人民共享发展成果，实现共同富裕。"富强"是近百年来中国人民的共同夙愿。经过党中央几代领导人的不懈努力，中华民族终于实现了从站起来、富起来到迎来强起来的历史性飞跃。可以说，中国共产党带领中国人民进行革命、建设和改革的历史，就是党带领人民实现国家富强、人民富裕的光辉奋斗史。在中国特色社会主义进入新时代的今天，"两个一百年"奋斗目标的确立、"五位一体"总体布局的构建以及其他具体战略要求的提出，都彰显着党和人民对实现国家富强、民族富裕的执着追求。

2. 民主

"民主"自古以来就是人类社会所追求和向往的一种理想政治形态，

人们对民主的探索最早可以追溯到古希腊时期。聚焦当代，无论是资本主义国家还是社会主义国家，都将民主视为政治发展的核心价值。二者的不同之处在于，资本主义国家的"民主"具有虚假性，它是建立在私有制基础之上的，只有少数有产者真正享有民主权利，而广大劳动人民则被排斥在民主之外，只拥有形式上的民主。这种民主是剥削者对劳动群众的专政。而社会主义核心价值观中的"民主"是社会主义民主，它追求的是人民当家做主的民主，人民是国家的主人，可以通过人民代表大会制度、多党合作和政治协商制度以及民族区域自治制度等方式实现自己的民主权利。经过几十年的发展和建设，中国特色社会主义民主制度已经成为我国社会行稳致远的重要保障。但同时我们也应该承认，中国特色社会主义民主制度还不是尽善尽美、成熟定型的。事实上，世界上也不存在一种完美无缺的制度体系，民主制度作为上层建筑的重要组成部分，势必随着社会实践的深化而不断完善和发展。中国特色社会主义民主也应该在中国特色社会主义建设的实践过程中坚持制度创新，根据发展变化的实际完善和发展中国特色社会主义制度体系，使其更加成熟、更加定型，更加适应实际需要。

3. 文明

文明是衡量一个社会发展程度的重要指标，相较经济发展和政治发展而言，文明是影响社会发展进步更基本、更深层的力量。习近平总书记曾讲道："文明特别是思想文化是一个国家、一个民族的灵魂。无论哪一个国家、哪一个民族，如果不珍惜自己的思想文化，丢掉了思想文化这个灵魂，这个国家、这个民族是立不起来的。"① "文明"包括物质文明、政治文明、精神文明、生态文明等。在不同的历史时期，在不同的社会背景下，不同国家和民族的人民在物质生产实践过程中孕育了各种

---

① 习近平：《在纪念孔子诞辰 2565 周年国际学术研讨会暨国际儒学联合会第五届会员大会开幕会上的讲话》，人民出版社，2014，第 9 页。

各样的文明。社会主义核心价值观中的"文明"，指的是中国特色社会主义文明。中国特色社会主义文明是在中国特色社会主义建设实践过程中形成的不断与时俱进、发展创新的文明。20 世纪 80 年代，邓小平同志提出中国特色社会主义要建设高度的物质文明和精神文明，这"两个文明"是中国特色社会主义文明的初始内涵，随着我国建设实践的不断深入，中国特色社会主义文明不断生长，最终形成涵盖物质文明、政治文明、精神文明、社会文明、生态文明的文明体系。新时代，我们要继续发展和建设中国特色社会主义文明，为中国特色社会主义建设事业提供强有力的精神支撑。

4. 和谐

"和谐"是中华民族自古以来就不断追求的美好社会理想。从老子的"小国寡民、清静无为"到孔子的"君子和而不同"，再到孟子的"老吾老以及人之老，幼吾幼以及人之幼"、墨子的"兼相爱、交相利"，中国古代思想家一直孜孜不倦地探求和谐社会的理想形态。社会主义核心价值观中的"和谐"观，是在继承中国古代和谐思想的基础上，又立足社会现实需要提出的，是中国共产党人在社会建设领域的有益尝试。党的历代领导人都十分重视和关注社会和谐问题，邓小平同志提出的"实现共同富裕"是从经济角度对社会和谐的观照。江泽民同志曾指出要推进各项社会事业健康发展，使社会更加和谐。胡锦涛同志在党的十六届六中全会上又明确提出构建社会主义和谐社会的科学命题。十八大以来，党中央又将"和谐"纳为社会主义核心价值观的内容。培育和践行"和谐"价值观，不仅要关注国内社会的和谐，着力在我国社会内部集聚更多和谐因素，构建和谐社会，同时还应积极在国际社会倡导"和谐价值观"，推动建立相互尊重、公平正义、合作共赢的新型国际关系，打造人类命运共同体，共建持久和共同繁荣的和谐世界。

（二）社会层面的价值取向

"自由、平等、公正、法治"是社会层面的价值取向，回答了我们要建设一个什么样的社会这一重大问题。这 8 个字代表了社会主义社会建设的前进方向，是衡量社会主义现代化程度的价值标尺，也是我国社会治理的价值遵循，它在本质上区别于西方资本主义国家的自由、平等、公正、法治概念，体现了社会主义的本质特征，具有鲜明的中国特色。

1. 自由

"自由"一词来源于拉丁文，意指不受限制的活动。作为社会主义核心价值观的自由是社会主义根本的价值追求，是人类社会发展的终极目标。正如《共产党宣言》所言："代替那存在着阶级和阶级对立的资产阶级旧社会的，将是这样一个联合体，在那里，每个人的自由发展是一切人自由发展的条件。"① 社会主义核心价值观中的"自由"与资本主义所提倡的"自由"具有本质差别。从历史上来看，资产阶级在资产阶级革命时期和资本主义发展初期就提出了"自由"口号，在当时的社会历史条件下，资本主义"自由"口号确实对实现人类解放和促进人类社会的发展进步具有积极意义，促使人类从"人的依赖性社会"中解放出来，走向"人的独立性"，从而获得一定的自由。但随着资本主义的发展，这种"人的独立性"，这种资本主义自由的本质逐渐暴露：资本主义社会中人的独立和自由其实是一种假象，是以人对物的依赖为基础而实现的独立自由。在这种状态下，人们看似获得了自由平等，看似能够在宽容民主的社会中张扬个性，追求自我，却身受物的奴役和统治。物的无形统治在某种程度上是一种相较"人的依赖性社会"中人的暴力和强权的统治更为恐怖的统治。社会主义的自由是为了反抗资本主义社会普遍存在的人被物所异化、所奴役的虚假自由而提出的，社会主义要实现的自由是每个人自由而全面的发展，是对资本主义虚假自由的超越，是一种更高形式的自由。

---

① 《马克思恩格斯选集》第 1 卷，人民出版社，2012，第 422 页。

2. 平等

"平等"是马克思主义的终极价值追求，也是人类社会共同追求的理想价值诉求。马克思主义平等观是马克思、恩格斯二人在分析和批判资本主义平等观的基础上提出来的。他们认为，资产阶级的平等观是资产阶级为了反对封建特权而提出的，在资产阶级革命过程中曾经发挥过积极作用，但是，受其阶级立场的限制，资产阶级的平等观只是"法律面前的资产阶级的平等"①，这种形式上的平等掩盖了广大无产者在资本主义社会所遭受的种种不平等待遇。基于此，马克思、恩格斯二人提出了马克思主义的平等观，即消灭阶级和私有制，构建一个实现彻底公平正义的社会，人们在这个社会中"各尽所能，按需分配"，每个人都有权利并且能够实现自由和全面发展。社会主义核心价值观中的平等观与马克思主义平等观一脉相承，我们的党和国家始终以构建公平正义的社会为目标，以在全社会范围内实现经济平等、政治平等、社会平等为目标，力求让每一位公民都能享有平等的社会地位、平等的政治权利以及平等的发展机遇，让每一位公民都能够在中国梦的鸿篇巨制中书写自己的人生华章。

3. 公正

"公正"是公平正义的精练表达。公平正义是人类社会自古以来一直追求的核心价值，在不同的社会、不同的发展时期，人们虽然对公平正义有着不同的理解，但是其核心地位是始终不容置疑的。社会主义所追求的公正，即恩格斯所说的"把生产发展到能够满足所有人的需要的规模，结束牺牲一些人的利益来满足另一些人的需要的状况"，使所有人共享大家创造出来的福利。也就是说，社会主义公正就是要尽最大可能满足全体成员的生存和发展需求，保证全体成员平等共享集体发展成果。因此，在建设中国特色社会主义的过程中，我们应始终以促进公平正义、

---

① 《马克思恩格斯全集》第19卷，人民出版社，1963，第206页。

增进人民福祉为出发点和落脚点。不仅要构建公正合理的利益分配机制，利用税收、政府救济、社会捐赠来抑制贫富分化现象，还应加强民主法制建设，在全社会范围内逐步实现权利公平、机会公平、规则公平，全方位营造公平的社会环境。

4. 法治

"法治"强调的是依法治国，是党领导人民治理国家的基本方略。将"法治"提升为社会主义核心价值观，就是要建立健全完备的中国特色社会主义法律体系，形成对公共权力的合理配置与约束，形成对公民个人权利和自由的保障和规范，进一步在全社会范围内形成"法律至上"的基本共识。作为社会主义核心价值观的"法治"，是对马克思主义法律观的传承。马克思认为，法律本身应该是对人民自由的基本保障。但在阶级社会中，法律作为上层建筑，必然具有一定的阶级性，是为一定阶级的利益服务的。资产阶级的法律只能代表资产阶级的利益，不可能体现广大劳动人民的利益。只有建立在以生产资料公有制为基础的生产关系之上的法律，才是符合广大劳动人民利益的法律。中国特色社会主义法律体系就是建立在生产资料公有制基础上的法律，是切实保障全体人民利益的法律。社会主义核心价值观中的"法治"，也是以人民为中心、保障人民利益的"法治"价值观，是对马克思主义法律观的传承和践行。我们在培育和弘扬"法治"核心价值观的同时，更要坚定不移地发展中国特色社会主义法治，以法治促进国家治理能力和治理体系的现代化，更好地保障公民的权利和自由，让"法治"核心价值观落地生根。

（三）公民层面的价值准则

"爱国、敬业、诚信、友善"是个人层面的价值要求，回答了我们要培育什么样的人这一重大问题。个人层面的核心价值观是社会主义核心价值观的根本落脚点，人无精神不立，核心价值观归根结底是要凝聚人心，用共同的理想信念武装人民，凝聚起最强大的中国力量。培养什么样的人，直接关系我国社会主义建设目标能否实现。国民的素质是影响社会文明的重要因素。

1. 爱国

"爱国"是中华民族的光荣传统，是"中华民族之魂"，也是每一位中华儿女理应具备的基本道德品质。爱国主义是中华民族的精神基因，是推动中华民族生存发展的精神动力。"5000多年来，中华民族之所以能够经受住无数难以想象的风险和考验，始终保持旺盛生命力，生生不息，薪火相传，同中华民族有深厚持久的爱国主义传统是密不可分的。"① 中华民族数千年来的历史，是一部攻坚克难、砥砺奋进的抗争史，更是一部中华儿女为维护国家统一、推进民族发展而不懈奋斗的爱国史。这种爱国主义精神具有极强的感染力和凝聚力，鼓舞亿万中华儿女团结一心，用热血和生命捍卫国家统一和民族团结，推动中华民族一次又一次重整旗鼓、浴火重生。在中国特色社会主义进入新时代、踏上新征程的今天，我们更要高扬爱国主义主旋律，在开展历史观、民族观、国家观教育的基础上，引导人民把爱国主义同爱社会主义结合起来，不断增强中国人民对中国特色社会主义道路、理论、制度、文化的珍视、拥护、自信和热爱。让爱国主义在每一位中国人心中生根发芽，成为每一位中华儿女的坚定信念和精神依靠，激励全体中国人民携手共进，汇聚起实现中华民族伟大复兴中国梦的磅礴之力。

2. 敬业

"敬业"是指人类在生产实践过程中，人们对自身从事的工作的热爱、专注和负责，是推动人类社会发展进步的重要动力。因此，敬业自古以来就是不同历史时期、不同国家和民族开展职业道德建设的重要内

---

① 习近平：《在中共中央政治局第二十九次集体学习时的讲话》，《人民日报》2015年12月31日，第1版。

容。但是，不同历史时期，不同社会背景下敬业精神的本质并不相同。资本主义社会弘扬敬业精神，归根结底是为了鼓励劳动者更好地服务于资本的增值和利润的创造，这种敬业精神纯粹是为资本服务的，被局限在各种利己主义的价值追求之中，无暇顾及劳动者的个人价值的实现和社会发展进步的需要。而社会主义社会所弘扬的敬业精神，是以马克思主义劳动观为基础发展起来的价值观念。马克思主义认为，劳动是人区别于动物的本质性活动，是人之所以成为人的根本原因，也是人类社会发展的根本动力。敬业也应该是个人及人类社会存在与发展的本质要求。而在资本主义社会，由于异化劳动的存在，敬业也成为一种异化的要求。社会主义弘扬和强调敬业精神，是对资本主义敬业精神的扬弃，其目的在于促进社会和谐稳定、实现国家繁荣发展、实现劳动者的个人价值。目前我国所倡导的"工匠精神""钉钉子精神"都是社会主义敬业精神的具体体现。在新的历史时期，我们要继续弘扬敬业精神，鼓励每位中国人都能爱岗敬业、各司其职，共同谱写出新时代的华章。

3. 诚信

"诚信"是个人安身立命之本，是社会交往中理应遵守的基本道德准则。中华民族自古以来就有讲求诚信的传统美德。"人而无信，不知其可也""民无信不立"等古语是中华民族诚信美德的直接体现。诚信对于社会和个人都具有重要意义。就社会而言，诚信是衡量一个社会文明程度、人文素质的重要指标，只有讲诚信、守承诺，才能维护社会秩序，构建和谐社会。在建设社会主义市场经济的今天，重视诚信意识的培养，推进诚信建设，对于规范市场秩序、优化市场环境更具有积极意义。就个人而言，诚信是衡量个人道德境界的基本尺度和规范。一个人只有诚实守信、诚心做事、诚恳做人，才能得到社会的认同，才能真正融入社会，在社会中实现自身的价值。总之，社会主义核心价值观所强调的诚信，是构建良好社会公德、职业道德和个人品德的基础和前提，也是我们发展社会主义市场经济、全面建成小康社会，实现伟大复兴中国梦的基本要求。我们应在全国范围内开展诚信教育，推进诚信建设，从政治、经济、社会、司法等各个维度入手，建立全方位立体覆盖的诚信体系，强化对守信行为的鼓励和对失信行为的惩治，在全社会形成守信光荣、失信可耻的氛围，让诚信价值观无处不在，无处不有，让诚实价值观成为每位中国人自觉遵守的道德规范。

4. 友善

"友善"在中华民族传统文化中具有悠久的历史，是中华文化的重要内容之一。无论是儒家、道家还是其他文化流派，都讲求仁爱、亲善、和谐，排斥矛盾冲突。孔子的"己所不欲，勿施于人"和孟子的"老吾老以及人之老，幼吾幼以及人之幼"都是中华民族友善观的直接体现。社会主义核心价值观的友善，是对中华优秀传统文化的承袭和发展。当代"友善观"的内涵和外延都有了拓展，包括人与自我的友善，人与人之间的友善，以及人与自然相处过程中的友善。人与自我的友善是一种人生态度和人生哲学，即人要正确地认识自己，接受自己，悦纳自己，并尽可能地完善和提升自己，实现自己的自由和全面发展。人与人之间的友善则是构建和谐人际关系的基本要求。因为人是一种社会性的存在，人与人之间是相互依赖、相互联系的，任何人都不能脱离他人和集体独立生存。只有友好、善意、真诚地对待他人，才能构建和谐的人际关系，才能营造互帮互助的集体氛围，从而为个人更好地发展提供可能。人与自然和谐相处是建设社会主义生态文明、实现可持续发展的关键所在。马克思主义认为，人是自然的一部分，我们不仅要同人发生关系，也要同自然生态发生关系。生态问题事关百姓福祉、事关千秋万代，我们必须尊重自然规律，与自然为友，与自然为善，走可持续发展的生态文明建设之路。

二 核心价值观是文化软实力的灵魂

随着和平与发展成为时代的主题，国家间的竞争关系已经慢慢从战争时代的经济实力、军事实力等国家硬实力的对抗转向以文化为根基的软实力的较量。文化软实力在综合国力中的地位越来越重要，发达国家的文化软实力建设先于我国，在这一领域我国与西方发达国家还存在很大差距，提高国家文化软实力势在必行。习近平总书记指出："提高国家文化软实力，关系'两个一百年'奋斗目标和中华民族伟大复兴中国梦的实现。"① 同样，提升文化软实力也关系我国在世界文化格局中的地位。核心价值观是文化软实力提高的基石，是文化软实力建设的重点，夯实文化软实力，需要把核心价值观这项灵魂工程抓牢抓实。

（一）核心价值观决定文化的性质

核心价值观是决定文化性质和方向的最深层次要素，是一种文化区别于其他文化的根本标志。核心价值观作为历史长河所沉淀下来的精髓，从根本上反映了我国的文化特质。当前，我们弘扬的是社会主义核心价值观，它从根本上反映了我国文化的社会主义性质，指明了我国社会主义文化强国建设的前进方向，是我们实现中华民族伟大复兴的精神动力。党的十九大报告强调，要坚持社会主义核心价值体系，即始终坚持"马克思主义指导思想、中国特色社会主义共同理想、以爱国主义为核心的民族精神和以改革创新为核心的时代精神、社会主义荣辱观"。社会主义核心价值观是对社会主义核心价值体系的高度凝练和集中表达。可见，社会主义核心价值体系规定着社会主义核心价值观的根本属性。

社会主义核心价值观决定我国文化的发展方向。社会主义核心价值

---

① 《习近平谈治国理政》，外文出版社，2014，第160页。

观的意识形态属性，决定了中国文化必然沿着中国特色社会主义方向前进。眼前最主要的是向全面建成小康社会前进，朝着文化繁荣、文化创新迈进。接下来，要服务于基本实现社会主义现代化的目标，将"社会文明程度达到新的高度，国家文化软实力显著增强，中华文化影响更加广泛"作为发展方向。最后，将实现社会主义现代化文化强国作为我国社会主义初级阶段的终极指向，与经济、政治、社会、生态文明建设协同发展，把我国建成富强、民主、文明、和谐、美丽的现代化强国。社会主义核心价值观根植于中华民族的优秀传统文化之中，与中华民族的命运兴衰息息相关，核心价值观的民族性决定了中华民族文化发展必然指向中华民族的伟大复兴。要让每个中华儿女都成为中华文化的主体，为实现中华民族伟大复兴中国梦而奋斗。

（二）核心价值观决定国家文化软实力

习近平总书记指出，一个国家的文化软实力，从根本上说，取决于其核心价值观的生命力、凝聚力、感召力。[①] 文化软实力能否提升，取决于核心价值观是否能真正代表先进文化的前进方向，充满创造力和生命力；取决于核心价值观能否得到有效的培育和践行，真正融入国家、社会建设，内化为个人精神，展现强大的社会凝聚力；取决于核心价值观能否真正融进中国故事，发出中国声音，展现中国魅力，对世界各国具有强大的吸引力和感召力。核心价值观的生命力是国家文化软实力的内生源。社会主义核心价值观代表的是新事物，与旧文化有着本质区别，具有强大的生命力和远大的发展前途，引领人类文明的发展。核心价值观缺乏生命力，文化软实力也会停滞不前，毫无生气。核心价值观的凝聚力是国家软实力的根本体现，社会主义核心价值观是全国各族人民价

---

① 《把培育和弘扬社会主义核心价值观作为凝魂聚气强基固本的基础工程》，《人民日报》（海外版）2014年2月26日，第1版。

值观念的"最大公约数"，汇聚了最广大中国人民的认同，在这基础上所形成的向心力，是国家文化软实力各组成部分协同发力的关键。社会主义核心价值观的感召力决定国家文化软实力的对内号召力和对外吸引力，感召力需要凝聚力做基础，生命力做推动，是核心价值观的文化魅力所在，对内能号召全国人民积极投身祖国伟大建设，对外能吸引多个国家共建人类命运共同体，是国家文化软实力发挥作用的根本体现。社会主义核心价值观对国家文化软实力的决定性作用体现在社会主义建设的方方面面，"富强、民主、文明、和谐"决定国家文化软实力在国家层面的建设目标；"自由、平等、公正、法治"决定国家文化软实力在社会层面的建设方向；"爱国、敬业、诚信、友善"决定国家文化软实力在公民层面的建设要求。核心价值观对社会意识的整合程度，直接决定国家文化软实力的发展程度，决定国家文化软实力的强弱。

（三）弘扬核心价值观，夯实文化软实力

文化软实力取决于核心价值观的内源动力，弘扬和践行核心价值观是夯实国家文化软实力的关键。习近平总书记强调，"提高国家文化软实力，要努力传播当代中国价值观念。当代中国价值观念，就是中国特色社会主义价值观念，代表了中国先进文化的前进方向"[①]。价值观的意识形态性，从根本上决定了文化软实力的性质，软实力的性质直接决定了这种力量为谁服务。我国走的是社会主义道路，建设的是社会主义现代化强国，发展的是中国特色社会主义文化，我国的文化软实力说到底是一种社会主义软力量，归根结底是要为我国社会主义现代化建设服务。弘扬和践行社会主义核心价值观，在提倡文化多样性的同时，要坚持马克思主义在文化领域的指导地位。核心价值观作为中国精神的集中体现，是中华民族精神的积淀，弘扬和践行社会主义核心价值观，有助于抓准

---

① 《习近平谈治国理政》，外文出版社，2014，第161页。

文化软实力最深层次内容，夯实文化软实力的历史底蕴。核心价值观的生命力决定文化软实力的发展动力和生长活力，弘扬和践行社会主义核心价值观，推动和谐社会建设，在共享共建理念下推动国家文化事业向前发展，增加人民的获得感，建设自由平等公正法治的社会，培育公民敬业诚信的道德品格，推动社会主义市场经济下文化产业蓬勃发展，满足人民的精神需要，才能筑牢国家文化软实力的根基。

　　夯实国家文化软实力的根本目的在于建设社会主义文化强国，文化强国的根本在于文化自信，文化自信的核心在于价值自信，价值自信的前提在于价值认同。核心价值观是全国各族人民价值观念的"最大公约数"，弘扬和践行社会主义核心价值观，才能凝聚全国最广大人民的价值共识，强化人民的价值认同，使核心价值观真正内化于心，自觉树立价值自信。文化自信是以价值自信为内核的更基础的自信，"是更基本、更深沉、更持久的力量"①。这种深层次的力量决定了国家软实力的深度、广度和厚度。

三　培育和践行社会主义核心价值观的要求

　　核心价值观是文化软实力的内核，培育和践行社会主义核心价值观是文化软实力建设的一项灵魂工程，关系我国社会主义先进文化的发展，关系我国国际话语权的提升，关系中国特色社会主义伟大事业的推进和中华民族伟大复兴中国梦的实现。党的十八大以来，习近平总书记的重要讲话精神和中央重要文件精神，为积极培育和践行社会主义核心价值观提供了基本遵循，要坚持以中国特色社会主义理论体系，特别是习近平新时代中国特色社会主义思想为指导。

---

① 习近平：《在哲学社会科学工作座谈会上的讲话》，人民出版社，2016，第17页。

（一）坚持培养担当民族复兴大任的时代新人

人是历史的创造者，任何建设目标的实现都需要落实到人的身上。培育和践行社会主义核心价值观，说到底是立德树人的思想建设工程，必须明确好培养什么样的人、如何培养人以及为谁培养人这个根本问题。十九大报告提出，培育和践行社会主义核心价值观要以培养担当民族复兴大任的时代新人为着眼点，是对这个根本问题的最好回答。社会主义核心价值观的培育和践行是全社会的共同责任，需要全体社会成员的广泛参与。但在实践过程中，我们不能面面俱到，眉毛胡子一把抓，要坚持两点论和重点论相统一的原则，既要观照全局，又要善于抓住重点和主流。培育和践行社会主义核心价值观必须抓住两个重点群体，一个是党员干部群体，另一个是青年群体。

就党员干部而言，中国共产党是中国工人阶级的先锋队，同时又是中国人民和中华民族的先锋队，党员干部的一言一行都具有极强的引领带动作用，党员干部群体理应在培育和践行社会主义核心价值观方面起模范带头作用，推动社会主义核心价值观融入社会生活的方方面面。就青年群体而言，青年群体是未来建设中国特色社会主义的核心力量，习近平总书记指出："青年的价值取向决定了未来整个社会的价值取向，而青年又处在价值观形成和确立的时期，抓好这一时期的价值观养成十分重要。"① 为此，培育社会主义核心价值观须抓住党员干部群体和青年群体两个重点群体。

1. 以党员干部群体为重点

党作为培育和践行社会主义核心价值观工作的领导者，党员、干部的形象以及对社会主义核心价值观的态度直接影响广大人民对社会主义核心价值观的认同。培育和践行社会主义核心价值观，要充分发挥党员、

---

① 《十八大以来重要文献选编》（中），中央文献出版社，2016，第6页。

干部的先锋模范作用。习近平总书记强调："党员、干部特别是领导干部要在培育和践行社会主义核心价值观方面带好头，以身作则、率先垂范，讲党性、重品行、作表率，为民、务实、清廉，以人格力量感召群众、引领风尚。"① 党员、干部是具有共产主义信念的人，树立共产党人的人格魅力才能在社会中真正成为标杆，起到率先垂范的作用。更好发挥党员、干部的带头作用，一定要把牢马克思主义这根红线，抓牢理想信念这根主线，守牢拒腐防变这根底线。要加强理论学习，读原著，学原文，悟原理，要读马克思主义经典作家的原著，也要学好党章党规和系列讲话，要悟懂马克思主义的普遍真理，推动马克思主义与时俱进，认清习近平新时代中国特色社会主义思想是当代马克思主义、21世纪马克思主义，并用以指导我国新时代中国特色社会主义建设。要加强理想信念教育，补好共产党人精神上的"钙"。帮助党员、干部坚定马克思主义信念，做共同理想和远大理想的坚定信仰者。要加强党性教育，全面落实"三严三实"专题教育和"两学一做"学习教育，筑牢拒腐防变的思想防线。

2. 以青年群体为重点

培育和践行社会主义核心价值观，要以青年群体为重点。经过全党全国各族人民的共同努力，中国特色社会主义进入新时代、迈向新阶段。青年群体作为未来建设新时代中国特色社会主义的中坚力量，使命光荣、责任重大。习近平总书记对青年群体寄予厚望，他指出："中国梦是历史的、现实的，也是未来的；是我们这一代的，更是青年一代的。中华民族伟大复兴的中国梦终将在一代代青年的接力奋斗中变为现实。"② 在这样的历史条件下，对青年群体展开社会主义核心价值观教育就显得尤为

---

① 《十八大以来重要文献选编》（上），中央文献出版社，2014，第587页。
② 《决胜全面建成小康社会 夺取新时代中国特色社会主义伟大胜利——在中国共产党第十九次全国代表大会上的报告》，人民出版社，2017，第70页。

重要。《关于培育和践行社会主义核心价值观的意见》指出，要把培育和践行社会主义核心价值观融入国民教育全过程。要从小抓起，从学校抓起，拓展青年培育和践行社会主义核心价值观的有效途径，建设师德高尚、业务精湛的高素质教师队伍。青年是我国社会主义建设即将注入的新鲜力量，是日后国家建设的主力军，青年的价值取向关乎未来整个社会的价值取向，要坚持社会主义办学方针，加强全国高校思想政治工作，在人生观形成的关键时期帮助青年学生扣好人生的第一粒扣子，才可能真正培养出社会主义的合格建设者和可靠接班人，才能使广大青年成为实现中华民族伟大复兴中国梦的主力军，自觉将自身发展目标与社会发展目标统一起来，"在实现中国梦的生动实践中放飞青春梦想，在为人民利益的不懈奋斗中书写人生华章"①。

（二）坚持落细、落小、落实的工作方针

培育和践行社会主义核心价值观，还应该将社会主义核心价值观与人们的日常生活紧密联系起来，在落细、落小、落实上下功夫。中共中央办公厅印发的《关于培育和践行社会主义核心价值观的意见》强调指出：要"坚持联系实际，区分层次和对象，加强分类指导，找准与人们思想的共鸣点、与群众利益的交汇点，做到贴近性、对象化、接地气"。这就要求我们将社会主义核心价值观与人民群众鲜活的日常生活相结合，潜移默化地渗透到社会生活的方方面面，使社会主义核心价值观如春风化雨般走进人民群众，达到"润物细无声"的效果。要做到这一点，我们就应该将社会主义核心价值观日常化、具体化、形象化和生活化。

1. 把社会主义核心价值观日常化

将社会主义核心价值观日常化就是要注意社会主义核心价值观培育

---

① 《决胜全面建成小康社会　夺取新时代中国特色社会主义伟大胜利——在中国共产党第十九次全国代表大会上的报告》，人民出版社，2017，第70页。

和践行的持续性和长效性。社会主义核心价值观的宣传教育不是一劳永逸的，一方面人们对社会主义核心价值观的认知、理解、接受，继而内化于心、外化于行需要一个过程；另一方面，社会主义核心价值观的培育和践行并非在真空中进行，日常生活中可能存在的各种负面因素都会影响人们对社会主义核心价值观的态度和看法，消解社会主义核心价值观教育的效果。这就要求我们不能将培育和践行社会主义核心价值观当作短暂的运动式的工作任务，而应该构建科学可行的长效机制，系统规划，合理布局，有条不紊地将社会主义核心价值观的培育工作推进下去，实现社会主义核心价值观培育工作的常态化和长效化。

2. 把社会主义核心价值观具体化

把社会主义核心价值观具体化，换言之就是将社会主义核心价值观培育工作细化，提高社会主义核心价值观培育工作的针对性，结合教育内容、教育对象、教育场景的不同特点，具体问题具体分析，有的放矢地开展社会主义核心价值观的宣传和培育工作。就教育内容而言，不同的教育内容可以选择不同的教学方式方法。例如，在介绍"自由""民主""平等"等中西方共有的价值观时，应采用比较教学法，着重介绍社会主义核心价值观所追求的"自由""民主""平等"与西方资本主义所追求的"自由""民主""平等"价值观的差异。在介绍"和谐""友善"等源自中华民族传统文化的价值观时，可以采用以文化人的方法，即习近平总书记所提倡的用中华民族优秀传统文化来化人、育人的方法。就教育对象而言，在社会主义核心价值观教育培育过程中，我们应充分考虑不同社会阶层、不同社会群体的文化程度、知识背景、年龄层次、理论背景和实际需要的差异，有针对性地分类开展社会主义核心价值观教育。就教育场景而言，在社区、单位、学校、新媒体平台等不同的场景下培育和践行社会主义核心价值观的方式方法也应有所区分。如此，才能做到有的放矢，实现社会主义核心价值观的具体化。

3. 把社会主义核心价值观形象化

将社会主义核心价值观形象化，即将高度抽象的社会主义核心价值观，转化为生动具体的形象以帮助人们更好地感知、理解、认同和接受社会主义核心价值观。社会主义核心价值观形象化，是在深刻认识和总结人类认识规律的基础上提出的。人们对事物的理解和认知往往要经历从感性到理性，从具体到抽象的过程。在培育和践行社会主义核心价值观的过程中，我们应充分尊重人们的认识规律，从感性形象入手，将社会主义核心价值观转化为人们熟悉并易于理解的感性形象，以此激发人们对社会主义核心价值观的兴趣，帮助人们更好地认识、理解和接受核心价值观，进而推进社会主义核心价值观的广泛认同和培育践行。当下，新媒体技术的飞速发展为社会主义核心价值观的形象化提供了平台和契机。社会主义核心价值观的形象化要充分利用微博、微信等新媒体平台，改变以往概念化、抽象化、教条化的宣传方式，充分吸收人民群众喜闻乐见的话语元素，让人们在平等宽容、轻松活泼的氛围中接受社会主义核心价值观的熏陶和洗礼。

4. 把社会主义核心价值观生活化

社会主义核心价值观来源于中国人民鲜活的日常生活，脱离了人民群众的生活实践，社会主义核心价值观就会变成无本之木、无源之水，社会主义核心价值观的培育和践行工作也难以开展。社会主义核心价值观的生活化就是要求我们让"从生活中来"的社会主义核心价值观，重新"回到生活中去"，与人们的日常生活经验相贴合，融入人们的日常生活。其一，可以发挥文艺工作者的灵魂工程师作用，高举社会主义旗帜，把社会主义核心价值观贯穿到每一部作品当中，用优秀作品吹起新时代的春风，拂拭掉社会上的颓靡之风，温润每一个人的心灵。其二，可以发挥家庭的作用，重视家教家风建设。家庭是人生的第一所学校，父母是孩子未来的影子，家庭、家教、家风对孩子"三观"的影响是根深蒂固、相伴一生的，将核心价值观融入家庭之中，促进家庭和睦，有益于每个孩子的健康成长。其三，加强网络管理，用核心价值观净化网络内容，营造风清气正的网络空间。其四，将社会主义核心价值观融入法治建设中，以核心价值观滋养法治精神，以法律制度支撑核心价值观，使核心价值观能在依法治国的大环境下真正如空气般无处不在、无处不有。唯有如此，才能让核心价值观真正发挥作用，使核心价值观无处不在、落地生根，成为人们"日用而不自觉"的思维习惯和行为方式。

（三）坚持与时俱进的创新方式方法

培育和践行社会主义核心价值观，要不断结合新的社会情况，与时俱进地创新方式方法。社会主义核心价值观的培育和践行方法即教育主体为了达到教育目的而对受教育者采用的方式和手段。培育社会主义核心价值观的方式方法不是教育主体随意制定的，而应与一定的教育内容、教育客体和教育环境相适应。由于社会主义核心价值观的教育内容、教育客体和教育环境总是处在发展变化之中，所以培育和践行社会主义核心价值观的方式方法也不能一成不变，必须及时跟进变化了的实际情况，与时俱进地进行自我调整和自我更新。现阶段，培育和践行社会主义核心价值观可以采用的方法有以下三种。

1. 以文化人法

以文化人法，即在培育社会主义核心价值观的过程中，立足中国传统优秀文化，充分发挥中华民族的优秀文化的滋养作用，以文化人、以文育人。中华民族是一个有五千年悠久历史的民族，在这五千年的历史进程中，伟大的中华儿女创造出了辉煌灿烂、独具特色的中华文化。中华民族源远流长的历史文化为中华民族的发展前进提供了丰厚的精神滋养，并且已经深深地融入中华民族的骨髓和血脉之中，潜移默化地影响着中华儿女的思维方式、行为方式和价值取向，是中华民族的"根"和

"魂"。今天我们所提倡的社会主义核心价值观，就是对中华优秀传统文化的传承和升华。习近平总书记多次强调培育社会主义核心价值观要发挥中华优秀传统文化的涵养作用："我们提倡和弘扬社会主义核心价值观，必须从中汲取丰富营养，否则就不会有生命力和影响力"①，"努力用中华民族创造的一切精神财富来以文化人、以文育人"②。

具体而言，以中华优秀传统文化涵养社会主义核心价值观教育要做到以下几点。其一，要本着立足当下、为我所用的原则，立足当下中国社会发展变化的实际情况，立足当代中国人民的精神发展状况和需要，探寻中华优秀传统文化与当代社会的契合点，发掘中华优秀传统文化与社会主义核心价值观的贯通点，创造性地运用和转化中华优秀传统文化，使中华优秀传统文化更好地发挥作用，助力人们的价值观养成。其二，以文化产品为载体。以社会主义核心价值观为引领，汲取中华优秀传统文化，创造出一批优秀的文化产品，为人民群众提供丰富的精神养料。其三，营造良好的文化环境。"一定社会的文化环境，对生活其中的人们产生着同化作用，进而化作维系社会、民族的生生不息的巨大力量。"③我们要将中华优秀传统文化融入人们的日常生活中，融入社会生活的方方面面，充分发挥文化的浸润、感染、熏陶作用，在潜移默化中做到以文化人、以文育人。

2. 宣传引导法

宣传引导法，即充分发挥传统媒体平台和新媒体平台的作用，强化社会主义核心价值观的思想宣传工作，各类媒体渠道协同共进，在全社会范围内形成培育和践行社会主义核心价值观的强大舆论力量。宣传引导法的提出是为了改变和优化当前社会主义核心价值观宣传工作而提出

---

① 《十八大以来重要文献选编》（中），中央文献出版社，2016，第 5 页。
② 《习近平谈治国理政》，外文出版社，2014，第 164 页。
③ 《之江新语》，浙江人民出版社，2007，第 97 页。

的，当前社会主义核心价值观的宣传工作虽然取得了一定的成效，但仍然存在很大的提升空间。就宣传渠道而言，存在偏重电视、报纸等传统媒体，忽略微博、微信等新型媒体平台的问题；就宣传内容而言，存在内容单一、僵化，内容深度、鲜活度和丰富程度不足的问题；就宣传形式而言，存在突击式的宣传多，缺乏系统规划，没有形成科学可行的长效宣传机制的问题。这些问题使得社会主义核心价值观的宣传工作遇到了瓶颈，宣传引导法就是强调在培育和践行社会主义核心价值观的过程中，要高度重视媒体的宣传工作，要综合运用各种媒体平台，持之以恒地进行社会主义核心价值观宣传工作，积极推进传播理念创新、内容创新和形式创新，及时丰富和更新宣传渠道，充分发挥媒体平台的优势，让社会主义核心价值观深入人心，落地生根。

贯彻和落实宣传引导法应该做到以下几点。其一，加强社会主义核心价值观的引领作用。落实宣传引导法，首先要加强社会主义核心价值观对各类新闻媒体的引领作用。无论是传统媒体还是新兴媒体，都是意识形态宣传工作的重要阵地。各媒体及其从业人员都要坚定不移的认同和践行社会主义核心价值观，增强政治意识、使命意识和责任意识，成为社会主义核心价值观宣传工作的支持者、参与者和推动者。其二，注重融合各类媒体渠道，增强舆论合力。要充分发挥传统媒体平台和新媒体平台的作用和优势，让传统媒体和新媒体各施所长，互相促进，构建全方位、立体化的宣传模式，使社会主义核心价值观更加贴近群众，更加贴近现实生活。其三，坚持与时俱进，不断创新。社会主义核心价值观的宣传工作要结合不断发展变化的实际进行理念创新、内容创新、方式创新和渠道创新。唯有如此，才能让社会主义核心价值观宣传工作永葆生机和活力。

3. 活动引领法

活动引领法，即在培育和践行社会主义核心价值观的过程中，重视社会实践活动的作用，通过各种形式的社会实践活动，促进人们对社会主义核心价值观的理解、认同，最终达到将社会主义核心价值观内化于心、外化于行的效果。只有经历生活实践的磨炼和洗礼，只有在具体的生活实践中学会如何运用习得的社会主义核心价值观来处理生活实践中的问题，社会主义核心价值观才能最终落地生根，成为人们日用而不自觉的价值观念。因此，在开展社会主义核心价值观教育的过程中，必须重视社会实践活动的重要作用，积极组织各类实践活动引导人们自觉学习和践行社会主义核心价值观。

落实活动引领法，应该注重以下几点。其一，坚持以社会主义核心价值观为引领，发挥实践活动的教育功能。即社会实践活动的主题应与社会主义核心价值观密切相关，以帮助参与者和践行社会主义核心价值观为目标，要将社会主义核心价值观融入实践活动的各个环节中。其二，要创新活动内容形式，实现实践活动的供给侧改革。即在组织社会实践活动的过程中，充分关注参与者的兴趣爱好和发展需求，丰富活动形式内容，提高活动质量和水平，以此吸引参与者真正参与社会活动，更好地发挥社会实践活动的教育功能。其三，应加强专业指导。应选派工作经验丰富、理论基础扎实，综合素养较高的专业人员组织和参与实践活动，保证活动的方向性、科学性，保证活动有组织有纪律地开展，优化人们的参与体验，增强活动的教育效果。

（四）坚持营造良好的社会氛围和环境

社会主义核心价值观的培育和践行并非在真空状态下进行，社会现实状况和整体氛围会影响人们对社会主义核心价值观的态度和看法，继而影响人们对社会主义核心价值观的接受和认可程度。目前，我国社会正处在加速转型的过程中，人们的思维方式、价值观念和行为选择发生巨大变化，旧有的社会价值和社会规范已经不再适应社会发展需求，而与此同时，新的社会价值和道德规范尚未健全，经济领域、社会领域、文化领域、生态领域中的不和谐问题一直存在。这些问题给社会主义核心价值观的培育和践行带来了不小的挑战，为此，习近平总书记强调："要利用各种时机和场合，形成有利于培育和弘扬社会主义核心价值观的生活情景和社会氛围，使核心价值观的影响像空气一样无所不在、无时不有。"① 要解决上述社会问题，营造良好的社会氛围和环境，我们应继续全面深化改革，将改革贯彻到我国经济、社会、文化、生态生活的方方面面。

就经济领域而言，现阶段我国经济发展进入新常态，经济增长速度放缓，既有的经济发展结构和经济发展动力难以支撑新的经济增长，经济发展面临重重考验，改革创新势在必行。我国经济增速放缓的新常态意味着原先一味追求速度的高投入、高消耗、高污染的粗放式发展模式进入瓶颈期，已经难以支撑新的经济增长，若不及时调整，我国经济发展将难以为继。因此，转变经济发展理念、调整经济发展结构、转换经济发展动力，实现从追求经济高速发展向追求经济高质量发展的转变就成为当前我国经济建设的主要任务。一方面要推动我国经济结构优化升级，着力建设创新引领、实体经济、科技创新、现代金融、人力资源协同发展的产业体系，推动产业结构更新换代，使我国经济跃入全球产业链、价值链、技术链的中高部甚至顶部；另一方面要孕育新的增长动力，加速落实创新驱动发展战略、加快创新型国家建设，使增长动力"从改革中来，从调整中来，从创新中来"②，使我国经济增长实现"从要素驱动、投资规模驱动发展为主向以创新驱动发展为主的转变"。③

就社会领域而言，我国改革开放进入攻坚期和深水区，推进改革的

---

① 《习近平谈治国理政》，外文出版社，2014，第165页。
② 《十八大以来重要文献选编》（上），中央文献出版社，2014，第435页。
③ 《习近平谈治国理政》，外文出版社，2014，第120页。

深度和广度前所未有，这一时期，我国社会转型加速，社会结构深刻调整、利益格局深刻变动，改革开放 40 年中积累和潜伏的矛盾集中爆发，我国社会治理面临的新问题、新情况、新挑战不断增多：其一，社会发展不均衡。具体指我国各个区域、各个领域、各个方面的发展程度各不相同，差异较大。如，东西部地区发展存在显著差异，城乡之间发展差异明显，城镇居民收入分配差距较大。再如，我国经济、政治、文化、生态文明建设等领域的发展程度不甚均衡。其二，社会共识缺乏。具体指随着社会结构的调整和社会利益格局的多元分化，人们的思想意识、价值选择和利益诉求日趋多样化，观念碰撞、矛盾冲突、利益纠葛逐渐成为常态，不利于社会和谐稳定的因素不断增加。在这种情况下，人们的思想越来越难以达成一致，社会凝聚力削弱，社会共识遭遇危机。其三，社会失范行为增多。具体表现为市场经济发展过程中违反公平竞争、诚实守信的恶性竞争行为屡禁不止，政治生活中贪污腐败、权钱交易的行为时有发生，社会生活中公德下降、传统美德失落的现象屡见不鲜。以上这些情况威胁社会的和谐稳定，日益成为社会发展的掣肘，给社会治理带来了不小的困扰。因此，必须创新社会治理方式，改革社会治理体制，打造共建共治共享的社会治理格局。

就文化领域而言，改革开放以来，我国文化建设事业迎来大发展大繁荣的新局面。文化建设成果丰硕，文化产品种类繁多。但我国文化建设事业在追求高速发展，实现量的扩张的同时，在一定程度上忽视了质的提升，导致文化建设过程中出现了一些不容忽视的问题，文化娱乐化、资本化、同质化趋势明显。究其原因在于现存文化体制存在不足，不能很好地调动文化生产者的积极性，不能很好地推动我国文化建设事业的创新发展。"文化是一个国家、一个民族的灵魂，文化兴国运兴，文化强民族强"①，

---

① 《决胜全面建成小康社会　夺取新时代中国特色社会主义伟大胜利——在中国共产党第十九次全国代表大会上的报告》，人民出版社，2017，第 40~41 页。

关注文化建设过程中存在的问题，推进文化体制改革和文化创新，兼顾文化发展过程中的质和量就成为全面深化改革过程中的重要任务。这就要求我们不断推动文化体制改革、促进文化创新发展。深化文化体制改革要求我们在充分认识和把握文化创作、生产、传播的特点和基本规律的基础上，推进文化现有体制机制的改革创新，构建重视社会效益、兼顾经济效益的文化机制体制，调动整个社会参与文化建设发展的积极性、主动性和创造性，为推进文化创新，实现文化高质量发展提供有力支撑。促进文化创新发展要求我们在承袭中华优秀传统文化的基础上，以社会主义先进文化为引领，以时代发展需要为驱动，实现中华文化创造性转化和创新性发展。

就生态领域而言，改革开放 40 年间，我国的经济社会建设成就举世瞩目，世界众人都对"中国速度"赞叹不已。但与此同时，一味追求速度的高投入、高消耗、高污染的粗放式经济发展方式使我们在这几十年中积累了大量的生态环境问题，资源短缺、土地沙化、大气污染、水土污染等生态环境问题日益凸显，成为制约我国经济社会发展，威胁人民幸福生活的重要因素。对此，习近平总书记强调，"要清醒认识保护生态环境、治理环境污染的紧迫性和艰巨性，清醒认识加强生态文明建设的重要性和必要性"[1]，并将生态文明建设提升到中国特色社会主义"五位一体"总布局的战略高度上。这就要求我们在坚持改革开放的同时，深入贯彻落实绿色发展理念，推动绿色技术和绿色产品的研发和生产，推动产业结构和消费方式绿色转型，推动生态文明体制改革，推动生态环境保护制度创新，"让中华大地天更蓝、山更绿、水更清、环境更优美，大踏步进入生态文明新时代"[2]。

---

[1] 《习近平谈治国理政》，外文出版社，2014，第 208 页。
[2] 《习近平新时代中国特色社会主义思想三十讲》，学习出版社，2018，第 246 页。

第六章　牢牢掌握意识形态工作领导权

马克思说："批判的武器当然不能代替武器的批判，物质力量只能用物质力量来摧毁；但是理论一经掌握群众，也会变成物质力量。"[①] 意识形态决定文化前进方向和发展道路。建设和发展社会主义先进文化，首先要做好社会主义意识形态工作，牢牢把握党对意识形态工作的领导权。

进入新时代，以习近平同志为核心的党中央，高度重视意识形态工作，始终坚持马克思主义的意识形态指导地位，牢牢掌握意识形态工作的领导权，不断强化社会主义意识形态的话语权。正如党的十九大报告所指出的，"思想文化建设取得重大进展。加强党对意识形态工作的领导，党的理论创新全面推进，马克思主义在意识形态领域的指导地位更加鲜明，中国特色社会主义和中国梦深入人心，社会主义核心价值观和中华优秀传统文化广泛弘扬，群众性精神文明创建活动扎实开展。公共文化服务水平不断提高，文艺创作持续繁荣，文化事业和文化产业蓬勃发展，互联网建设管理运用不断完善，全民健身和竞技体育全面发展。主旋律更加响亮，正能量更加强劲，文化自信得到彰显，国家文化软实

---

① 《马克思恩格斯选集》第1卷，人民出版社，2012，第9页。

力和中华文化影响力大幅提升，全党全社会思想上的团结统一更加巩固"①。面对实现中华民族复兴的强国梦的伟大目标，习近平总书记在十九大报告中进一步深刻指出，"必须推进马克思主义中国化时代化大众化，建设具有强大凝聚力和引领力的社会主义意识形态，使全体人民在理想信念、价值理念、道德观念上紧紧团结在一起。要加强理论武装，推动新时代中国特色社会主义思想深入人心"②。只有大力建设社会主义意识形态，才能使中国特色社会主义文化不断体现先进性，始终保持正确的前进方向和发展道路。对此，习近平总书记就新时代进一步加强党对意识形态工作的领导，做好新时代意识形态工作提出一系列重要论述，包括：意识形态工作是党的一项极端重要的工作；宣传思想工作必须遵循和把握的重要方针和根本原则；加强党对意识形态工作的全面领导，建设具有强大凝聚力和引领力的社会主义意识形态；做好新时代高校思想政治工作，培育自觉担当民族复兴的大任的时代新人；等等。习近平总书记关于牢牢掌握意识形态工作的领导权的一系列重要论述，为新时代坚持和发展社会主义先进文化指明了正确方向。

一　意识形态工作是党的一项极端重要的工作

习近平总书记在2013年8月19日全国宣传思想工作会议的讲话中强调，经济建设是党的中心工作，意识形态工作是党的一项极端重要的工作。党的十一届三中全会以来，我们党始终坚持以经济建设为中心，集中精力把经济建设搞上去、把人民生活搞上去。只要国内外大势没有发生根本变化，坚持以经济建设为中心就不能也不应该改变。这是坚持党

---

① 《决胜全面建成小康社会　夺取新时代中国特色社会主义伟大胜利——在中国共产党第十九次全国代表大会上的报告》，人民出版社，2017，第4~5页。

② 《决胜全面建成小康社会　夺取新时代中国特色社会主义伟大胜利——在中国共产党第十九次全国代表大会上的报告》，人民出版社，2017，第41页。

的基本路线一百年不动摇的根本要求，也是解决当代中国一切问题的根本要求。同时，只有物质文明建设和精神文明建设都搞好，国家物质力量和精神力量都增强，全国各族人民物质生活和精神生活都改善，中国特色社会主义事业才能顺利向前推进。①

（一）"意识形态工作是党的一项极端重要的工作"的依据

在马克思主义看来，意识是存在的反映，存在决定意识，意识对存在具有反作用。在这一前提下，一方面，建立在社会主义经济基础之上的意识形态，无疑要依存并服务于经济建设，为它提供有力保障。另一方面，意识形态又具有相对独立性，对社会存在会产生巨大的甚至是决定性的反作用。先进的思想文化一旦被群众掌握，就会转化为强大的物质力量；反之，落后的、错误的观念如果不破除，就会成为社会发展进步的桎梏。理论自觉、文化自信，是一个民族进步的力量；价值先进、思想解放，是一个社会活力的来源。我们党领导革命、建设和改革发展的一条重要成功历史经验就是，党始终坚持按客观规律办事，高度重视并积极开展意识形态工作，以推动现实社会不断向前发展。

在当今世界国与国之间的较量中，文化和意识形态因素所占的比重日趋增长。我国社会主义意识形态安全面临来自国际和国内的严峻挑战。党的十八大以来，以习近平同志为核心的党中央更加重视意识形态工作，用"极端重要"来强调意识形态工作的地位和作用，明确了意识形态工作的新的历史方位。

改革开放40年来，我们在经济社会建设方面取得了巨大成就，但在思想文化建设方面依然存在许多的问题，意识形态领域斗争依然复杂，国家安全面临新情况。

从国际背景看，自社会主义制度诞生至今，西方资本主义国家就从

①《习近平谈治国理政》，外文出版社，2014，第153页。

没有放弃过对社会主义国家在意识形态领域的渗透，颠覆社会主义是其长期推行的战略方针。今天，尽管国际环境发生了深刻变化，社会主义制度与资本主义制度的斗争依然是全球化背景下意识形态领域斗争的焦点，只不过是斗争的形式由过去直接、公开的对抗，转变为今天的和平颠覆与反颠覆、思想文化渗透与反渗透。全球化、信息化浪潮为资本主义意识形态实施和平演变战略提供了有利的条件和良好的环境。对此，习近平总书记深刻指出，"冷战结束以来，在西方价值观念鼓捣下，一些国家被折腾得不成样子了，有的四分五裂，有的战火纷飞，有的整天乱哄哄的。如果我们用西方资本主义价值体系来剪裁我们的实践，用西方资本主义评价体系来衡量我国发展，符合西方标准就行，不符合西方标准就是落后的陈旧的，就要批判、攻击，那后果不堪设想！最后要么就是跟在人家后面亦步亦趋，要么就是只有挨骂的份"①。必须看到，在相当长的时期内，资本主义和社会主义两种制度仍将共存、发展并展开激烈的竞争，西方发达资本主义也将会继续凭借其占据的各个领域的优势，不断地向社会主义国家宣扬并渗透资本主义的文化理念和价值观。对此，习近平总书记精辟指出："我们正在进行具有许多新的历史特点的伟大斗争，面临的挑战和困难前所未有。"②

从国内背景看，改革开放和市场经济发展，也带来了文化的多元多样多变，使传统价值观念和社会主义意识形态受到了极其猛烈的冲击。人们对意识形态重要性的态度开始淡化，社会内部出现了严重的思想精神懈怠、信仰价值缺失。此外，传统的意识形态内容在某些方面脱离了我国的基本国情，在宣传手段方式上也因脱离民众日常生活和现代传媒方式以及网络信息化发展的要求，无法引起人们内心深处的共鸣。如果这个问题长期得不到解决，加之国际意识形态斗争的复杂化，一遇风浪，

---

① 《习近平谈治国理政》第 2 卷，外文出版社，2017，第 327 页。
② 《习近平谈治国理政》，外文出版社，2014，第 155 页。

就会出大问题。对此，习近平总书记深刻提醒："国内外各种敌对势力，总是企图让我们党改旗易帜、改名换姓，其要害就是企图让我们丢掉对马克思主义的信仰，丢掉对社会主义、共产主义的信念。而我们有些人甚至党内有的同志却没有看清这里面暗藏的玄机，认为西方'普世价值'经过了几百年，为什么不能认同？西方一些政治话语为什么不能借用？接受了我们也不会有什么大的损失，为什么非要拧着来？有的人奉西方理论、西方话语为金科玉律，不知不觉成了西方资本主义意识形态的吹鼓手。"① 习近平总书记进一步严肃指出："共产党人如果没有信仰、没有理想，或信仰、理想不坚定，精神上就会'缺钙'，就会得'软骨病'，就必然导致政治上变质、经济上贪婪、道德上堕落、生活上腐化。"② 所以，我们决不能够对这些问题漠不关心，麻木不仁，要把做好意识形态工作放在极端重要的地位，要有一种紧迫感和使命感。

（二）理解"意识形态工作是党的一项极端重要的工作"的内涵

对习近平总书记关于意识形态工作是党的一项极端重要的工作的论述，可以从以下几个层面理解。

首先，它揭示了人类社会的历史发展规律，即意识形态具有十分重要的作用。历史告诉我们，人类社会发展从来都是物质文明和精神文明两个轮子协同发展的过程。任何一个国家，任何一个民族，要取得进步，除了要有物质文明之外，还要有精神文明。光有物质文明，这个社会的进步是不完善的。

其次，它阐释了社会主义建设规律。与资本主义相比，社会主义的优越性归根结底体现在两个方面：一是物质方面，也就是经济建设方面要优越，要比资本主义发展快，成效要大；二是在精神文明建设方面，

---

① 《习近平谈治国理政》第 2 卷，外文出版社，2017，第 327 页。
② 《习近平谈治国理政》第 2 卷，外文出版社，2017，第 326 页。

要比资本主义先进，文明程度要高。

再次，它深刻指出了新时代我国社会主义意识形态建设面临各种严峻的挑战，社会主义意识形态无论是在内容上，还是在语言表达与宣传方式上，亟须发展与创新，否则将无法发挥它凝聚民族信念、巩固执政合法性和维护社会稳定的基础性作用。当前，思想文化不断交流交融交锋，观念意识日益多样多元多变，科学技术日新月异，传播手段迅速发展，宣传思想工作的社会条件发生了重大变化。宣传思想工作的有些做法过去有效，现在未必有效；有些过去不合时宜，现在却势在必行；有些过去不可逾越，现在则需要突破。进入新时代，我们必须坚持以立为本、立破并举，不断增强社会主义意识形态的凝聚力和引领力。

最后，它科学指出了实现中华民族伟大复兴的中国梦的发展路径。中华民族要实现自己的伟大复兴的梦想，不光是物质文明程度要很高，要走在世界前列，精神文明程度也要很高，要走在世界前列，要能够贡献给人类新的精神文化产品，包括：新的话语体系，新的价值理念，新的思想理论体系，新的生活方式，等等。没有先进的精神文化，讲中华民族的复兴是不够格的。进入新时代，我们党要团结带领人民实现党的十九大确定的战略目标，夺取中国特色社会主义新胜利，更加需要坚定自信、鼓舞斗志，更加需要同心同德、团结奋斗。我们必须把人民对美好生活的向往作为我们的奋斗目标，既解决实际问题又解决思想问题，更好地强信心、聚民心、暖人心、筑同心。

总之，习近平总书记关于意识形态工作是党的一项极端重要工作的重要论述，是对中国化马克思主义和21世纪马克思主义意识形态理论的重要发展，对新时代党的宣传思想工作实践具有重大的战略指导意义。

二　宣传思想工作的重要遵循

习近平总书记指出，"我们要立足中国，面向现代化、面向世界、面向未来，巩固马克思主义在意识形态领域的指导地位，发展社会主义先进文化，加强社会主义精神文明建设，把社会主义核心价值观融入社会发展各方面，推动中华优秀传统文化创造性转化、创新性发展，不断提高人民思想觉悟、道德水平、文明素养，不断铸就中华文化新辉煌"①。要推动宣传思想工作不断强起来，促进全体人民在理想信念、价值理念、道德观念上紧紧团结在一起，为服务党和国家事业全局做出更大贡献，宣传思想工作必须坚持遵循和牢固把握以下重要方针和根本原则。

（一）坚持宣传思想工作"两个巩固"的根本任务

习近平总书记指出，"宣传思想工作就是要巩固马克思主义在意识形态领域的指导地位，巩固全党全国人民团结奋斗的共同思想基础"②。"两个巩固"是我们党的思想宣传工作的根本任务。

习近平总书记告诫全党，"马克思主义是我们党的指导思想，共产主义是我们党的远大理想。没有马克思主义信仰、共产主义理想，就没有中国共产党，就没有中国特色社会主义。我主持起草党的十八大报告时，专门要求写了这样一段话：'对马克思主义的信仰，对社会主义和共产主义的信念，是共产党人的政治灵魂，是共产党人经受住任何考验的精神支柱'"③。"我们干事业不能忘本忘祖、忘记初心。我们共产党人的本，就是对马克思主义的信仰，对中国特色社会主义和共产主义的信念，对党和人民的忠诚。我们要固的本，就是坚定这份信仰、坚定这份信念、坚定这份忠诚。世界社会主义实践的曲折历程告诉我们，马克思主义政党一旦放弃马克思主义信仰、社会主义和共产主义信念，就会土崩瓦解。"④

各级党校是学习研究、宣传传播和巩固守护马克思主义意识形态的

---

① 《在纪念马克思诞辰 200 周年大会上的讲话》，人民出版社，2018，第 19～20 页。
② 《习近平谈治国理政》，外文出版社，2014，第 153 页。
③ 《习近平谈治国理政》第 2 卷，外文出版社，2017，第 326 页。
④ 《习近平谈治国理政》第 2 卷，外文出版社，2017，第 326 页。

主阵地。习近平总书记在全国党校工作会议上提出了巩固马克思主义意识形态地位的重要原则。"在举什么旗、走什么路的问题上，全党一定要保持清醒头脑。'凡观物有疑，中心不定，则外物不清；吾虑不清，则未可定然否也'。"① 他指出党校要旗帜鲜明、大张旗鼓地讲马克思主义、讲中国特色社会主义、讲共产主义，旗帜鲜明、大张旗鼓地讲党的性质、讲党的宗旨、讲党的传统、讲党的作风。中央批准中共中央党校成立马克思主义学院，就是坚持党校姓"马"姓"共"之举。习近平总书记十分严肃地指出，"党校不是世外桃源，党校学员来自四面八方，听到的、看到的问题很多，意识形态领域的许多重大问题都会在党校汇聚。这就给党校提出了加强思想理论研究的重要任务。党校要加强对各种社会思潮的辨析和引导，不当旁观者，敢于发声亮剑，善于解疑释惑，守护这一马克思主义、中国特色社会主义的坚强前沿阵地"②。

巩固马克思主义在我国意识形态领域指导地位的主体都是人，尤其是党员、领导干部。对此，习近平总书记指出，"党员、干部要坚定马克思主义、共产主义信仰，脚踏实地为实现党在现阶段的基本纲领而不懈努力，扎扎实实做好每一项工作，取得'接力赛'中我们这一棒的优异成绩"③。习近平总书记要求领导干部特别是高级干部要把系统掌握马克思主义基本理论作为看家本领，老老实实、原原本本地学习马克思列宁主义、毛泽东思想、邓小平理论、"三个代表"重要思想、科学发展观以及新时代中国特色社会主义思想。"党校、干部学院、社会科学院、高校、理论学习中心组等都要把马克思主义作为必修课，成为马克思主义学习、研究、宣传的重要阵地。新干部、年轻干部尤其要抓好理论学习，通过坚持不懈学习，学会运用马克思主义立场、观点、方法观察和解决

---

① 《习近平谈治国理政》第 2 卷，外文出版社，2017，第 326 页。
② 《习近平谈治国理政》第 2 卷，外文出版社，2017，第 327 页。
③ 《习近平谈治国理政》，外文出版社，2014，第 153 页。

问题，坚定理想信念"①。习近平总书记又指出，"要深入开展中国特色社会主义宣传教育，把全国各族人民团结和凝聚在中国特色社会主义伟大旗帜之下。要加强社会主义核心价值体系建设，积极培育和践行社会主义核心价值观，全面提高公民道德素质，培育知荣辱、讲正气、作奉献、促和谐的良好风尚"②。总之，"两个巩固"是新时代党的宣传思想工作的根本任务。

（二）坚持团结稳定鼓劲、正面宣传为主的重要方针

巩固马克思主义在我国意识形态领域的指导地位，宣传思想工作要坚持正确的方针。习近平总书记指出，"坚持团结稳定鼓劲、正面宣传为主，是宣传思想工作必须遵循的重要方针。我们正在进行具有许多新的历史特点的伟大斗争，面临的挑战和困难前所未有，必须坚持巩固壮大主流思想舆论，弘扬主旋律，传播正能量，激发全社会团结奋进的强大力量。关键是要提高质量和水平，把握好时、度、效，增强吸引力和感染力，让群众爱听爱看、产生共鸣，充分发挥正面宣传鼓舞人、激励人的作用"③。

习近平总书记强调，"宣传思想工作一定要把围绕中心、服务大局作为基本职责，胸怀大局、把握大势、着眼大事，找准工作切入点和着力点，做到因势而谋、应势而动、顺势而为"④。这段重要论述中的"大局""大势""大事"，及"因势""应势""顺势"中的"势"，实际上指的是国内外大局，这是我们做好宣传思想工作的基本着眼点。党的十八大报告指出，要准确判断和把握我们所面临重要战略机遇期的内涵和条件的变化。党的十九大报告又指出，中国特色社会主义进入新时代，

---

① 《习近平谈治国理政》，外文出版社，2014，第154页。
② 《习近平谈治国理政》，外文出版社，2014，第154页。
③ 《习近平谈治国理政》，外文出版社，2014，第155页。
④ 《习近平谈治国理政》，外文出版社，2014，第153页。

"这个新时代，是承前启后、继往开来、在新的历史条件下继续夺取中国特色社会主义伟大胜利的时代，是决胜全面建成小康社会、进而全面建设社会主义现代化强国的时代，是全国各族人民团结奋斗、不断创造美好生活、逐步实现全体人民共同富裕的时代，是全体中华儿女勠力同心、奋力实现中华民族伟大复兴中国梦的时代，是我国日益走近世界舞台中央、不断为人类作出更大贡献的时代"①。只有从"新时代"国内外大局出发，我们的宣传思想工作才能具备针对性、有效性和持续性。正如习近平总书记所指出的，"在全面对外开放的条件下做宣传思想工作，一项重要任务是引导人们更加全面客观地认识当代中国、看待外部世界"②。

　　进入新时代，宣传思想工作要理直气壮地宣传中国特色和中国道路。习近平总书记提出了要把握四个"讲清楚"和三个"独特"。"宣传阐释中国特色，要讲清楚每个国家和民族的历史传统、文化积淀、基本国情不同，其发展道路必然有着自己的特色；讲清楚中华文化积淀着中华民族最深沉的精神追求，是中华民族生生不息、发展壮大的丰厚滋养；讲清楚中华优秀传统文化是中华民族的突出优势，是我们最深厚的文化软实力；讲清楚中国特色社会主义植根于中华文化沃土、反映中国人民意愿、适应中国和时代发展进步要求，有着深厚历史渊源和广泛现实基础。中华民族创造了源远流长的中华文化，中华民族也一定能够创造出中华文化新的辉煌。独特的文化传统，独特的历史命运，独特的基本国情，注定了我们必然要走适合自己特点的发展道路。对我国传统文化，对国外的东西，要坚持古为今用、洋为中用，去粗取精、去伪存真，经过科学的扬弃后使之为我所用。"③习近平总书记进一步指出，"'明者因时而变，知者随世而制。'宣传思想工作创新，重点要抓好理念创新、手段创

---

① 《决胜全面建成小康社会　夺取新时代中国特色社会主义伟大胜利——在中国共产党第十九次全国代表大会上的报告》，人民出版社，2017，第10～11页。
② 《习近平谈治国理政》，外文出版社，2014，第155页。
③ 《习近平谈治国理政》，外文出版社，2014，第155～156页。

新、基层工作创新，努力以思想认识新飞跃打开工作新局面，积极探索有利于破解工作难题的新举措新办法，把创新的重心放在基层一线"①。新时代我们坚持团结稳定鼓劲、以正面宣传为主的重要方针，必须做到既积极主动阐释好中国道路、中国特色，又有效维护我国政治安全和文化安全。

（三）坚持党性与人民性有机统一的重要原则

正确处理党性和人民性关系是意识形态领域关乎舆论导向的重大问题，只有处理好二者关系，宣传思想工作者才能明确方向、站稳立场。习近平总书记从坚持马克思主义立场、观点和方法的角度对党性与人民性关系问题做了全面和辩证的论述。他全面阐述了坚持党性和人民性相统一的内涵。习近平强调，"党性和人民性从来都是一致的、统一的。坚持党性，核心就是坚持正确政治方向，站稳政治立场，坚定宣传党的理论和路线方针政策，坚定宣传中央重大工作部署，坚定宣传中央关于形势的重大分析判断，坚决同党中央保持高度一致，坚决维护中央权威。所有宣传思想部门和单位，所有宣传思想战线上的党员、干部都要旗帜鲜明坚持党性原则。坚持人民性，就是要把实现好、维护好、发展好最广大人民根本利益作为出发点和落脚点，坚持以民为本、以人为本。要树立以人民为中心的工作导向，把服务群众同教育引导群众结合起来，把满足需求同提高素养结合起来，多宣传报道人民群众的伟大奋斗和火热生活，多宣传报道人民群众中涌现出来的先进典型和感人事迹，丰富人民精神世界，增强人民精神力量，满足人民精神需求"②。总体上说，我们党的指导思想的本质以及党的性质和宗旨，正是党性和人民性的有机统一。从党的历史发展过程看，把党性和人民性有机统一得越好，党

---

① 《习近平谈治国理政》，外文出版社，2014，第155页。
② 《习近平谈治国理政》，外文出版社，2014，第154页。

的事业发展就越顺利，人民群众对党的拥护爱戴就越深；党性和人民性不能有机统一，党的事业就将面临脱离人民群众的危险而前进受阻。因此，新时代做好宣传思想工作，应该自觉地把党性和人民性有机统一起来，做到实现党的主张与人民意愿的有机结合，做到让党放心、让人民满意。

进入新时代，以习近平同志为核心的党中央不断深化对宣传思想工作的规律性认识，提出了一系列新思想、新观点、新论断，"这就是坚持党对意识形态工作的领导权，坚持思想工作'两个巩固'的根本任务，坚持用新时代中国特色社会主义思想武装全党、教育人民，坚持培育和践行社会主义核心价值观，坚持文化自信是更基础、更广泛、更深厚的自信，是更基本、更深沉、更持久的力量，坚持提高新闻舆论传播力、引导力、影响力、公信力，坚持以人民为中心的创作导向，坚持营造风清气正的网络空间，坚持讲好中国故事、传播好中国声音"①。这些重要内容，是做好宣传思想工作的重要遵循。

三　加强党对意识形态工作的全面领导

习近平总书记在党的十九大报告中指出，"必须推进马克思主义中国化时代化大众化，建设具有强大凝聚力和引领力的社会主义意识形态，使全体人民在理想信念、价值理念、道德观念上紧紧团结在一起"②。2018 年 8 月，习近平总书记在全国宣传思想工作会议上指出，要加强党对宣传思想工作的全面领导，旗帜鲜明坚持党管宣传、党管意识形态。习近平总书记强调，"完成新形势下宣传思想工作的使命任务，必须以新时代中国

---

① 习近平：《在全国宣传思考工作会议上的讲话》，《人民日报》2018 年 8 月 23 日，第 1 版。
② 《决胜全面建成小康社会　夺取新时代中国特色社会主义伟大胜利——在中国共产党第十九次全国代表大会上的报告》，人民出版社，2017，第 41 页。

特色社会主义思想和党的十九大精神为指导，增强'四个意识'、坚定'四个自信'，自觉承担起举旗帜、聚民心、育新人、兴文化、展形象的使命任务，坚持正确政治方向，在基础性、战略性工作上下功夫，在关键处、要害处下功夫，在工作质量和水平上下功夫，推动宣传思想工作不断强起来，促进全体人民在理想信念、价值理念、道德观念上紧紧团结在一起，为服务党和国家事业全局作出更大贡献"①。新时代，加强党对意识形态工作的领导，重点要做好以下工作。

（一）增强主动性，掌握主动权，打好主动仗

在意识形态工作中增强主动性，掌握主动权，打好主动仗，是做好意识形态工作的一个极其重要的问题。有了主动权，才能有做工作的自由权，才能做到高屋建瓴、势如破竹，更好地服务于坚持和发展中国特色社会主义的大局。党的十八大以来，习近平总书记就做好意识形态工作发表了许多重要的新思想、新观点、新论断。他指出，"在事关大是大非和政治原则问题上，必须增强主动性、掌握主动权、打好主动仗，帮助干部群众划清是非界限、澄清模糊认识"②。增强主动性、掌握主动权、打好主动仗，是习近平总书记对做好意识形态工作提出的重要原则和突出要求。

掌握意识形态工作的主动权，就是要主动地、紧紧地把握意识形态工作的领导权、管理权和话语权，其核心是思想领导。意识形态工作不能仅仅满足于形式上的"规范"及"管住"，而是必须从主动做细致的思想工作入手取得实效，巩固、扩大思想舆论阵地。当今时代，社会思想观念和价值取向日趋活跃，主流的和非主流的同时并存，先进的和落后的相互交织，社会思潮纷纭激荡。习近平总书记深刻分析，"思想舆论

---

① 习近平：《在全国宣传思考工作会议上的讲话》，《人民日报》2018年8月23日，第1版。
② 《习近平谈治国理政》，外文出版社，2014，第155页。

领域大致有红色、黑色、灰色三个地带。红色地带是我们的主阵地，一定要守住；黑色地带主要是负面的东西，要敢于亮剑，大大压缩其地盘；灰色地带要大张旗鼓争取，使其转化为红色地带"①。为实现这一目的，一方面要强化和落实领导责任，不能专事表面功夫，条块分割、各管一段，做隔靴搔痒式的管理。要真正参与进去、深入进去，主动设置议题，引导舆论，同时重视苗头性、倾向性问题，打好主动仗，防患于未然；另一方面要把握意识形态工作规律，成为"有几把刷子""让人信服的行家里手"，"一个道理能深入浅出阐释清楚，走到哪里能很快同群众打成一片，讲的话群众喜欢听，写的文章群众喜欢看"，② 这样才能得心应手，巩固扩大红色地带，影响转化灰色地带，最大程度挤压黑色地带。

打好意识形态的主动仗，就是要紧紧把握网络宣传思想主阵地，巩固网络主流意识形态，打赢网络舆论宣传战。当前西方一些思潮如新自由主义、历史虚无主义和民主社会主义等通过网络等渠道长驱直入，并同国内一些错误思潮合流，形成对我国主流意识形态主导性的强烈冲击。对此，全党必须保持清醒头脑，决不能掉以轻心。习近平总书记指出，互联网上的舆论斗争应当引起充分重视，在互联网这个战场上，我们能否顶得住、打得赢，直接关系我国意识形态安全和政权安全。为巩固马克思主义在我国意识形态领域的指导地位，我们应把网上舆论工作作为宣传思想工作的重中之重来抓。"我说过，互联网是当前宣传思想工作的主阵地。这个阵地我们不去占领，人家就会去占领；这部分人我们不去团结，人家就会去拉拢。要把这些人中的代表性人士纳入统战工作视野，建立经常性联系渠道，加强线上互动、线下沟通，引导其政治观点，增进其政治认同。"③

---

① 《习近平谈治国理政》第 2 卷，外文出版社，2017，第 328 页。
② 中共中央文献研究室《中国特色社会主义文化发展道路》课题组：《振奋起全民族的"精气神"——十八大以来中央关于思想文化建设的新思想》，《党的文献》2015 年第 4 期。
③ 《习近平谈治国理政》第 2 卷，外文出版社，2017，第 325 页。

增强意识形态工作的主动性，就是要善于"讲故事"，主动建立并完善对外传播话语体系。快速发展的中国令世界瞩目，对外宣传在意识形态工作中的重要性日益凸显。进入新时代，"中国模式""中国奇迹"成为各国学者研究讨论的热点，但研究、讨论的话语权和主动权并不在我们手中，目前中国学界流行的概念、理论，有很大一部分来自西方，原创的核心概念不多，中国的国际形象还是以"他塑"为主。因此，习近平总书记提出，要进一步增强对外宣传中的意识形态工作的主动性，要通过不断创新逐步打造一系列新概念、新范畴、新表述，形成有中国特色、中国风格、中国气派的对外宣传话语体系，以"讲故事"的方式，向世界阐释好中国经验、中国道路、中国理论。"着力提出能够体现中国立场、中国智慧、中国价值的理念、主张、方案。……还要让世界知道'学术中的中国'、'理论中的中国'、'哲学社会科学中的中国'，让世界知道'发展中的中国'、'开放中的中国'、'为人类文明作贡献的中国'。"①"居高声自远"，把握战略主动，占领意识形态领域制高点，这是坚定道路自信、理论自信、制度自信、文化自信，不断把中国特色社会主义伟大事业推向前进的重要保证。

（二）激发社会主义意识形态的强大凝聚力和引领力

进入新时代，以习近平同志为核心的党中央全面加强对意识形态工作的领导，坚持把思想上团结统一作为社会主义意识形态建设的目标，巩固了全党全国各族人民团结奋斗的共同思想基础，在理想信念、价值理念、道德观念上紧紧团结在一起，在中华民族共同体意识上"像石榴籽一样紧紧抱在一起"，宣传思想工作取得重大成绩。2018年8月，习近平总书记就新形势下做好宣传思想工作，提出要建设具有强大凝聚力和引领力的社会主义意识形态，这对于守住意识形态领域的良好态势，巩

---

① 《习近平谈治国理政》第2卷，外文出版社，2017，第340页。

固拓展意识形态阵地，更好地服务党和国家中心工作，更好地统一思想、凝魂聚力，极具重大战略意义。

意识形态的作用力可以体现为意识形态的凝聚力和引领力。二者既有区别又有联系，凝聚力是基础，引领力是关键。打铁还须自身硬，面对当今时代各种社会思想观念和价值取向同时并存、相互交织、日趋活跃、纷纭激荡的情况，社会主义意识形态必须具有强大凝聚力，真正发挥凝心聚魂作用。同时，社会主义意识形态作为主流意识形态，在与各种非主流意识形态乃至世界范围思想文化交流交融交锋中，必须占据主导地位、发挥引领作用。

意识形态的凝聚力和引领力可以体现在人们的理想信念、价值理念、道德观念上。

一是要着力于坚定中国特色社会主义共同理想、实现中华民族伟大复兴的中国梦、胸怀共产主义远大理想的理想信念，画出最大的同心圆。习近平总书记指出，"一个国家、一个民族，要同心同德迈向前进，必须有共同的理想信念作支撑"①。理想信念动摇是最危险的动摇，理想信念滑坡是最危险的滑坡。必须把理想信念教育作为思想建设的战略任务，保持全党在理想追求上的政治定力。理想信念教育不仅要在党员干部中开展，而且要面向全社会开展。因为人民有信仰，民族才有希望，国家才有力量。要通过教育，让理想信念的明灯永远在全国各族人民心中闪亮。二是着力于坚信中国特色社会主义核心价值观的价值理念，并使之一以贯之。习近平总书记早在2014年2月就提出要加快构建充分反映中国特色、民族特色、时代特征的价值体系，努力抢占价值体系的制高点。核心价值观作为文化软实力的灵魂、文化软实力建设的重点，是一个国家的重要稳定器。习近平总书记指出，"历史和现实都表明，构建具有强

---

① 《习近平谈治国理政》第2卷，外文出版社，2017，第323页。

大感召力的核心价值观，关系社会和谐稳定，关系国家长治久安"①。我们要持续加强社会主义核心价值体系建设，推动社会主义核心价值理念融入社会生活，让人民在实践中感知它、领悟它，达到百姓日用而不觉的程度。三是要着力于坚守中国特色社会主义的道德观念，并使之内化于心、外化于行。国无德不兴，人无德不立。习近平总书记指出，"坚持马克思主义道德观、坚持社会主义道德观，在去粗取精、去伪存真的基础上，坚持古为今用、推陈出新，努力实现中华传统美德的创造性转化、创新性发展，引导人们向往和追求讲道德、尊道德、守道德的生活，让13亿人的每一分子都成为传播中华美德、中华文化的主体"②。这就需要加强社会主义道德建设，把社会主义道德观念和道德规范贯穿于社会生活方方面面，引导人们明大德、守公德、严私德，使社会主义道德内化为人民的精神追求，外化为人民的自觉行动。

那么，如何在社会主义意识形态建设中突出凝聚力和引领力要求呢？一是要坚持以人民为中心的发展思想。这是因为人民是历史的创造者，是决定党和国家前途命运的根本力量。这是我们党的根本政治立场和价值取向。习近平总书记指出，"以人民为中心的发展思想，不是一个抽象的、玄奥的概念，不能只停留在口头上、止步于思想环节，而要体现在经济社会发展各个环节"③。习近平总书记明确要求，"全党同志要把人民放在心中最高位置，坚持全心全意为人民服务的根本宗旨，实现好、维护好、发展好最广大人民根本利益，把人民拥护不拥护、赞成不赞成、高兴不高兴、答应不答应作为衡量一切工作得失的根本标准，使我们党始终拥有不竭的力量源泉"④。因此在社会主义意识形态建设过程中，要牢固树立以人民为中心的工作导向，以民为本，服务群众，夯实社会主

① 《习近平谈治国理政》，外文出版社，2014，第163页。
② 《习近平谈治国理政》，外文出版社，2014，第160~161页。
③ 《十八大以来重要文献选编》（下），中央文献出版社，2018，第168页。
④ 《习近平谈治国理政》第2卷，外文出版社，2017，第40页。

义意识形态建设的阶级基础和群众基础。二是要坚持以马克思主义为指导，充分体现社会主义意识形态的时代性和主导性。习近平总书记指出，"马克思主义及其在中国的发展，为党和人民事业发展提供了既一脉相承又与时俱进的科学理论指导，为增进全党全国各族人民团结统一提供了坚实思想基础"①。坚持和巩固马克思主义在意识形态领域的指导地位，必须推进马克思主义中国化、时代化、大众化，用马克思主义中国化最新成果指导社会主义意识形态工作。当前，最重要的就是用习近平新时代中国特色社会主义思想武装全党、教育人民、指导工作，并把这一指导思想贯穿于意识形态建设全过程、渗透于意识形态工作各个方面。这是增强社会主义意识形态凝聚力、引领力的根本所在。三是要坚持以中华文化为支撑，充分体现社会主义意识形态的民族性和亲和性。文化是一个国家和民族的灵魂。习近平总书记指出，"中华民族生生不息绵延发展、饱受挫折又不断浴火重生，都离不开中华文化的有力支撑"②。"中华文化既坚守本根又不断与时俱进，使中华民族保持了坚定的民族自信和强大的修复能力，培育了共同的情感和价值、共同的理想和精神。"③ 当前，社会主义意识形态建设的重要任务，就是在习近平新时代中国特色社会主义思想指导下，发展中国特色社会主义文化，因为中国特色社会主义文化"积淀着中华民族最深层的精神追求，代表着中华民族独特的精神标识"④，是中国人民胜利前进的强大精神力量。只有这样，才能使社会主义意识形态建立在民族认同的基础之上，增添中国人民和中华民族内心深处的自信和自豪。四是要坚持以对外话语体系为依托，充分体现社会主义意识形态的国际性和认同性。随着中国综合国力和国际地位

---

① 《十八大以来重要文献选编》（下），中央文献出版社，2018，第 346 页。
② 习近平：《在中国文联十大、中国作协九大开幕式上的讲话》，《人民日报》2016 年 12 月 1 日，第 2 版。
③ 《十八大以来重要文献选编》（中），中央文献出版社，2016，第 121 页。
④ 《十八大以来重要文献选编》（下），中央文献出版社，2018，第 349 页。

不断提升，国际社会对中国的关注前所未有。但中国在世界上的形象在很大程度上仍是"他塑"的，而非"自塑"的，我们在国际上有时还处于有理说不出、说了传不开的境地。国际话语权是国家软实力的重要组成部分。习近平总书记强调，争夺国际话语权是我们必须解决好的一个重大问题，"精心构建对外话语体系，发挥好新兴媒体作用，增强对外话语的创造力、感召力、公信力，讲好中国故事，传播好中国声音，阐释好中国特色"①。既要"让马克思讲中国话"，又能变中国话为世界语，增强在国际上的话语权。这就需要加强国际传播能力建设，着力打造融通中外的新概念、新范畴、新表述，让中国故事成为国际舆论关注的话题，让中国声音赢得国际社会的理解和认同。

新形势下坚持和加强党对意识形态工作的全面领导，就必须自觉承担起举旗帜、聚民心、育新人、兴文化、展形象的宣传思想工作的使命任务。习近平总书记指出，"举旗帜，就是要高举马克思主义、中国特色社会主义的旗帜，坚持不懈用新时代中国特色社会主义思想武装全党、教育人民、推动工作，在学懂弄通做实上下功夫，推动当代中国马克思主义、21世纪马克思主义深入人心、落地生根。聚民心，就是要牢牢把握正确舆论导向，唱响主旋律，壮大正能量，做大做强主流思想舆论，把全党全国人民士气鼓舞起来、精神振奋起来，朝着党中央确定的宏伟目标团结一心向前进。育新人，就是要坚持立德树人、以文化人，建设社会主义精神文明、培育和践行社会主义核心价值观，提高人民的思想觉悟、道德水准、文明素养，培养能够担当民族复兴大任的时代新人。兴文化，就是要坚持中国特色社会主义文化发展道路，推动中华优秀传统文化创造性转化、创新性发展，继承革命文化，发展社会主义先进文化，激发全民族文化创新创造活力，建设社会主义文化强国。展形象，就是要推进国际传播能力建设，讲好中国故事、传播好中国声音，向世

---

① 《习近平谈治国理政》，外文出版社，2014，第162页。

界展现真实、立体、全面的中国，提高国家文化软实力和中华文化影响力"①。正是要通过举旗帜、聚民心、育新人、兴文化、展形象，实现社会主义意识形态在理想信念、价值理念、道德观念上团结统一全体人民的建设目标，从而发挥我国社会主义意识形态强大的凝聚力和引领力的作用。

四　做好新时代高校思想政治工作

习近平总书记指出，"思想政治工作从根本上说是做人的工作，必须围绕学生、关照学生、服务学生，不断提高学生思想水平、政治觉悟、道德品质、文化素养，让学生成为德才兼备、全面发展的人才"②。"国势之强由于人，人材之成出于学。"培养社会主义建设者和接班人，是我们党的教育方针，是我国各级各类学校的共同使命。大学对青年成长成才发挥着重要作用。中国特色社会主义进入新时代，新时代大学需要培育时代新人。"高校只有抓住培养社会主义建设者和接班人这个根本，才能办好、才能办出中国特色世界一流大学。"③习近平总书记强调，"宣传思想工作是做人的工作的，要把培养担当民族复兴大任的时代新人作为重要职责。重中之重是要以坚定的理想信念筑牢精神之基，坚定对马克思主义的信仰，对社会主义和共产主义的信念，对中国特色社会主义道路、理论、制度、文化的自信"④。进入新时代，习近平高度重视高校思想政治工作，就做好新时代高校思想政治工作、培育时代新人提出了一系列重要的新论述。

---

① 习近平：《在全国宣传思考工作会议上的讲话》，《人民日报》2018 年 8 月 23 日，第 1 版。
② 《习近平谈治国理政》第 2 卷，外文出版社，2017，第 377 页。
③ 习近平：《在北京大学师生座谈会上的讲话》，《人民日报》2018 年 5 月 3 日，第 2 版。
④ 张洋：《举旗帜聚民心育新人兴文化展形象　更好完成新形势下宣传思想工作使命任务》，《人民日报》2018 年 8 月 23 日，第 1 版。

（一）扎根中国大地办大学

习近平总书记指出："党中央作出了建设世界一流大学的战略决策，我们要朝着这个目标坚定不移前进。办好中国的世界一流大学，必须有中国特色。没有特色，跟在他人后面亦步亦趋，依样画葫芦，是不可能办成功的。这里可以套用一句话，越是民族的越是世界的。世界上不会有第二个哈佛、牛津、斯坦福、麻省理工、剑桥，但会有第一个北大、清华、浙大、复旦、南大等中国著名学府。我们要认真吸收世界上先进的办学治学经验，更要遵循教育规律，扎根中国大地办大学。"①

中国有自己独特的历史、独特的文化、独特的国情，决定了中国必须走自己的高等教育发展道路，扎实办好中国特色社会主义高校。习近平总书记指出，"我国高等教育发展方向要同我国发展的现实目标和未来方向紧密联系在一起，为人民服务，为中国共产党治国理政服务，为巩固和发展中国特色社会主义制度服务，为改革开放和社会主义现代化建设服务"②。扎根中国大地，办好、办出中国特色社会主义一流大学，要做好以下三项基础工作。

1. 坚持办学正确政治方向

《礼记·大学》说："大学之道，在明明德，在亲民，在止于至善。"古今中外，关于教育和办学，思想流派繁多，理论观点各异，但在教育必须培养社会发展所需要的人这一点上是有共识的。习近平总书记指出，"培养社会发展所需要的人，说具体了，就是培养社会发展、知识积累、文化传承、国家存续、制度运行所要求的人。所以，古今中外，每个国家都是按照自己的政治要求来培养人的，世界一流大学都是在服务自己国家发展中成长起来的。我国社会主义教育就是要培养社会主义建设者

---

① 《习近平谈治国理政》，外文出版社，2014，第174页。
② 《习近平谈治国理政》第2卷，外文出版社，2017，第376~377页。

和接班人"①。2014 年 12 月，习近平总书记在第二十三次全国高等学校党的建设工作会议上指出，高校肩负着学习研究宣传马克思主义、培养中国特色社会主义事业建设者和接班人的重大任务。加强党对高校的领导，加强和改进高校党的建设，是办好中国特色社会主义大学的根本保证。②

习近平总书记强调，我们的高校是党领导下的高校，是中国特色社会主义高校。办好我们的高校，必须坚持以马克思主义为指导，全面贯彻党的教育方针。坚持办学正确政治方向，要做到四个"坚持不懈"："要坚持不懈传播马克思主义科学理论，抓好马克思主义理论教育，为学生一生成长奠定科学的思想基础。要坚持不懈培育和弘扬社会主义核心价值观，引导广大师生做社会主义核心价值观的坚定信仰者、积极传播者、模范践行者。要坚持不懈促进高校和谐稳定，培育理性平和的健康心态，加强人文关怀和心理疏导，把高校建设成为安定团结的模范之地。要坚持不懈培育优良校风和学风，使高校发展做到治理有方、管理到位、风清气正。"③

马克思主义作为我们立党立国的根本指导思想，也是中国大学最鲜亮的底色。习近平总书记指出，"今年是马克思诞辰 200 周年，在世界人民心目中马克思至今依然是最伟大的思想家"。"要抓好马克思主义理论教育，深化学生对马克思主义历史必然性和科学真理性、理论意义和现实意义的认识，教育他们学会运用马克思主义立场观点方法观察世界、分析世界，真正搞懂面临的时代课题，深刻把握世界发展走向，认清中国和世界发展大势，让学生深刻感悟马克思主义真理力量，为学生成长成才打下科学思想基础。要坚持不懈培育和弘扬社会主义核心价值观，引导广大师生做社会主义核心价值观的坚定信仰者、积极传播者、模范

---

①　习近平：《在北京大学师生座谈会上的讲话》，《人民日报》2018 年 5 月 3 日，第 2 版。

②　《习近平就高校党建工作作重要指示》，《人民日报》（海外版）2014 年 12 月 30 日，第 1 版。

③　《习近平谈治国理政》第 2 卷，外文出版社，2017，第 377 页。

践行者。要把中国特色社会主义道路自信、理论自信、制度自信、文化自信转化为办好中国特色世界一流大学的自信。只要我们在培养社会主义建设者和接班人上有作为、有成效，我们的大学就能在世界上有地位、有话语权。"①

2. 建设高素质教师队伍

人才培养，关键在教师。教师队伍素质直接决定着大学办学能力和水平。习近平总书记强调，"建设社会主义现代化强国，需要一大批各方面各领域的优秀人才。这对我们教师队伍能力和水平提出了新的更高的要求。同样，随着信息化不断发展，知识获取方式和传授方式、教和学关系都发生了革命性变化。这也对教师队伍能力和水平提出了新的更高的要求"②。

建设政治素质过硬、业务能力精湛、育人水平高超的高素质教师队伍是大学建设的基础性工作。要从培养社会主义建设者和接班人的高度，考虑大学师资队伍的素质要求、人员构成、培训体系等。习近平总书记特别强调高素质教师队伍是由一个一个好老师组成的，也是由一个一个好老师带出来的。他在 2014 年教师节同北京师范大学的师生代表座谈时就"如何做一名好老师"提出了四点要求，即"要有理想信念、有道德情操、有扎实学识、有仁爱之心"③。

古人说："师者，人之模范也。"在学生眼里，老师"吐辞为经、举足为法"，一言一行都给学生以极大影响。教师承担着最庄严、最神圣的使命。梅贻琦先生说："所谓大学者，非谓有大楼之谓也，有大师之谓也。"习近平总书记强调，"我体会，这样的大师，既是学问之师，又是品行之师。教师要时刻铭记教书育人的使命，甘当人梯，甘当铺路石，以人格魅力引导学生心灵，以学术造诣开启学生的智慧之门。"④ 评价教

---

① 习近平：《在北京大学师生座谈会上的讲话》，《人民日报》2018 年 5 月 3 日，第 2 版。
② 习近平：《在北京大学师生座谈会上的讲话》，《人民日报》2018 年 5 月 3 日，第 2 版。
③ 习近平：《在北京大学师生座谈会上的讲话》，《人民日报》2018 年 5 月 3 日，第 2 版。
④ 《习近平谈治国理政》，外文出版社，2014，第 175 页。

师队伍素质的第一标准是师德师风。师德师风建设应该是每一所学校常抓不懈的工作，既要有严格制度规定，也要有日常教育督导。习近平总书记指出，"我们的教师队伍师德师风总体是好的，绝大多数老师都敬重学问、关爱学生、严于律己、为人师表，受到学生尊敬和爱戴。同时，也要看到教师队伍中存在的一些问题。对出现的问题，我们要高度重视，认真解决。要引导教师把教书育人和自我修养结合起来，做到以德立身、以德立学、以德施教"①。

3. 形成高水平人才培养体系

"凿井者，起于三寸之坎，以就万仞之深。"社会主义建设者和接班人既要有高尚品德，又要有真才实学。学生在大学里学什么、能学到什么、学得怎么样，同大学人才培养体系密切相关。习近平总书记指出，"目前，我国大学硬件条件都有很大改善，有的学校的硬件同世界一流大学比没有太大差别了，关键是要形成更高水平的人才培养体系。人才培养体系必须立足于培养什么人、怎样培养人这个根本问题来建设，可以借鉴国外有益做法，但必须扎根中国大地办大学"②。

人才培养体系涉及学科体系、教学体系、教材体系、管理体系等，而贯通其中的是思想政治工作体系。习近平总书记强调，"加强党的领导和党的建设，加强思想政治工作体系建设，是形成高水平人才培养体系的重要内容。要坚持党对高校的领导，坚持社会主义办学方向，把我们的特色和优势有效转化为培养社会主义建设者和接班人的能力"③。当今世界，科学技术迅猛发展。习近平总书记指出，"大学要瞄准世界科技前沿，加强对关键共性技术、前沿引领技术、现代工程技术、颠覆性技术的攻关创新。要下大气力组建交叉学科群和强有力的科技攻关团队，加

---

① 习近平：《在北京大学师生座谈会上的讲话》，《人民日报》2018年5月3日，第2版。
② 习近平：《在北京大学师生座谈会上的讲话》，《人民日报》2018年5月3日，第2版。
③ 习近平：《在北京大学师生座谈会上的讲话》，《人民日报》2018年5月3日，第2版。

强学科之间协同创新，加强对原创性、系统性、引领性研究的支持。要培养造就一大批具有国际水平的战略科技人才、科技领军人才、青年科技人才和高水平创新团队，力争实现前瞻性基础研究、引领性原创成果的重大突破"①。

总之，扎根中国大地，办好、办出中国特色社会主义一流大学，必须把坚持办学的正确政治方向、建设高素质教师队伍、形成高水平人才培养体系作为基础性工作抓好做实。

（二）坚持把立德树人作为中心环节

"才者，德之资也；德者，才之帅也。"习近平总书记指出，"人才培养一定是育人和育才相统一的过程，而育人是本。人无德不立，育人的根本在于立德。这是人才培养的辩证法。办学就要尊重这个规律，否则就办不好学"②。"办好中国特色社会主义大学，要坚持立德树人，把培育和践行社会主义核心价值观融入教书育人全过程。"③ 习近平总书记进一步强调，"要把立德树人的成效作为检验学校一切工作的根本标准，真正做到以文化人、以德育人，不断提高学生思想水平、政治觉悟、道德品质、文化素养，做到明大德、守公德、严私德。要把立德树人内化到大学建设和管理各领域、各方面、各环节，做到以树人为核心，以立德为根本"④。

1. 要坚守中国特色社会主义核心价值观

人类社会发展历史表明，对一个民族、一个国家来说，最持久、最深层的力量是全社会共同认可的核心价值观。核心价值观，承载着一个民族、一个国家的精神追求，体现着一个社会评判是非曲直的价值标准。古人说："大学之道，在明明德，在亲民，在止于至善。"习近平总书记指出，核心

---

① 习近平：《在北京大学师生座谈会上的讲话》，《人民日报》2018 年 5 月 3 日，第 2 版。
② 习近平：《在北京大学师生座谈会上的讲话》，《人民日报》2018 年 5 月 3 日，第 2 版。
③ 《习近平就高校党建工作作重要指示》，《人民日报》（海外版）2014 年 12 月 30 日，第 1 版。
④ 习近平：《在北京大学师生座谈会上的讲话》，《人民日报》2018 年 5 月 3 日，第 2 版。

价值观，其实就是一种德，既是个人的德，也是一种大德，就是国家的德、社会的德。"国无德不兴，人无德不立。如果一个民族、一个国家没有共同的核心价值观，莫衷一是，行无依归，那这个民族、这个国家就无法前进。这样的情形，在我国历史上，在当今世界上，都屡见不鲜。"①

习近平总书记指出，"在当代中国，我们的民族、我们的国家应该坚守什么样的核心价值观？这个问题，是一个理论问题，也是一个实践问题。经过反复征求意见，综合各方面认识，我们提出要倡导富强、民主、文明、和谐，倡导自由、平等、公正、法治，倡导爱国、敬业、诚信、友善，积极培育和践行社会主义核心价值观。富强、民主、文明、和谐是国家层面的价值要求，自由、平等、公正、法治是社会层面的价值要求，爱国、敬业、诚信、友善是公民层面的价值要求。这个概括，实际上回答了我们要建设什么样的国家、建设什么样的社会、培育什么样的公民的重大问题"②。中国古代历来讲格物致知、诚意正心、修身齐家、治国平天下。从某种角度看，格物致知、诚意正心、修身是个人层面的要求，齐家是社会层面的要求，治国平天下是国家层面的要求。社会主义核心价值观，把涉及国家、社会、公民的价值要求融为一体，既体现了社会主义本质要求，继承了中华优秀传统文化，也吸收了世界文明有益成果，体现了时代精神。

习近平总书记强调，"我们生而为中国人，最根本的是我们有中国人的独特精神世界，有百姓日用而不觉的价值观。我们提倡的社会主义核心价值观，就充分体现了对中华优秀传统文化的传承和升华"③。价值观是人类在认识、改造自然和社会的过程中产生与发挥作用的。不同民族、不同国家由于其自然条件和发展历程不同，产生和形成的核心价值观也

---

① 《习近平谈治国理政》，外文出版社，2014，第168页。
② 《习近平谈治国理政》，外文出版社，2014，第168~169页。
③ 《习近平谈治国理政》，外文出版社，2014，第171页。

各有特点。习近平总书记指出，"一个民族、一个国家的核心价值观必须同这个民族、这个国家的历史文化相契合，同这个民族、这个国家的人民正在进行的奋斗相结合，同这个民族、这个国家需要解决的时代问题相适应。世界上没有两片完全相同的树叶。一个民族、一个国家，必须知道自己是谁，是从哪里来的，要到哪里去，想明白了、想对了，就要坚定不移朝着目标前进"①。

2. 高度重视青年社会主义核心价值观的养成

习近平总书记指出，青年的价值取向决定了未来整个社会的价值取向，而青年又处在价值观形成和确立的时期，抓好这一时期的价值观养成十分重要。习近平总书记鼓励青年要从现在做起、从自己做起，使社会主义核心价值观成为自己的基本遵循，并身体力行大力将其推广到全社会去。为此，青年要在以下几方面下功夫。

一是要勤学，下得苦功夫，求得真学问。知识是树立核心价值观的重要基础。古希腊哲学家说，知识即美德。习近平总书记鼓励大学生要勤于学习、敏于求知，注重把所学知识内化于心，形成自己的见解，既要专攻博览，又要关心国家、关心人民、关心世界，学会担当社会责任。二是要修德，加强道德修养，注重道德实践。"德者，本也。"道德之于个人、之于社会，都具有基础性意义，做人做事第一位的是崇德修身。习近平总书记指出，"我们的用人标准为什么是德才兼备、以德为先，因为德是首要、是方向，一个人只有明大德、守公德、严私德，其才方能用得其所。修德，既要立意高远，又要立足平实。要立志报效祖国、服务人民，这是大德，养大德者方可成大业。同时，还得从做好小事、管好小节开始起步，'见善则迁，有过则改'，踏踏实实修好公德、私德，学会劳动、学会勤俭，学会感恩、学会助人，学会谦让、学会宽容，学

---

① 《习近平谈治国理政》，外文出版社，2014，第171页。

会自省、学会自律"①。三是要明辨，善于明辨是非，善于决断选择。要学会思考、善于分析、正确抉择，做到稳重自持、从容自信、坚定自励。习近平总书记指出，"要树立正确的世界观、人生观、价值观，掌握了这把总钥匙，再来看看社会万象、人生历程，一切是非、正误、主次，一切真假、善恶、美丑，自然就洞若观火、清澈明了，自然就能作出正确判断、作出正确选择"②。四是要笃实，扎扎实实干事，踏踏实实做人。道不可坐论，德不能空谈。于实处用力，从知行合一上下功夫，核心价值观才能内化为人们的精神追求，外化为人们的自觉行动。习近平总书记鼓励青年把握大好机遇，要迈稳步子、夯实根基、久久为功。"要把艰苦环境作为磨炼自己的机遇，把小事当作大事干，一步一个脚印往前走。滴水可以穿石。只要坚韧不拔、百折不挠，成功就一定在前方等你"③。

习近平总书记强调，核心价值观的养成绝非一日之功，要坚持由易到难、由近及远，努力把核心价值观的要求变成日常的行为准则，进而形成自觉奉行的信念理念。"不要顺利的时候，看山是山、看水是水，一遇挫折，就怀疑动摇，看山不是山、看水不是水了。无论什么时候，我们都要坚守在中国大地上形成和发展起来的社会主义核心价值观，在时代大潮中建功立业，成就自己的宝贵人生"④。

总之，高校要紧紧抓住立德树人这一中心环节，就必须坚守社会主义核心价值观，高度重视青年社会主义核心价值观养成，使之变成自觉信念和日常准则。

（三）坚持教育者先受教育

一个学校能不能为社会主义建设培养合格的人才，培养德智体美劳

---

① 《习近平谈治国理政》，外文出版社，2014，第173页。
② 《习近平谈治国理政》，外文出版社，2014，第173页。
③ 《习近平谈治国理政》，外文出版社，2014，第174页。
④ 《习近平谈治国理政》，外文出版社，2014，第174页。

全面发展、有社会主义觉悟的有文化的劳动者，关键在教师。教师之所以重要，就在于教师的工作是塑造灵魂、塑造生命、塑造人的工作。习近平总书记指出，"教师是人类灵魂的工程师，承担着神圣使命。传道者自己首先要明道、信道。高校教师要坚持教育者先受教育，努力成为先进思想文化的传播者、党执政的坚定支持者，更好担起学生健康成长指导者和引路人的责任。要加强师德师风建设，坚持教书和育人相统一，坚持言传和身教相统一，坚持潜心问道和关注社会相统一，坚持学术自由和学术规范相统一，引导广大教师以德立身、以德立学、以德施教"①。习近平总书记高度重视教师自身的教育培养，对做好老师以及师德师风建设等提出了许多重要观点和论述。

习近平总书记指出，"一个人遇到好老师是人生的幸运，一个学校拥有好老师是学校的光荣，一个民族源源不断涌现出一批又一批好老师则是民族的希望。国家繁荣、民族振兴、教育发展，需要我们大力培养造就一支师德高尚、业务精湛、结构合理、充满活力的高素质专业化教师队伍，需要涌现一大批好老师"②。习近平总书记强调，"教师要时刻铭记教书育人的使命，甘当人梯，甘当铺路石，以人格魅力引导学生心灵，以学术造诣开启学生的智慧之门"③。对教育者先受教育，要做好老师，习近平总书记提出了以下要求。

第一，做好老师，要有理想信念。

陶行知先生说，教师是"千教万教，教人求真"，学生是"千学万学，学做真人"。老师肩负着培养下一代的重要责任。正确理想信念是教书育人、播种未来的指路明灯。不能想象一个没有正确理想信念的人能够成为好老师。习近平总书记指出，一个优秀的老师，应该是"经师"

---

① 《习近平谈治国理政》第2卷，外文出版社，2017，第379页。
② 习近平：《做党和人民满意的好老师——同北京师范大学师生代表座谈时的讲话》，《人民日报》2014年9月10日，第2版。
③ 《习近平谈治国理政》，外文出版社，2014，第175页。

和"人师"的统一，既要精于"授业""解惑"，更要以"传道"为责任和使命。好老师心中要有国家和民族，要明确意识到肩负的国家使命和社会责任。"我们的教育是为人民服务、为中国特色社会主义服务、为改革开放和社会主义现代化建设服务的，党和人民需要培养的是社会主义事业建设者和接班人。好老师的理想信念应该以这一要求为基准。广大教师要始终同党和人民站在一起，自觉做中国特色社会主义的坚定信仰者和忠实实践者，忠诚于党和人民的教育事业，自觉把党的教育方针贯彻到教学管理工作全过程，严肃认真对待自己的职责。要注重加强中国特色社会主义理论体系的学习，加深对中国特色社会主义的思想认同、理论认同、情感认同，不断增强道路自信、理论自信、制度自信，积极引导学生热爱祖国、热爱人民、热爱中国共产党。好老师应该做中国特色社会主义共同理想和中华民族伟大复兴中国梦的积极传播者，帮助学生筑梦、追梦、圆梦，让一代又一代年轻人都成为实现我们民族梦想的正能量。"① 习近平总书记鼓励广大教师要用好课堂讲台，用好校园阵地，用自己的行动倡导社会主义核心价值观，用自己的学识、阅历、经验点燃学生对真善美的向往，使社会主义核心价值观润物细无声地浸润学生们的心田、转化为日常行为，增强学生的价值判断能力、价值选择能力、价值塑造能力，引领学生健康成长。

第二，做好老师，要有道德情操。

老师的人格力量和人格魅力是成功教育的重要条件。"师也者，教之以事而喻诸德者也。"老师对学生的影响，离不开老师的学识和能力，更离不开老师为人处世、于国于民、于公于私所持的价值观。习近平总书记指出，"一个老师如果在是非、曲直、善恶、义利、得失等方面老出问题，怎么能担起立德树人的责任？广大教师必须率先垂范、以身作则，

① 习近平：《做党和人民满意的好老师——同北京师范大学师生代表座谈时的讲话》，《人民日报》2014年9月10日，第2版。

引导和帮助学生把握好人生方向，特别是引导和帮助青少年学生扣好人生的第一粒扣子"①。

"师者，人之模范也。"教师的职业特性决定了教师必须是道德高尚的人群。习近平总书记指出，"合格的老师首先应该是道德上的合格者，好老师首先应该是以德施教、以德立身的楷模。师者为师亦为范，学高为师，德高为范。老师是学生道德修养的镜子。好老师应该取法乎上、见贤思齐，不断提高道德修养，提升人格品质，并把正确的道德观传授给学生"②。

师德是深厚的知识修养和文化品位的体现。师德需要教育培养，更需要老师的自我修养。习近平总书记深刻指出，"做一个高尚的人、纯粹的人、脱离了低级趣味的人，应该是每一个老师的不懈追求和行为常态。好老师要有'捧着一颗心来，不带半根草去'的奉献精神，自觉坚守精神家园、坚守人格底线，带头弘扬社会主义道德和中华传统美德，以自己的模范行为影响和带动学生"③。

习近平总书记强调，好老师的道德情操最终要体现到对所从事职业的忠诚和热爱上来。好老师应该执着于教书育人。"我们常说干一行爱一行，做老师就要热爱教育工作，不能把教育岗位仅仅作为一个养家糊口的职业。有了为事业奋斗的志向，才能在老师这个岗位上干得有滋有味，干出好成绩。如果身在学校却心在商场或心在官场，在金钱、物欲、名利同人格的较量中把握不住自己，那是当不好老师的。"④

① 习近平：《做党和人民满意的好老师——同北京师范大学师生代表座谈时的讲话》，《人民日报》2014 年 9 月 10 日，第 2 版。
② 习近平：《做党和人民满意的好老师——同北京师范大学师生代表座谈时的讲话》，《人民日报》2014 年 9 月 10 日，第 2 版。
③ 习近平：《做党和人民满意的好老师——同北京师范大学师生代表座谈时的讲话》，《人民日报》2014 年 9 月 10 日，第 2 版。
④ 习近平：《做党和人民满意的好老师——同北京师范大学师生代表座谈时的讲话》，《人民日报》2014 年 9 月 10 日，第 2 版。

第三，做好老师，要有扎实学识。

习近平总书记指出，扎实的知识功底、过硬的教学能力、勤勉的教学态度、科学的教学方法是老师的基本素质，其中知识是根本基础。学生往往可以原谅老师严厉刻板，但不能原谅老师学识浅薄。"水之积也不厚，则其负大舟也无力。"知识储备不足、视野不够，教学中必然捉襟见肘，更谈不上游刃有余。习近平强调，"在信息时代做好老师，自己所知道的必须大大超过要教给学生的范围，不仅要有胜任教学的专业知识，还要有广博的通用知识和宽阔的胸怀视野。好老师还应该是智慧型的老师，具备学习、处世、生活、育人的智慧，既授人以鱼，又授人以渔，能够在各个方面给学生以帮助和指导"①。这就要求老师先受教育，始终处于学习状态，站在知识发展前沿，刻苦钻研、严谨笃学，不断充实、拓展、提高自己。"过去讲，要给学生一碗水，教师要有一桶水，现在看，这个要求已经不够了，应该是要有一潭水。"②

第四，做好老师，要有仁爱之心。

高尔基说："谁爱孩子，孩子就爱谁。只有爱孩子的人，他才可以教育孩子。"习近平总书记强调，教育是一门"仁而爱人"的事业，爱是教育的灵魂，没有爱就没有教育。好老师应该是仁师，没有爱心的人不可能成为好老师。教育风格可以各显身手，但爱是永恒的主题。爱心是学生打开知识之门、启迪心智的开始，爱心能够滋润浇开学生美丽的心灵之花。老师的爱，既包括爱岗位、爱学生，也包括爱一切美好的事物。习近平总书记指出，"好老师对学生的教育和引导应该是充满爱心和信任的，在严爱相济的前提下晓之以理、动之以情，让学生亲其师、信其道。好老师要用爱培育爱、激发爱、传播爱，通过真情、真心、真诚拉近同

---

① 习近平：《做党和人民满意的好老师——同北京师范大学师生代表座谈时的讲话》，《人民日报》2014年9月10日，第2版。

② 习近平：《做党和人民满意的好老师——同北京师范大学师生代表座谈时的讲话》，《人民日报》2014年9月10日，第2版。

学生的距离，滋润学生的心田，使自己成为学生的好朋友和贴心人。好老师应该把自己的温暖和情感倾注到每一个学生身上，用欣赏增强学生的信心，用信任树立学生的自尊，让每一个学生都健康成长，让每一个学生都享受成功的喜悦"①。

习近平总书记分析指出，"有爱才有责任。好老师应该懂得，选择当老师就选择了责任，就要尽到教书育人、立德树人的责任，并把这种责任体现到平凡、普通、细微的教学管理之中。正是因为爱教育、爱学生，我们很多老师才有了用一辈子备一堂课、用一辈子在三尺讲台默默奉献的力量，才有了在学生遇到危难时挺身而出的勇气，才有了敢于攻克新知新学的锐气。老师责任心有多大，人生舞台就有多大"②。习近平总书记强调，老师还要具有尊重学生、理解学生、宽容学生的品质。好老师应该懂得既尊重学生，使学生充满自信、昂首挺胸，又通过尊重学生的言传身教教育学生尊重他人。好老师一定要平等对待每一个学生，尊重学生的个性，理解学生的情感，包容学生的缺点和不足，善于发现每一个学生的长处和闪光点，让所有学生都成长为有用之才。

好老师不是天生的，而是在教学管理实践中、在教育改革发展中锻炼成长起来的。"三寸粉笔、三尺讲台系国运；一颗丹心、一生秉烛铸民魂。"习近平总书记鼓励全国广大教师把全部精力和满腔真情献给教育事业，在教书育人的工作中不断创造新业绩，希望每个教师都能成为符合党和人民要求、学生喜欢和敬佩的好老师，希望每个孩子都能遇到好老师。

总之，教育者只有先受教育，做到有理想信念、有道德情操、有扎实学识、有仁爱之心，才能做好老师。

---

① 习近平：《做党和人民满意的好老师——同北京师范大学师生代表座谈时的讲话》，《人民日报》2014 年 9 月 10 日，第 2 版。
② 习近平：《做党和人民满意的好老师——同北京师范大学师生代表座谈时的讲话》，《人民日报》2014 年 9 月 10 日，第 2 版。

第七章　社会主义先进文化形态建设

中国特色社会主义是物质文明和精神文明全面发展的社会主义。"一个没有精神力量的民族难以自立自强，一项没有文化支撑的事业难以持续长久。"① 文化作为一个国家、一个民族的灵魂，文化兴国运兴，文化强民族强。一个民族的复兴需要强大的物质力量，也需要强大的精神力量。习近平总书记指出，"没有先进文化的积极引领，没有人民精神世界的极大丰富，没有民族精神力量的不断增强，一个国家、一个民族不可能屹立于世界民族之林"②，因此，也就没有中华文化繁荣兴盛，就没有中华民族伟大复兴。建设中国特色社会主义现代化强国，实现中华民族复兴的伟大实践，必须要坚持中国特色社会主义文化发展道路，激发全民族文化创新创造活力，建设社会主义文化强国。

党的十八大以来，以习近平同志为核心的党中央为实现"两个一百年"的奋斗目标和中华民族伟大复兴中国梦，自觉担负起新时代中国特色社会主义文化发展的重大使命，紧紧围绕"新时代为什么要实现社会主义文化强国，新时代如何实现社会主义文化强国"这一系列重大问题，

---

① 《十八大以来重要文献选编》（上），中央文献出版社，2014，第280页。
② 《十八大以来重要文献选编》（中），中央文献出版社，2016，第121页。

对新时代建设和发展社会主义先进文化提出了一系列新思想、新论断、新要求，形成习近平新时代中国特色社会主义文化重要论述，是指导全党和全国人民建设社会主义文化强国的发展纲领和重要遵循。

社会主义先进文化作为中国特色社会主义文化的重要内容，根植于社会主义现代化建设和改革开放的伟大实践。习近平总书记在党的十九大报告中指出，中国特色社会主义文化，源自中华民族五千多年文明历史所孕育的中华优秀传统文化，熔铸于党领导人民在革命、建设、改革中创造的革命文化和社会主义先进文化，植根于中国特色社会主义伟大实践。发展中国特色社会主义文化，就是以马克思主义为指导，坚守中华文化立场，立足当代中国现实，结合当今时代条件，发展面向现代化、面向世界、面向未来的，民族的科学的大众的社会主义文化，推动社会主义精神文明和物质文明协调发展。要坚持为人民服务、为社会主义服务，坚持百花齐放、百家争鸣，坚持创造性转化、创新性发展，不断铸就中华文化新辉煌。

进入新时代，习近平总书记站在中国特色社会主义文化自信的高度，从哲学社会科学、文艺、网络三个方面对建设和发展社会主义先进文化形态提出了一系列重要论述。

建设和发展社会主义先进文化，必须通过深化马克思主义理论研究和建设，加快构建中国特色哲学社会科学，不断深化对共产党执政规律、社会主义建设规律、人类社会发展规律的认识，推进马克思主义中国化、时代化、大众化，继续发展 21 世纪马克思主义、当代中国马克思主义。建设和发展社会主义先进文化，必须通过大力推动社会主义文艺繁荣发展，弘扬中国精神，凝聚中国力量，反映时代先声，要歌唱祖国，礼赞英雄，反映人民心声，坚持为人民服务、为社会主义服务的根本方向。要讲好中国故事、传播好中国声音、阐发中国精神、展现中国风貌，使中华文化传播得更远更久。建设和发展社会主义先进文化，必须通过自主创新推进网络强国建设，走一条中国特色的治网之道，使网络空间晴朗起来；要把做好网络舆论工作作为一项长期的任务，坚持团结稳定鼓劲、正面宣传为主的党的新闻舆论工作基本方针，要坚持党性和人民性相统一，把党的理论路线方针政策变成人民群众的自觉行动，及时把人民群众创造的经验和面临的实际情况反映出来，丰富人民的精神世界，增强人民的精神力量；要依法治理网络空间，加强网络内容建设，做强网上正面宣传，培育积极健康、向上向善的网络文化，用社会主义核心价值观和人类优秀文明成果滋养人心、滋养社会，做到正能量充沛、主旋律高昂，为广大网民特别是青少年营造一个风清气正的网络空间。

习近平总书记关于加快建构中国特色哲学社会科学，推动社会主义文艺大繁荣大发展，高度重视做好网络舆论工作等一系列的重要思想，是对社会主义先进文化形态建设与发展的重要论述，也是习近平新时代中国特色社会主义思想在推进文化强国方面的重要内容，是我们党理论创新的最新成果，是当代中国的马克思主义文化建设发展思想，是 21 世纪的马克思主义文化建设发展思想。习近平总书记关于社会主义先进文化形态建设和发展的重要论述，对我们党领导人民在新的历史起点上进行伟大斗争、建设伟大工程、推进伟大事业、实现伟大梦想具有重大现实指导意义和深远历史意义。

一 构建中国特色哲学社会科学

2016 年 5 月 17 日，习近平总书记主持召开了哲学社会科学工作座谈会并发表重要讲话，对构建中国特色哲学社会科学提出了一系列重要论述。习近平总书记指出，"哲学社会科学是人们认识世界、改造世界的重要工具，是推动历史发展和社会进步的重要力量，其发展水平反映了一个民族的思维能力、精神品格、文明素质，体现了一个国家的综合国力和国际竞争力。一个国家的发展水平，既取决于自然科学发展水平，也取决于哲学社会科学发展水平。一个没有发达的自然科学的国家不可能走在世界前列，一个没有繁荣的哲学社会科学的国家也不可能走在世界前列。坚持和发展中国特色社会主义，需要不断在实践和理论上进行探索、用发展着的理论指导发展着的实践。在这个过程中，哲学社会科学具有不可替代的重要地位，哲学社会科学工作者具有不可替代的重要作用"①。

习近平总书记强调，中国共产党历来高度重视哲学社会科学。"革命战争年代，毛泽东同志就说过，必须'用社会科学来了解社会，改造社会，进行社会革命'。毛泽东同志就是一位伟大的哲学家、思想家、社会科学家，他撰写的《矛盾论》、《实践论》等哲学名篇至今仍具有重要指导意义，他的许多调查研究名篇对我国社会作出了鞭辟入里的分析，是社会科学的经典之作。进入改革开放历史新时期，邓小平同志指出：'科学当然包括社会科学。''政治学、法学、社会学以及世界政治的研究，我们过去多年忽视了，现在也需要赶快补课。'江泽民同志指出：'在认识和改造世界的过程中，哲学社会科学与自然科学同样重要；培养高水平的哲学社会科学家，与培养高水平的自然科学家同样重要；提高全民族的哲学社会科学素质，与提高全民族的自然科学素质同样重要；任用好哲学社会科学人才并充分发挥他们的作用，与任用好自然科学人才并发挥他们的作用同样重要。'胡锦涛同志说：'应对激烈的国际综合国力竞争，在不断增强我国的经济实力的同时增强我国的文化创造力、民族凝聚力，增强中华文明的影响力，迫切需要哲学社会科学发展具有中国特色的学科体系和学术思想。'党的十八大以来，党中央继续制定政策、采取措施，大力推动哲学社会科学发展。"② 习近平总书记在党的十九大报告中又进一步指出，要深化马克思主义理论研究和建设，加快构建中

---

① 《在哲学社会科学工作座谈会上的讲话》，人民出版社，2016，第2页。
② 《在哲学社会科学工作座谈会上的讲话》，人民出版社，2016，第2~3页。

国特色哲学社会科学，加强中国特色新型智库建设。

因此，建设和发展社会主义先进文化，离不开中国特色哲学社会科学的发展。构建中国特色哲学社会科学，是社会主义先进文化形态建设的重要内容。

（一）当代中国哲学社会科学的根本标志

1. 必须高度重视中国特色哲学社会科学的发展

习近平总书记指出，坚持和发展中国特色社会主义，建设和发展社会主义先进文化必须高度重视哲学社会科学。

第一，哲学社会科学推动人类文明进步。

习近平总书记提出，要站在世界和我国发展的大历史的宽广视角观察当代中国哲学社会科学，习近平总书记指出，"人类社会每一次重大跃进，人类文明每一次重大发展，都离不开哲学社会科学的知识变革和思想先导"[①]。

从西方历史看，古代希腊、古代罗马时期，产生了苏格拉底、柏拉图、亚里士多德、西塞罗等人的思想学说。文艺复兴时期，产生了但丁、薄伽丘、达·芬奇、拉斐尔、哥白尼、布鲁诺、伽利略、莎士比亚、托马斯·莫尔、康帕内拉等一批科学巨匠和文化大家。他们中的很多人是文艺巨匠，他们的作品深刻反映了他们对社会构建的思想认识。英国资产阶级革命、法国资产阶级革命、美国独立战争前后，产生了霍布斯、洛克、伏尔泰、孟德斯鸠、卢梭、狄德罗、爱尔维修、潘恩、杰弗逊、汉密尔顿等一大批资产阶级思想家，形成了系列反映新兴资产阶级政治诉求的思想和观点。马克思主义的诞生是人类思想史上的一个伟大事件，而马克思主义则批判吸收了康德、黑格尔、费尔巴哈等人的哲学思想，圣西门、傅立叶、欧文等人的空想社会主义思想，亚当·斯密、大卫·

---

① 《在哲学社会科学工作座谈会上的讲话》，人民出版社，2016，第3页。

李嘉图等人的古典政治经济学思想。可以说，没有 18 ~ 19 世纪欧洲哲学社会科学的发展，就没有马克思主义的形成和发展。20 世纪以来，社会矛盾不断激化，为缓和社会矛盾、修补制度弊端，西方各种各样的学说都在"开药方"，包括凯恩斯主义、新自由主义、新保守主义、民主社会主义、实用主义、存在主义、结构主义、后现代主义等，这些既是西方社会发展到一定阶段的产物，也深刻影响着西方社会。

中华文明历史悠久，从先秦子学、两汉经学、魏晋玄学，到隋唐佛学、儒释道合流、宋明理学，经历了数个学术思想繁荣时期。在漫漫历史长河中，中华民族产生了儒、释、道、墨、名、法、阴阳、农、杂、兵等各家学说，涌现了老子、孔子、庄子、孟子、荀子、韩非子、董仲舒、王充、何晏、王弼、韩愈、周敦颐、程颢、程颐、朱熹、陆九渊、王守仁、李贽、黄宗羲、顾炎武、王夫之、康有为、梁启超、孙中山、鲁迅等一大批思想大家，留下了浩如烟海的文化遗产。中国古代大量鸿篇巨制中包含丰富的哲学社会科学内容、治国理政智慧，为古人认识世界、改造世界提供了重要依据，也为中华文明提供了重要内容，为人类文明做出了重大贡献。

鸦片战争后，随着列强入侵和国门被打开，中国逐步成为半殖民地半封建国家，西方思想文化和科学知识随之涌入。自那以后，中国和中华民族经历了刻骨铭心的惨痛历史，中华传统思想文化经历了剧烈变革的阵痛。为了寻求救亡图存之策，林则徐、魏源、严复等人把眼光转向西方，从"师夷长技以制夷"到"中体西用"，从洋务运动到新文化运动，西方哲学社会科学被翻译介绍到中国，不少人开始用现代社会科学方法来研究中国社会问题，社会科学各学科在中国逐渐发展起来。特别是"十月革命"一声炮响，给中国送来了马克思列宁主义。陈独秀、李大钊等人积极传播马克思主义，倡导运用马克思主义改造中国社会。许多进步学者运用马克思主义进行哲学社会科学研究。在长期实践探索中，产生了郭沫若、李达、艾思奇、翦伯赞、范文澜、吕振羽、马寅初、费孝通、钱锺书等一大批名家大师，对中国当代哲学社会科学发展做出了开拓性的贡献。习近平总书记总结强调，"可以说，当代中国哲学社会科学是以马克思主义进入我国为起点的，是在马克思主义指导下逐步发展起来的"①。

第二，新形势下中国哲学社会科学必须有所作为。

在全面建成小康社会的决胜阶段和实现中华民族伟大复兴的新形势下，习近平总书记指出，中国哲学社会科学地位更加重要，任务更加繁重，迫切需要哲学社会科学在五个方面发挥作用。

一是面对社会思想观念和价值取向日趋活跃、主流和非主流同时并存、社会思潮纷纭激荡的新形势，巩固马克思主义在意识形态领域的指导地位，培育和践行社会主义核心价值观，巩固全党全国各族人民团结奋斗的共同思想基础，迫切需要哲学社会科学更好发挥作用。二是面对我国经济发展进入新常态、国际发展环境深刻变化的新形势，贯彻落实新发展理念、加快转变经济发展方式、提高发展质量和效益，如何更好保障和改善民生、促进社会公平正义，迫切需要哲学社会科学更好发挥作用。三是面对改革进入攻坚期和深水区、各种深层次矛盾和问题不断呈现、各类风险和挑战不断增多的新形势，提高改革决策水平、推进国家治理体系和治理能力现代化，迫切需要哲学社会科学更好发挥作用。四是面对世界范围内各种思想文化交流交融交锋的新形势，加快建设社会主义文化强国、增强文化软实力、提高我国在国际上的话语权，迫切需要哲学社会科学更好发挥作用。五是面对全面从严治党进入重要阶段、党面临的风险和考验集中显现的新形势，不断提高党的领导水平和执政水平、增强拒腐防变和抵御风险能力，使党始终成为中国特色社会主义事业的坚强领导核心，迫切需要哲学社会科学更好发挥作用。

---

① 《在哲学社会科学工作座谈会上的讲话》，人民出版社，2016，第5~6页。

总之，坚持和发展中国特色社会主义，统筹推进"五位一体"总体布局和协调推进"四个全面"战略布局，实现"两个一百年"奋斗目标、实现中华民族伟大复兴的中国梦，中国哲学社会科学可以也应该大有作为。历史表明，社会大变革的时代，一定是哲学社会科学大发展的时代。习近平总书记指出，当代中国正经历着我国历史上最为广泛而深刻的社会变革，也正在进行着人类历史上最为宏大而独特的实践创新。这种前无古人的伟大实践，必将给理论创造、学术繁荣提供强大动力和广阔空间。这是一个需要理论而且一定能够产生理论的时代，这是一个需要思想而且一定能够产生思想的时代。"我们不能辜负了这个时代。自古以来，我国知识分子就有'为天地立心，为生民立命，为往圣继绝学，为万世开太平'的志向和传统。一切有理想、有抱负的哲学社会科学工作者都应该立时代之潮头、通古今之变化、发思想之先声，积极为党和人民述学立论、建言献策，担负起历史赋予的光荣使命。"①

2. 坚持马克思主义是当代中国哲学社会科学的根本标志

坚持以马克思主义为指导，是当代中国哲学社会科学区别于其他哲学社会科学的根本标志。

马克思主义尽管诞生在一个半多世纪之前，但历史和现实都证明它是科学的理论，迄今依然有着强大生命力。因为马克思主义深刻揭示了自然界、人类社会、人类思维发展的普遍规律，为人类社会发展进步指明了方向；马克思主义坚持实现人民解放、维护人民利益的立场，以实现人的自由而全面的发展和全人类解放为己任，反映了人类对理想社会的美好憧憬；马克思主义揭示了事物的本质、内在联系及发展规律，是"伟大的认识工具"，是人们观察世界、分析问题的有力思想武器；马克思主义具有鲜明的实践品格，不仅致力于科学"解释世界"，而且致力于积极"改变世界"。因此，习近平总书记强调，"今天，马克思主义极大

---

① 习近平：《在哲学社会科学工作座谈会上的讲话》，人民出版社，2016，第8页。

推进了人类文明进程，至今依然是具有重大国际影响的思想体系和话语体系，马克思至今依然被公认为'千年第一思想家'"①。实践也证明，无论时代如何变迁、科学如何进步，马克思主义依然显示出科学思想的伟力，依然占据着真理和道义的制高点。

马克思主义进入中国，既引发了中华文明深刻变革，也走过了一个逐步中国化的过程。在革命、建设、改革各个历史时期，中国共产党坚持马克思主义基本原理同中国具体实际相结合，运用马克思主义立场、观点、方法研究解决各种重大理论和实践问题，不断推进马克思主义中国化，产生了毛泽东思想、邓小平理论、"三个代表"重要思想、科学发展观等重大成果，指导党和人民取得了新民主主义革命、社会主义革命和社会主义建设、改革开放的伟大成就。习近平总书记强调，"实践证明，马克思主义的命运早已同中国共产党的命运、中国人民的命运、中华民族的命运紧紧连在一起，它的科学性和真理性在中国得到了充分检验，它的人民性和实践性在中国得到了充分贯彻，它的开放性和时代性在中国得到了充分彰显！"② 因此，"我国哲学社会科学坚持以马克思主义为指导，是近代以来我国发展历程赋予的规定性和必然性。在我国，不坚持以马克思主义为指导，哲学社会科学就会失去灵魂、迷失方向，最终也不能发挥应有作用。正所谓'夫道不欲杂，杂则多，多则扰，扰则忧，忧而不救'"③。

习近平总书记进一步指出，"马克思主义中国化取得了重大成果，但还远未结束。我国哲学社会科学的一项重要任务就是继续推进马克思主义中国化、时代化、大众化，继续发展 21 世纪马克思主义、当代中国马克思主义"④。

---

① 习近平：《在纪念马克思诞辰 200 周年大会上的讲话》，人民出版社，2018，第 11 页。
② 习近平：《在纪念马克思诞辰 200 周年大会上的讲话》，人民出版社，2018，第 14 页。
③ 习近平：《在哲学社会科学工作座谈会上的讲话》，人民出版社，2016，第 9 页。
④ 习近平：《在哲学社会科学工作座谈会上的讲话》，人民出版社，2016，第 9~10 页。

恩格斯说过："一个民族要想站在科学的最高峰，就一刻也不能没有理论思维。"① 习近平总书记指出，"中华民族要实现伟大复兴，也同样一刻不能没有理论思维。马克思主义始终是我们党和国家的指导思想，是我们认识世界、把握规律、追求真理、改造世界的强大思想武器"②。马克思主义思想理论博大精深，常学常新。中国特色社会主义进入新时代，中国共产党人仍然要学习马克思主义，学习和实践马克思主义，学习和深刻领会习近平新时代中国特色社会主义思想这一中国化马克思主义的最新成果，更有定力、更有自信、更有智慧地坚持和发展新时代中国特色社会主义，建设和发展社会主义先进文化，确保中华民族伟大复兴的巨轮始终沿着正确航向破浪前行。

3. 哲学社会科学工作者要有理论自觉、坚定信念和科学思维方法

广大哲学社会科学工作者要自觉坚持以马克思主义为指导，自觉把中国特色社会主义理论体系贯穿研究和教学全过程，转化为清醒的理论自觉、坚定的政治信念、科学的思维方法。

在对待哲学社会科学坚持以马克思主义为指导问题上，习近平总书记指出，"绝大部分同志认识是清醒的、态度是坚定的。同时，也有一些同志对马克思主义理解不深、理解不透，在运用马克思主义立场、观点、方法上功力不足、高水平成果不多，在建设以马克思主义为指导的学科体系、学术体系、话语体系上功力不足、高水平成果不多。社会上也存在一些模糊甚至错误的认识。有的认为马克思主义已经过时，中国现在搞的不是马克思主义；有的说马克思主义只是一种意识形态说教，没有学术上的学理性和系统性。实际工作中，在有的领域中马克思主义被边缘化、空泛化、标签化，在一些学科中'失语'、教材中'失踪'、论坛

---

① 《马克思恩格斯选集》第 3 卷，人民出版社，2012，第 875 页。
② 习近平：《在纪念马克思诞辰 200 周年大会上的讲话》，人民出版社，2018，第 15 页。

上'失声'。这种状况必须引起我们高度重视"①。

第一，坚持以马克思主义为指导，首先要解决真懂真信的问题。

哲学社会科学发展状况与其研究者坚持什么样的世界观、方法论紧密相关。人们必须有了正确的世界观、方法论，才能更好观察和解释自然界、人类社会、人类思维各种现象，揭示蕴含在其中的规律。马克思主义关于世界的物质性及其发展规律、人类社会及其发展规律、认识的本质及其发展规律等原理，为我们研究把握哲学社会科学各个学科各个领域提供了基本的世界观、方法论。"只有真正弄懂了马克思主义，才能在揭示共产党执政规律、社会主义建设规律、人类社会发展规律上不断有所发现、有所创造，才能更好识别各种唯心主义观点、更好抵御各种历史虚无主义谬论。"②

习近平总书记指出，马克思主义经典作家眼界广阔、知识丰富，马克思主义理论体系和知识体系博大精深，涉及自然界、人类社会、人类思维各个领域，涉及历史、经济、政治、文化、社会、生态、科技、军事、党建等各个方面，不下大气力、不下苦功夫是难以掌握真谛、融会贯通的。为此，习近平总书记提出，"'为学之道，必本于思。''不深思则不能造于道，不深思而得者，其得易失。'我看过一些西方研究马克思主义的书，其结论未必正确，但在研究和考据马克思主义文本上，功课做得还是可以的。相比之下，我们一些研究在这方面的努力就远远不够了"③。习近平总书记非常深刻地指出，对马克思主义的学习和研究，不能采取浅尝辄止、蜻蜓点水的态度，"有的人马克思主义经典著作没读几本，一知半解就哇啦哇啦发表意见，这是一种不负责任的态度，也有悖于科学精神"④。

---

①《习近平谈治国理政》第 2 卷，外文出版社，2017，第 328 ~ 329 页。

② 习近平：《在哲学社会科学工作座谈会上的讲话》，人民出版社，2016，第 11 页。

③ 习近平：《在哲学社会科学工作座谈会上的讲话》，人民出版社，2016，第 11 ~ 12 页。

④ 习近平：《在哲学社会科学工作座谈会上的讲话》，人民出版社，2016，第 12 页。

第二，坚持以马克思主义为指导，核心要解决好为什么人的问题。

习近平总书记强调，"为什么人的问题是哲学社会科学研究的根本性、原则性问题。我国哲学社会科学为谁著书、为谁立说，是为少数人服务还是为绝大多数人服务，是必须搞清楚的问题"①。世界上没有纯而又纯的哲学社会科学。世界上伟大的哲学社会科学成果都是在回答和解决人与社会面临的重大问题中创造出来的。研究者生活在现实社会中，研究什么，主张什么，都会打下社会烙印。习近平总书记指出，"我们的党是全心全意为人民服务的党，我们的国家是人民当家作主的国家，党和国家一切工作的出发点和落脚点是实现好、维护好、发展好最广大人民根本利益。我国哲学社会科学要有所作为，就必须坚持以人民为中心的研究导向。脱离了人民，哲学社会科学就不会有吸引力、感染力、影响力、生命力"②。习近平总书记鼓励广大哲学社会科学工作者要坚持人民是历史创造者的观点，树立为人民做学问的理想，尊重人民主体地位，聚焦人民实践创造，自觉把个人学术追求同国家和民族发展紧紧联系在一起，努力多出经得起实践、人民、历史检验的研究成果。

第三，坚持以马克思主义为指导，最终要落实到怎么用上来。

"凡贵通者，贵其能用之也。"马克思主义具有与时俱进的理论品质。新形势下，坚持马克思主义，最重要的是坚持马克思主义基本原理和贯穿其中的立场、观点、方法。这是马克思主义的精髓和活的灵魂。马克思主义是随着时代、实践、科学发展而不断发展的开放的理论体系，它并没有结束真理，而是开辟了通向真理的道路。恩格斯早就说过："马克思的整个世界观不是教义，而是方法。它提供的不是现成的教条，而是进一步研究的出发点和供这种研究使用的方法。"③ 把坚持马克思主义和

---

① 习近平：《在哲学社会科学工作座谈会上的讲话》，人民出版社，2016，第12页。
② 习近平：《在哲学社会科学工作座谈会上的讲话》，人民出版社，2016，第12~13页。
③ 《马克思恩格斯选集》第4卷，人民出版社，2012，第664页。

发展马克思主义统一起来，结合新的实践不断做出新的理论创造，这是马克思主义永葆生机活力的奥妙所在。

习近平总书记十分深刻地指出，对待马克思主义，不能采取教条主义的态度，也不能采取实用主义的态度。"如果不顾历史条件和现实情况变化，拘泥于马克思主义经典作家在特定历史条件下、针对具体情况作出的某些个别论断和具体行动纲领，我们就会因为思想脱离实际而不能顺利前进，甚至发生失误。什么都用马克思主义经典作家的语录来说话，马克思主义经典作家没有说过的就不能说，这不是马克思主义的态度。同时，根据需要找一大堆语录，什么事都说成是马克思、恩格斯当年说过了，生硬'裁剪'活生生的实践发展和创新，这也不是马克思主义的态度"①。

习近平总书记进一步指出，"有人说，马克思主义政治经济学过时了，《资本论》过时了。这个说法是武断的"②。就从国际金融危机看，许多西方国家经济持续低迷、两极分化加剧、社会矛盾加深，说明资本主义固有的生产社会化和生产资料私人占有之间的矛盾依然存在，但表现形式、存在特点有所不同。国际金融危机发生后，不少西方学者也在重新研究马克思主义政治经济学、研究《资本论》，借以反思资本主义的弊端。

对此，习近平总书记提出研究和发展马克思主义要坚持问题导向，认为这是马克思主义的鲜明特点。问题是创新的起点，也是创新的动力源。"只有聆听时代的声音，回应时代的呼唤，认真研究解决重大而紧迫的问题，才能真正把握住历史脉络，找到发展规律，推动理论创新。坚持以马克思主义为指导，必须落到研究我国发展和我们党执政面临的重大理论和实践问题上来，落到提出解决问题的正确思路和有效办法上来。

---

① 习近平：《在哲学社会科学工作座谈会上的讲话》，人民出版社，2016，第13～14页。
② 习近平：《在哲学社会科学工作座谈会上的讲话》，人民出版社，2016，第14页。

要坚持用联系的发展的眼光看问题，增强战略性、系统性思维，分清本质和现象、主流和支流，既看存在问题又看其发展趋势，既看局部又看全局，提出的观点、作出的结论要客观准确、经得起检验，在全面客观分析的基础上，努力揭示我国社会发展、人类社会发展的大逻辑大趋势。"①

（二）中国特色哲学社会科学的特点

习近平总书记指出："当代中国的伟大社会变革，不是简单延续我国历史文化的母版，不是简单套用马克思主义经典作家设想的模板，不是其他国家社会主义实践的再版，也不是国外现代化发展的翻版。社会主义并没有定于一尊、一成不变的套路，只有把科学社会主义基本原则同本国具体实际、历史文化传统、时代要求紧密结合起来，在实践中不断探索总结，才能把蓝图变为美好现实。"② 面对新时代社会主义先进文化的建设发展要求，习近平总书记提出中国特色哲学社会科学的构建与发展必须体现以下特点。

1. 哲学社会科学要体现继承性、民族性

习近平总书记强调，哲学社会科学的现实形态，是古往今来各种知识、观念、理论、方法等融通生成的结果。因此要善于融通古今中外各种资源，特别是要把握好三个方面的资源。一是马克思主义的资源，包括马克思主义基本原理，马克思主义中国化形成的成果及其文化形态，如党的理论和路线方针政策，中国特色社会主义道路、理论体系、制度，我国经济、政治、法律、文化、社会、生态、外交、国防、党建等领域形成的哲学社会科学思想和成果。这是中国特色哲学社会科学的主体内容，也是中国特色哲学社会科学发展的最大增量。二是中华优秀传统文化的资源，这是中国特色哲学社会科学发展十分宝贵、不可多得的资源。

---

① 习近平：《在哲学社会科学工作座谈会上的讲话》，人民出版社，2016，第14页。
② 习近平：《在纪念马克思诞辰 200 周年大会上的讲话》，人民出版社，2018，第 26 ~ 27 页。

三是国外哲学社会科学的资源，包括世界所有国家哲学社会科学取得的积极成果，这可以成为中国特色哲学社会科学的有益滋养。习近平总书记指出，"要坚持古为今用、洋为中用，融通各种资源，不断推进知识创新、理论创新、方法创新。我们要坚持不忘本来、吸收外来、面向未来，既向内看、深入研究关系国计民生的重大课题，又向外看、积极探索关系人类前途命运的重大问题；既向前看、准确判断中国特色社会主义发展趋势，又向后看、善于继承和弘扬中华优秀传统文化精华"①。

中华文化绵延几千年，是中国特色哲学社会科学成长发展的深厚基础。习近平总书记指出，"站立在960万平方公里的广袤土地上，吸吮着中华民族漫长奋斗积累的文化养分，拥有13亿中国人民聚合的磅礴之力，我们走自己的路，具有无比广阔的舞台，具有无比深厚的历史底蕴，具有无比强大的前进定力，中国人民应该有这个信心，每一个中国人都应该有这个信心。我们说要坚定中国特色社会主义道路自信、理论自信、制度自信，说到底是要坚定文化自信。文化自信是更基本、更深沉、更持久的力量。历史和现实都表明，一个抛弃了或者背叛了自己历史文化的民族，不仅不可能发展起来，而且很可能上演一场历史悲剧"②。

中国特色哲学社会科学要继承中华优秀传统文化，体现民族性。中华民族有着深厚的文化传统，形成了富有特色的思想体系，体现了中国人几千年来积累的知识智慧和理性思辨。这是中国自己的独特优势。中华文明延续着我们国家和民族的精神血脉，既需要薪火相传、代代守护，也需要与时俱进、推陈出新。习近平总书记指出，"要加强对中华优秀传统文化的挖掘和阐发，使中华民族最基本的文化基因与当代文化相适应、与现代社会相协调，把跨越时空、超越国界、富有永恒魅力、具有当代价值的文化精神弘扬起来。要推动中华文明创造性转化、创新性发展，

---

① 《习近平谈治国理政》第2卷，外文出版社，2017，第339页。
② 《习近平谈治国理政》第2卷，外文出版社，2017，第339页。

激活其生命力，让中华文明同各国人民创造的多彩文明一道，为人类提供正确精神指引。要围绕我国和世界发展面临的重大问题，着力提出能够体现中国立场、中国智慧、中国价值的理念、主张、方案"①。因此，不仅要让世界知道"舌尖上的中国"，还要让世界知道"学术中的中国""理论中的中国""哲学社会科学中的中国"，让世界知道"发展中的中国""开放中的中国""为人类文明作贡献的中国"。

习近平总书记指出，"强调民族性并不是要排斥其他国家的学术研究成果，而是要在比较、对照、批判、吸收、升华的基础上，使民族性更加符合当代中国和当今世界的发展要求，越是民族的越是世界的。解决好民族性问题，就有更强能力去解决世界性问题；把中国实践总结好，就有更强能力为解决世界性问题提供思路和办法"②。习近平总书记关于中国特色哲学社会科学需要体现民族性的论断，体现了辩证唯物主义关于事物由特殊性到普遍性的发展规律。

习近平总书记提出，我们既要立足本国实际，又要开门搞研究。对人类创造的有益的理论观点和学术成果，我们应该吸收借鉴，但不能把一种理论观点和学术成果当成"唯一准则"，不能企图用一种模式来改造整个世界，否则就容易滑入机械论的泥坑。"一些理论观点和学术成果可以用来说明一些国家和民族的发展历程，在一定地域和历史文化中具有合理性，但如果硬要把它们套在各国各民族头上、用它们来对人类生活进行格式化，并以此为裁判，那就是荒谬的了。"③ 因此，中国哲学社会科学对待国外的理论、概念、话语、方法，要有分析、有鉴别，适用的就拿来用，不适用的就不要生搬硬套。哲学社会科学要有批判精神，这是马克思主义最可贵的精神品质。

---

① 《习近平谈治国理政》第2卷，外文出版社，2017，第340页。
② 《习近平谈治国理政》第2卷，外文出版社，2017，第340页。
③ 《习近平谈治国理政》第2卷，外文出版社，2017，第340～341页。

2. 哲学社会科学要体现原创性、时代性

习近平总书记指出，"我们的哲学社会科学有没有中国特色，归根到底要看有没有主体性、原创性。跟在别人后面亦步亦趋，不仅难以形成中国特色哲学社会科学，而且解决不了我国的实际问题"①。

习近平总书记强调，"解决中国的问题，提出解决人类问题的中国方案，要坚持中国人的世界观、方法论。如果不加分析把国外学术思想和学术方法奉为圭臬，一切以此为准绳，那就没有独创性可言了。如果用国外的方法得出与国外同样的结论，那也就没有独创性可言了。要推出具有独创性的研究成果，就要从我国实际出发，坚持实践的观点、历史的观点、辩证的观点、发展的观点，在实践中认识真理、检验真理、发展真理"②。中国哲学社会科学只有以中国实际为研究起点，提出具有主体性、原创性的理论观点，构建具有自身特质的学科体系、学术体系、话语体系，才能形成自己的特色和优势。

理论的生命力在于创新。习近平总书记十分强调哲学社会科学创新的重要性，认为创新是哲学社会科学发展的永恒主题，也是社会发展、实践深化、历史前进对哲学社会科学的必然要求。"社会总是在发展的，新情况新问题总是层出不穷的，其中有一些可以凭老经验、用老办法来应对和解决，同时也有不少是老经验、老办法不能应对和解决的。如果不能及时研究、提出、运用新思想、新理念、新办法，理论就会苍白无力，哲学社会科学就会'肌无力'"③。中国哲学社会科学创新既可以是揭示一条规律，也可以是提出一种学说，还可以是阐明一个道理，还可以是创造一种解决问题的办法。

习近平总书记指出，中国哲学社会科学创新要从问题意识出发，"理

---

① 《习近平谈治国理政》第 2 卷，外文出版社，2017，第 341～342 页
② 《习近平谈治国理政》第 2 卷，外文出版社，2017，第 341 页。
③ 《习近平谈治国理政》第 2 卷，外文出版社，2017，第 342 页。

论思维的起点决定着理论创新的结果。理论创新只能从问题开始。从某种意义上说，理论创新的过程就是发现问题、筛选问题、研究问题、解决问题的过程"①。习近平总书记通过研究分析指出，"柏拉图的《理想国》、亚里士多德的《政治学》、托马斯·莫尔的《乌托邦》、康帕内拉的《太阳城》、洛克的《政府论》、孟德斯鸠的《论法的精神》、卢梭的《社会契约论》、汉密尔顿等人著的《联邦党人文集》、黑格尔的《法哲学原理》、克劳塞维茨的《战争论》、亚当·斯密的《国民财富的性质和原因的研究》、马尔萨斯的《人口原理》、凯恩斯的《就业利息和货币通论》、约瑟夫·熊彼特的《经济发展理论》、萨缪尔森的《经济学》、弗里德曼的《资本主义与自由》、西蒙·库兹涅茨的《各国的经济增长》等著作，过去我都翻阅过，一个重要感受就是这些著作都是时代的产物，都是思考和研究当时当地社会突出矛盾和问题的结果"②。

事实证明，改革开放以来，我们党坚持理论创新，正确回答了什么是社会主义、怎样建设社会主义，建设什么样的党、怎样建设党，实现什么样的发展、怎样发展等重大课题，不断根据新的实践推出新的理论，为党和国家制定各项方针政策、推进各项工作提供了科学指导。推进国家治理体系和治理能力现代化，发展社会主义市场经济，发展社会主义民主政治，发展社会主义协商民主，建设中国特色社会主义法治体系，发展社会主义先进文化，培育和践行社会主义核心价值观，建设社会主义和谐社会，建设生态文明，构建开放型经济新体制，实施总体国家安全观，建设人类命运共同体，推进"一带一路"建设，坚持正确义利观，加强党的执政能力建设，坚持走中国特色强军之路、实现党在新形势下的强军目标，等等，都是我们党依据改革发展的实践要求提出的具有原创性、时代性的概念和理论。在这个过程中，中国哲学社会科学界做出

---

① 《习近平谈治国理政》第2卷，外文出版社，2017，第342页。
② 《习近平谈治国理政》第2卷，外文出版社，2017，第342~343页。

了重大贡献，也形成了不可比拟的优势。

习近平总书记强调指出，"当代中国的伟大社会变革，不是简单延续我国历史文化的母版，不是简单套用马克思主义经典作家设想的模板，不是其他国家社会主义实践的再版，也不是国外现代化发展的翻版，不可能找到现成的教科书"①。中国哲学社会科学应该以中国正在做的事情为中心，从中国改革发展的实践中挖掘新材料、发现新问题、提出新观点、构建新理论，加强对改革开放和社会主义现代化建设实践经验的系统总结，加强对发展社会主义市场经济、民主政治、先进文化、和谐社会、生态文明以及党的执政能力建设等领域的分析研究，加强对治国理政新理念、新思想、新战略的研究阐释，提炼出有学理性的新理论，概括出有规律性的新实践。这是构建中国特色哲学社会科学的着力点、着重点。一切刻舟求剑、照猫画虎、生搬硬套、依样画葫芦的做法都是无济于事的。

与时代同步伐，与人民共命运，关注和回答时代和实践提出的重大课题，是马克思主义永葆生机活力的奥妙所在。习近平总书记深刻地提出，"要坚持问题导向，聚焦我国改革开放和社会主义现代化建设面临的重大现实问题、全局性战略问题、人民群众关心关注的热点难点问题，为解决问题提供新理念、新思路、新办法。要吸收人类创造的一切优秀文化成果，不断深化对共产党执政规律、社会主义建设规律、人类社会发展规律的认识，发展21世纪马克思主义、当代中国马克思主义，续写马克思主义中国化新篇章"②。

3. 哲学社会科学要体现系统性、专业性

哲学社会科学研究范畴很广，不同学科有自己的知识体系和研究方

---

① 《习近平谈治国理政》第2卷，外文出版社，2017，第344页。
② 《深刻感悟和把握马克思主义真理力量 谱写新时代中国特色社会主义新篇章》，《人民日报》2018年4月25日，第1版。

法。习近平总书记分析指出，对一切有益的知识体系和研究方法，都要研究借鉴，不能采取不加分析、一概排斥的态度。"马克思、恩格斯在建立自己理论体系的过程中就大量吸收借鉴了前人创造的成果。对现代社会科学积累的有益知识体系，运用的模型推演、数量分析等有效手段，我们也可以用，而且应该好好用。需要注意的是，在采用这些知识和方法时不要忘了老祖宗，不要失去了科学判断力。"① 习近平总书记指出，要处理好基础学科、重点学科、新兴学科、交叉学科与冷门学科的关系，提出文化传承的问题，如甲骨文等古文字研究等，要重视这些学科，确保有人做、有传承。总之，中国哲学社会科学要通过努力，使基础学科健全扎实、重点学科优势突出、新兴学科和交叉学科创新发展、冷门学科代有传承、基础研究和应用研究相辅相成、学术研究和成果应用相互促进。

中国特色哲学社会科学应该涵盖历史、经济、政治、文化、社会、生态、军事、党建等各领域，囊括传统学科、新兴学科、前沿学科、交叉学科、冷门学科等诸多学科，要不断推进学科体系、学术体系、话语体系建设和创新，努力构建一个全方位、全领域、全要素的哲学社会科学体系。

学科体系同教材体系密不可分。学科体系建设上不去，教材体系就上不去；反过来，教材体系上不去，学科体系就没有后劲。目前，中国本科院校几乎都设立了哲学社会科学学科，文科生也占了在校学生很大比例。这些学生是中国哲学社会科学的后备军，如果在学生阶段没有学会正确的世界观、方法论，没有打下扎实的知识基础，将来就难以担当重任。中国高校哲学社会科学有重要的育人功能，要面向全体学生，帮助学生形成正确的世界观、人生观、价值观，提高道德修养和精神境界，养成科学思维习惯，促进身心和人格健康发展。"培养出好的哲学

---

① 《习近平谈治国理政》第2卷，外文出版社，2017，第341页。

社会科学有用之才，就要有好的教材。"① 习近平总书记总结指出，在实施马克思主义理论研究和建设工程的过程中，马克思主义理论教材建设取得了重要成果，但总体看这方面还是一个短板。因此"要抓好教材体系建设，形成适应中国特色社会主义发展要求、立足国际学术前沿、门类齐全的哲学社会科学教材体系。在教材编写、推广、使用上要注重体制机制创新，调动学者、学校、出版机构等方面积极性，大家共同来做好这项工作"②。

习近平总书记强调，构建中国特色哲学社会科学是一个系统工程，是一项极其繁重的任务，要加强顶层设计，统筹各方面力量协同推进。"要实施哲学社会科学创新工程，搭建哲学社会科学创新平台，全面推进哲学社会科学各领域创新。要充分发挥马克思主义理论研究和建设工程、中国特色社会主义理论体系研究中心、马克思主义学院、报刊网络理论宣传等思想理论工作平台的作用，深化拓展马克思主义理论研究和宣传教育。要运用互联网和大数据技术，加强哲学社会科学图书文献、网络、数据库等基础设施和信息化建设，加快国家哲学社会科学文献中心建设，构建方便快捷、资源共享的哲学社会科学研究信息化平台。要创新科研经费分配、资助、管理体制，更好发挥国家社科基金作用，把财政拨款和专项资助结合起来，把普遍性经费资助和竞争性经费资助结合起来，把政府资助和社会捐赠结合起来，加大科研投入，提高经费使用效率。要建立科学权威、公开透明的哲学社会科学成果评价体系，建立优秀成果推介制度，把优秀研究成果真正评出来、推广开"③。

总之，习近平总书记关于构建和发展具有继承性和民族性、原创性和时代性、系统性和专业性的中国特色哲学社会科学的一系列重要论述

---

① 《习近平谈治国理政》第 2 卷，外文出版社，2017，第 345 页。
② 《习近平谈治国理政》第 2 卷，外文出版社，2017，第 346 页。
③ 《习近平谈治国理政》第 2 卷，外文出版社，2017，第 346～348 页。

论断，是指导中国哲学社会科学——这一社会主义先进文化形态建设的纲领性要求和重要遵循。

（三）加强中国话语体系建设

习近平总书记高度重视中国话语体系建设，他深刻地指出，"落后就要挨打，贫穷就要挨饿，失语就要挨骂。形象地讲，长期以来，我们党带领人民就是要不断解决'挨打'、'挨饿'、'挨骂'这三大问题。经过几代人不懈奋斗，前两个问题基本得到解决，但'挨骂'问题还没有得到根本解决。争取国际话语权是我们必须解决好的一个重大问题"①。

1. 加强中国话语体系建设的必要性和可能性

国际话语权是指在国际上的学术话语权，就是在国际各个学术领域中判别事实之是非曲直，特别是制度之优劣美丑的垄断性权力。长期以来，一些西方大国凭借其强大的经济实力和文化优势占据国际话语权，以其所谓的相对定型的概念体系、逻辑推理体系、学科体系（其背后支撑的就是西方的价值观和价值体系），肆意使用国际话语权对他国的现实与制度进行强行评判及裁量，最终为其西方价值观输出，进行文化入侵及和平演变做好思想文化准备。加强中国的话语体系建设，目的是争取中国的国际话语权，就是要打破西方大国对国际学术话语的垄断，特别是要打破西方大国凭借其相对定型的学术话语体系对中国的现实和制度进行否定性裁量的权力，为中国特色社会主义的道路、制度进行充分的且可为世界上绝大多数国家接受的合理性、正当性论证。

习近平总书记从更宽广、更宏大的视角，对建构具有中国特色的话语体系进行了论述。他指出，"当代中国正经历着我国历史上最为广泛而深刻的社会变革，也正在进行着人类历史上最为宏大而独特的实践创新。这种前无古人的伟大实践，必将给理论创造、学术繁荣提供强大动力和

①　习近平：《在全国党校工作会议上的讲话》，人民出版社，2016，第20页。

广阔空间。这是一个需要理论而且一定能够产生理论的时代，这是一个需要思想而且一定能够产生思想的时代。我们不能辜负了这个时代"①。国家之魂，文以化之，文以铸之。中华民族要立起来，就必须珍惜自己的思想文化，发展自己的思想文化，并在国际上争取话语权，让自己的思想文化赢得世界的普遍尊重和广泛支持或认同，因此，就必须大力加强中国自己的学术话语体系建设。

支撑话语体系的基础是哲学社会科学体系。没有自己的哲学社会科学体系，就没有话语权。习近平总书记强调要发挥中国哲学社会科学的作用，要注意加强话语体系建设。"在解读中国实践、构建中国理论上，我们应该最有发言权，但实际上我国哲学社会科学在国际上的声音还比较小，还处于有理说不出、说了传不开的境地。"②

2. 建构中国话语体系的基本原则

不同于甚至对立于西方哲学社会科学话语体系，区别于中国传统话语体系，当代中国哲学社会科学的话语体系建设，必须把握以下原则。

一是要坚持马克思主义的"基因"。这是中国哲学社会科学话语体系的独特品性。习近平总书记指出，"当代中国哲学社会科学是以马克思主义进入我国为起点的，是在马克思主义指导下逐步发展起来的"③。"我国哲学社会科学坚持以马克思主义为指导，是近代以来我国发展历程赋予的规定性和必然性。"④ 不坚持以马克思主义为指导，中国哲学社会科学就会失去灵魂、迷失方向，最终也不能发挥应有作用。在庆祝建党95周年的讲话中，习近平总书记代表全党发出了"不忘初心"的誓言："中国共产党之所以叫共产党，就是因为从成立之日起我们党就把共产主义确

---

① 习近平：《在哲学社会科学工作座谈会上的讲话》，人民出版社，2016，第8页。
② 《习近平谈治国理政》第2卷，外文出版社，2017，第346页。
③ 习近平：《在哲学社会科学工作座谈会上的讲话》，人民出版社，2016，第5~6页。
④ 习近平：《在哲学社会科学工作座谈会上的讲话》，人民出版社，2016，第9页。

立为远大理想。"①

二是要为中国特色社会主义进行发声理证。这是中国哲学社会科学话语体系的历史使命。当代中国哲学社会科学的发展，离不开中国特色社会主义的实践沃土。中国特色社会主义已取得了举世瞩目的巨大成就，在西方社会利用话语霸权千方百计对我们的发展道路进行诋毁或不予认同的情形下，中国哲学社会科学界有义务、有责任来加以研究、总结，进行理论阐述和理论证明。理论源自实践，理论也必须为实践服务。因此，习近平总书记深刻地指出，"坚持和发展中国特色社会主义，统筹推进'五位一体'总体布局和协调推进'四个全面'战略布局，实现'两个一百年'奋斗目标、实现中华民族伟大复兴的中国梦，我国哲学社会科学可以也应该大有作为"②。"中国共产党人和中国人民完全有信心为人类对更好社会制度的探索提供中国方案。"③ 习近平总书记阐发了中国共产党人要带领十三亿中国人民为人类文明发展开辟新道路、再做中国贡献、再创历史辉煌的豪情壮志和豪迈气概。

三是要具有鲜明的"中国特色、中国风格、中国气派"。这是中国哲学社会科学话语体系的内容与形式的特性。习近平总书记指出，构建中国特色哲学社会科学，"要在指导思想、学科体系、学术体系、话语体系等方面充分体现中国特色、中国风格、中国气派"④。只有具有鲜明的"中国特色、中国风格、中国气派"，才能提升中国话语在国际上的软实力和影响力；只有具有鲜明的"中国特色、中国风格、中国气派"，才能超越西方主导的话语体系、打破西方话语体系的垄断地位；只有具有鲜明的"中国特色、中国风格、中国气派"，才能为中国道路、中国模式做出令人信服的学理支撑；只有具有鲜明的"中国特色、中国风格、中国

---

① 《十八大以来重要文献选编》（下），中央文献出版社，2018，第347页。
② 习近平：《在哲学社会科学工作座谈会上的讲话》，人民出版社，2016，第7页。
③ 《十八大以来重要文献选编》（下），中央文献出版社，2018，第349页。
④ 《习近平谈治国理政》第2卷，外文出版社，2017，第338页。

气派"，才能增强中国道路、中国模式的世界吸引力和感染力。2015 年
12 月 11 日，在全国党校工作会议上，习近平总书记提出党校要根据时代
变化和实践发展，加强理论总结和理论创新，为发展 21 世纪马克思主
义、当代中国马克思主义做出努力。习近平总书记深刻指出，"党校特别
是中央党校要坚持以马克思主义为指导，在研究上多下功夫，多搞'集
成'和'总装'，多搞'自主创新'和'综合创新'，为建设具有中国特
色、中国风格、中国气派的哲学社会科学体系作出贡献"①。党校要发挥
自己马克思主义基本理论学科优势，认真研究、宣传、阐述党的思想理论，
加强党的基本理论研究，及时发出中国声音、鲜明地展现中国思想、响亮
地提出中国主张。党校还要充分发挥课堂、报刊、网站、出版物等阵地优
势，坚持在重大政治原则和大是大非问题上净化"噪音""杂音"，弘扬主
旋律，传播正能量。

　　四是要拥有恢宏的世界包容性。这是中国哲学社会科学话语体系得
以立足的重要支撑。习近平总书记指出，"强调民族性并不是要排斥其他
国家的学术研究成果，而是要在比较、对照、批判、吸收、升华的基础
上，使民族性更加符合当代中国和当今世界的发展要求，越是民族的越
是世界的。解决好民族性问题，就有更强能力去解决世界性问题；把中
国实践总结好，就有更强能力为解决世界性问题提供思路和办法。这是
由特殊性到普遍性的发展规律"②。强调中国话语体系要坚持马克思主义
的本源和"基因"，要为中国特色社会主义进行学理证明，要有"中国特
色、中国风格、中国气派"，并不是说我们可以关起门来，不顾世界优秀
文明的成果，不顾其他国家哲学社会科学的新发展，闷头建构我们自己
的话语体系，而是必须准确把握人类文明发展的新趋势，世界各类文明
发展的新态势；必须及时了解各国经济社会发展的新情况；必须深谙融

---

①　习近平：《在全国党校工作会议上的讲话》，人民出版社，2016，第 21 页。
②　《习近平谈治国理政》第 2 卷，外文出版社，2017，第 340 页。

通古今中外各种哲学社会科学学说；必须对西方比较定型的话语体系进行深入的研究和解析，找出其"元"话语的理论悖误，揭示其话语体系的逻辑谬误，同时汲取其中的有益理论滋养。只有这样，中国哲学社会科学话语体系才具有学术的生命力、公信力，从而才具有征服力、感染力和战斗力。

五是中国哲学社会科学话语体系要体现原创性。习近平总书记指出，"当代中国的伟大社会变革，不是简单延续我国历史文化的母版，不是简单套用马克思主义经典作家设想的模板，不是其他国家社会主义实践的再版，也不是国外现代化发展的翻版，不可能找到现成的教科书。我国哲学社会科学应该以我们正在做的事情为中心，从我国改革发展的实践中挖掘新材料、发现新问题、提出新观点、构建新理论"[①]。中国特色的哲学社会科学话语体系是马克思主义经典话语体系在当今时代条件下的再创造，是一种以马克思主义为"基因"，植根于中国传统文化，继承了中国革命、建设文化的衣钵，批判地吸取世界先进文化，紧密结合当代中国改革发展与世界变革的实际而创设的新型话语体系。

3. 中国话语体系建构的基本方略

关于中国哲学社会科学话语体系应该如何构建，习近平总书记强调，要"立足中国、借鉴国外，挖掘历史、把握当代，关怀人类、面向未来"[②]。

一是要牢牢以马克思主义话语资源为本源。马克思主义是我们的立党之基、执政之依。丢了马克思主义的思想之源，对中国来说，就是丢了灵魂、丢了根本，丢了经几代人奋斗得来的历史机遇，就会成为中华民族的千古罪人。习近平总书记意味深长地告诫全党，"我们党已经走过95年的历程，但我们要永远保持建党时中国共产党人的奋斗精神，永远保持对人民的赤子之心。一切向前走，都不能忘记走过的路；走得再远……不

---

① 《习近平谈治国理政》第2卷，外文出版社，2017，第344页。
② 《习近平谈治国理政》第2卷，外文出版社，2017，第338页。

能忘记为什么出发。面向未来，面对挑战，全党同志一定要不忘初心、继续前进"①。习近平总书记又指出，"马克思主义的资源，包括马克思主义基本原理，马克思主义中国化形成的成果及其文化形态，如党的理论和路线方针政策，中国特色社会主义道路、理论体系、制度，我国经济、政治、法律、文化、社会、生态、外交、国防、党建等领域形成的哲学社会科学思想和成果。这是中国特色哲学社会科学的主体内容，也是中国特色哲学社会科学发展的最大增量"②。当然，要坚持马克思主义理论与话语，就要发展马克思主义理论与话语，在坚持中发展，在发展中坚持。马克思主义话语体系在中国的指导地位既不是与生俱来的，也不是一劳永逸的。僵化保守，就会丧失马克思主义话语体系的指导地位。

二是要充分挖掘中华优秀传统文化话语资源。中华民族有着深厚文化传统，形成富有特色的思想体系，体现了中国人几千年来积累的知识智慧和理性思辨。这是我国的独特优势，也是构建中国哲学社会科学话语体系必须充分利用的沃土资源。利用得好坏，同样决定着中国哲学社会科学话语体系能否成功构建，决定着中华民族的世界地位甚至前途命运。但是，中国传统文化话语就其主导方面是为封建专制服务的，带有封建性。因此，要批判继承、与时俱进、推陈出新。要实现中华文明创造性转化、创新性发展。"要加强对中华优秀传统文化的挖掘和阐发，使中华民族最基本的文化基因与当代文化相适应、与现代社会相协调，把跨越时空、超越国界、富有永恒魅力、具有当代价值的文化精神弘扬起来。激活其生命力，让中华文明同各国人民创造的多彩文明一道，为人类提供正确精神指引。"③

三是要广纳国外哲学社会科学话语资源。包括世界所有国家哲学社

①　《十八大以来重要文献选编》（下），中央文献出版社，2018，第345页。
②　《习近平谈治国理政》第2卷，外文出版社，2017，第338~339页。
③　《习近平谈治国理政》第2卷，外文出版社，2017，第340页。

会科学取得的积极成果，都应该成为中国特色哲学社会科学的有益滋养。这样，中国社会科学话语体系才具有全球的包容性、世界的整合力、对人类命运的前瞻力。"要坚持古为今用、洋为中用，融通各种资源，不断推进知识创新、理论创新、方法创新。我们要坚持不忘本来、吸收外来、面向未来，既向内看、深入研究关系国计民生的重大课题，又向外看、积极探索关系人类前途命运的重大问题；既向前看、准确判断中国特色社会主义发展趋势，又向后看、善于继承和弘扬中华优秀传统文化精华"①。但是，决不能以仰仗西方学术话语、拾西方学术牙慧为追求与时尚。要注意"不能把一种理论观点和学术成果当成'唯一准则'，不能企图用一种模式来改造整个世界，否则就容易滑入机械论的泥坑。一些理论观点和学术成果可以用来说明一些国家和民族的发展历程，在一定地域和历史文化中具有合理性，但如果硬要把它们套在各国各民族头上、用它们来对人类生活进行格式化，并以此为裁判，那就是荒谬的了"②。

四是要以问题为导向进行理论和话语的创新。要坚守马克思主义，但经典作家不能完全解决当代紧迫的中国哲学社会科学话语体系的构建问题；要继承中华传统文化，但传统文化需要一个现代性转化与创新的问题；要汲取国外哲学社会科学，但国外尤其是西方哲学社会科学根本取向与我对立。在此情况下，唯有大胆创新，创立新理论、新话语。中国现在处于一个实践创新强烈地推动着理论创新的大好时代。创新是理论生命之所在，是理论兴衰存亡的关键。创立新理论、新话语，首先，要始终坚持马克思主义的指导地位。其次，以我国实际为研究起点，坚持"问题导向"。问题是创新的起点，也是创新的动力源。"理论创新只能从问题开始。从某种意义上说，理论创新的过程就是发现问题、筛选

---

① 《习近平谈治国理政》第 2 卷，外文出版社，2017，第 339 页。
② 《习近平谈治国理政》第 2 卷，外文出版社，2017，第 340～341 页。

问题、研究问题、解决问题的过程"①。"我国哲学社会科学应该以我们正在做的事情为中心，从我国改革发展的实践中挖掘新材料、发现新问题、提出新观点、构建新理论，加强对改革开放和社会主义现代化建设实践经验的系统总结，加强对发展社会主义市场经济、民主政治、先进文化、和谐社会、生态文明以及党的执政能力建设等领域的分析研究，加强对党中央治国理政新理念新思想新战略的研究阐释，提炼出有学理性的新理论，概括出有规律性的新实践。这是构建中国特色哲学社会科学的着力点、着重点"②。再次，要坚持以"我"为主、以"我"为中心。要吸收汲取世界所有国家的哲学社会科学话语积极成果，但千万不能忘了以"我"为主、以"我"为中心，坚持"洋为中用"。汲取世界各国哲学社会科学话语资源的主体是我们，是以"我们"为中心，为"我们"这一主体服务的；汲取世界各国哲学社会科学话语资源的目的，是为构建具有中国特色的哲学社会科学话语体系，而不是为的其他。习近平总书记强调，"只有以我国实际为研究起点，提出具有主体性、原创性的理论观点，构建具有自身特质的学科体系、学术体系、话语体系，我国哲学社会科学才能形成自己的特色和优势"③。

五是要提炼标识性概念形成话语体系。创立、构建中国哲学社会科学话语体系是一个长期、艰巨、复杂的过程。不可能一蹴而就，可能需要几代人坚忍不拔的努力。有效的办法就是从具体的事情做起，从点滴的积累做起，从各门学科做起，从创立新概念入手。聚沙成塔、滚雪成球。习近平总书记提出，"要善于提炼标识性概念，打造易于为国际社会所理解和接受的新概念、新范畴、新表述，引导国际学术界展开研究和讨论。这项工作要从学科建设做起，每个学科都要构建成体系的学科理

---

① 《习近平谈治国理政》第2卷，外文出版社，2017，第342页。
② 《习近平谈治国理政》第2卷，外文出版社，2017，第344页。
③ 《习近平谈治国理政》第2卷，外文出版社，2017，第342页。

论和概念"①。

六是要通过拓展中外学术交流增强中国话语的国际影响力。国际话语权的构建一要靠学术正当性，二要靠学术传播力。两者相辅相成。光有学术正当性，不注重学术传播力，一味认定"酒香不怕巷子深"，是要吃哑巴亏的。对此，习近平要求，"要鼓励哲学社会科学机构参与和设立国际性学术组织，支持和鼓励建立海外中国学术研究中心，支持国外学会、基金会研究中国问题，加强国内外智库交流，推动海外中国学研究。要聚焦国际社会共同关注的问题，推出并牵头组织研究项目，增强我国哲学社会科学研究的国际影响力。要加强优秀外文学术网站和学术期刊建设，扶持面向国外推介高水平研究成果。对学者参加国际学术会议、发表学术文章，要给予支持"②。

二 推动文艺繁荣发展

社会主义文艺是社会主义先进文化形态的重要组成部分。社会主义先进文化形态建设离不开社会主义文艺繁荣发展。习近平总书记就推动社会主义文艺繁荣发展提出了一系列重要论述。习近平总书记在党的十九大报告中提出，要繁荣发展社会主义文艺。社会主义文艺是人民的文艺，必须坚持以人民为中心的创作导向，在深入生活、扎根人民中进行无愧于时代的文艺创造。要繁荣文艺创作，坚持思想精深、艺术精湛、制作精良相统一，加强现实题材创作，不断推出讴歌党、讴歌祖国、讴歌人民、讴歌英雄的精品力作。发扬学术民主、艺术民主，提升文艺原创力，推动文艺创新。倡导讲品位、讲格调、讲责任，抵制低俗、庸俗、媚俗。加强文艺队伍建设，造就一大批德艺双馨的名家大师，培育一大

---

① 《习近平谈治国理政》第 2 卷，外文出版社，2017，第 346 页。
② 《习近平谈治国理政》第 2 卷，外文出版社，2017，第 346 页。

批高水平创作人才。

习近平总书记高度重视文艺和文艺工作，强调文艺事业是党和人民的重要事业，文艺战线是党和人民的重要战线。在革命、建设、改革各个历史时期，广大文艺工作者响应党的号召，坚持为人民服务、为社会主义服务的方向，坚持百花齐放、百家争鸣的方针，创作了一大批脍炙人口、深入人心的优秀作品，弘扬了中国精神，凝聚了中国力量，为我们党团结带领人民实现民族独立、人民解放、国家富强、人民幸福做出了十分重要的贡献。习近平总书记站在中国和世界发展大势中来审视文艺和文艺工作的重要性。他说，"实现中华民族伟大复兴，是近代以来中国人民最伟大的梦想。今天，我们比历史上任何时期都更接近中华民族伟大复兴的目标，比历史上任何时期都更有信心、有能力实现这个目标。而实现这个目标，必须高度重视和充分发挥文艺和文艺工作者的重要作用"①。

习近平总书记分析指出，"文化是民族生存和发展的重要力量。人类社会每一次跃进，人类文明每一次升华，无不伴随着文化的历史性进步。中华民族有着5000多年的文明史，近代以前中国一直是世界强国之一。在几千年的历史流变中，中华民族从来不是一帆风顺的，遇到了无数艰难困苦，但我们都挺过来、走过来了，其中一个很重要的原因就是世世代代的中华儿女培育和发展了独具特色、博大精深的中华文化，为中华民族克服困难、生生不息提供了强大精神支撑"②。习近平总书记强调，"古往今来，中华民族之所以在世界有地位、有影响，不是靠穷兵黩武，不是靠对外扩张，而是靠中华文化的强大感召力和吸引力。我们的先人早就认识到'远人不服，则修文德以来之'的道理。阐释中华民族禀赋、中华民族特点、中华民族精神，以德服人、以文化人是其中很重要的一

---

① 《十八大以来重要文献选编》（中），中央文献出版社，2016，第119页。
② 《十八大以来重要文献选编》（中），中央文献出版社，2016，第119页。

个方面"①。"历史和现实都证明，中华民族有着强大的文化创造力。每到重大历史关头，文化都能感国运之变化、立时代之潮头、发时代之先声，为亿万人民、为伟大祖国鼓与呼。中华文化既坚守本根又不断与时俱进，使中华民族保持了坚定的民族自信和强大的修复能力，培育了共同的情感和价值、共同的理想和精神。"②

习近平总书记强调，实现"两个一百年"奋斗目标、实现中华民族伟大复兴的中国梦是长期而艰巨的伟大事业。伟大事业需要伟大精神。实现这个伟大事业，文艺的作用不可替代，文艺工作者大有可为。广大文艺工作者要从这样的高度认识文艺的地位和作用，认识自己所担负的历史使命和责任。

（一）思想和价值观念是文艺的灵魂

习近平总书记指出，"对文艺来讲，思想和价值观念是灵魂，一切表现形式都是表达一定思想和价值观念的载体。离开了一定思想和价值观念，再丰富多样的表现形式也是苍白无力的。文艺的性质决定了它必须以反映时代精神为神圣使命。社会主义核心价值观是当代中国精神的集中体现，是凝聚中国力量的思想道德基础。广大文艺工作者要把培育和弘扬社会主义核心价值观作为根本任务，坚定不移用中国人独特的思想、情感、审美去创作属于这个时代、又有鲜明中国风格的优秀作品"③。

1. 中国精神是社会主义文艺的灵魂

每个时代都有每个时代的精神。中国精神包含以爱国主义为核心的民族精神和以改革创新为核心的时代精神，社会主义核心价值观作为当代中国精神的集中体现，是中国特色社会主义文艺的灵魂。

---

① 《十八大以来重要文献选编》（中），中央文献出版社，2016，第 119~120 页。
② 《十八大以来重要文献选编》（中），中央文献出版社，2016，第 121 页。
③ 《习近平谈治国理政》第 2 卷，外文出版社，2017，第 351 页。

习近平总书记指出，"实现中国梦必须走中国道路、弘扬中国精神、凝聚中国力量。核心价值观是一个民族赖以维系的精神纽带，是一个国家共同的思想道德基础。如果没有共同的核心价值观，一个民族、一个国家就会魂无定所、行无依归。为什么中华民族能够在几千年的历史长河中生生不息、薪火相传、顽强发展呢？很重要的一个原因就是中华民族有一脉相承的精神追求、精神特质、精神脉络"①。"鲁迅先生说，要改造国人的精神世界，首推文艺。举精神之旗、立精神支柱、建精神家园，都离不开文艺。当高楼大厦在我国大地上遍地林立时，中华民族精神的大厦也应该巍然耸立。"② 习近平总书记鼓励中国作家、艺术家应该成为时代风气的先觉者、先行者、先倡者，通过更多有筋骨、有道德、有温度的文艺作品，书写和记录人民的伟大实践、时代的进步要求，彰显信仰之美、崇高之美，弘扬中国精神、凝聚中国力量，鼓舞全国各族人民朝气蓬勃迈向未来。习近平总书记指出，"古往今来，世界各民族无一例外受到其在各个历史发展阶段上产生的文艺精品和文艺巨匠的深刻影响。中华民族精神，既体现在中国人民的奋斗历程和奋斗业绩中，体现在中国人民的精神生活和精神世界中，也反映在几千年来中华民族产生的一切优秀作品中，反映在我国一切文学家、艺术家的杰出创造活动中"③。

文艺是铸造灵魂的工程，文艺工作者是灵魂的工程师。习近平总书记指出："好的文艺作品就应该像蓝天上的阳光、春季里的清风一样，能够启迪思想、温润心灵、陶冶人生，能够扫除颓废萎靡之风。'凡作传世之文者，必先有可以传世之心。'"④ 广大文艺工作者要高扬社会主义核心价值观的旗帜，充分认识肩上的责任，把社会主义核心价值观生动活泼、活灵活现地体现在文艺创作之中，用栩栩如生的作品形象告诉人们什么

① 《十八大以来重要文献选编》（中），中央文献出版社，2016，第133页。
② 《十八大以来重要文献选编》（中），中央文献出版社，2016，第122页。
③ 《习近平谈治国理政》第2卷，外文出版社，2017，第350页。
④ 《十八大以来重要文献选编》（中），中央文献出版社，2016，第134页。

是应该肯定和赞扬的，什么是必须反对和否定的，做到春风化雨、润物无声。习近平总书记进一步指出，"文艺界知名人士很多，社会影响力不小，大家不仅要在文艺创作上追求卓越，而且要在思想道德修养上追求卓越，更应身体力行践行社会主义核心价值观，努力做到言为士则、行为世范"①。

追求真善美是文艺的永恒价值。艺术的最高境界就是让人动心，让人们的灵魂经受洗礼，让人们发现自然的美、生活的美、心灵的美。习近平总书记强调指出，"要通过文艺作品传递真善美，传递向上向善的价值观，引导人们增强道德判断力和道德荣誉感，向往和追求讲道德、尊道德、守道德的生活。只要中华民族一代接着一代追求真善美的道德境界，我们的民族就永远健康向上、永远充满希望"②。

文艺创作不仅要有当代生活的底蕴，而且要有文化传统的血脉。习近平总书记分析指出，"求木之长者，必固其根本；欲流之远者，必浚其泉源"。中华优秀传统文化是中华民族的精神命脉，是涵养社会主义核心价值观的重要源泉，也是我们在世界文化激荡中站稳脚跟的坚实根基。习近平总书记深刻地指出："增强文化自觉和文化自信，是坚定道路自信、理论自信、制度自信的题中应有之义。如果'以洋为尊'、'以洋为美'、'唯洋是从'，把作品在国外获奖作为最高追求，跟在别人后面亦步亦趋、东施效颦，热衷于'去思想化'、'去价值化'、'去历史化'、'去中国化'、'去主流化'那一套，绝对是没有前途的！"③

中华民族在长期实践中培育和形成独特的思想理念和道德规范，有崇仁爱、重民本、守诚信、讲辩证、尚和合、求大同等思想，有自强不息、敬业乐群、扶正扬善、扶危济困、见义勇为、孝老爱亲等传统美德。

---

① 《十八大以来重要文献选编》（中），中央文献出版社，2016，第 134 页。
② 《十八大以来重要文献选编》（中），中央文献出版社，2016，第 135 页。
③ 《十八大以来重要文献选编》（中），中央文献出版社，2016，第 135～136 页。

中华优秀传统文化中很多思想理念和道德规范，不论过去还是现在，都有其永不褪色的价值。我们要结合新的时代条件传承和弘扬中华优秀传统文化。

传承中华文化，绝不是简单复古，也不是盲目排外，而是古为今用、洋为中用，辩证取舍、推陈出新，摒弃消极因素，继承积极思想，"以古人之规矩，开自己之生面"，实现中华文化的创造性转化和创新性发展。习近平总书记强调，"弘扬社会主义核心价值观，继承和发扬中华民族优秀传统文化，坚持和弘扬中国精神，并不排斥学习借鉴世界优秀文化成果。我们社会主义文艺要繁荣发展起来，必须认真学习借鉴世界各国人民创造的优秀文艺。只有坚持洋为中用、开拓创新，做到中西合璧、融会贯通，我国文艺才能更好发展繁荣起来"[①]。

2. 坚持以人民为中心的创作导向

社会主义文艺，从本质上讲，就是人民的文艺。习近平总书记强调，"人民既是历史的创造者、也是历史的见证者，既是历史的'剧中人'、也是历史的'剧作者'。文艺要反映好人民心声，就要坚持为人民服务、为社会主义服务这个根本方向"[②]。这是党对文艺战线提出的一项基本要求，也是决定我国文艺事业前途命运的关键。只有牢固树立马克思主义文艺观，真正做到了以人民为中心，文艺才能发挥最大正能量。以人民为中心，就是要把满足人民精神文化需求作为文艺工作的出发点和落脚点，把人民作为文艺表现的主体，把人民作为文艺审美的鉴赏家和评判者，把为人民服务作为文艺工作者的天职。具体来讲，关于以人民为中心的文艺创作导向包括以下主要内容。

第一，人民需要文艺。人民的需求是多方面的。人类社会与动物界的最大区别就是人是有精神需求的，人民对精神文化生活的需求时时刻

[①]　《十八大以来重要文献选编》（中），中央文献出版社，2016，第136页。
[②]　《十八大以来重要文献选编》（中），中央文献出版社，2016，第127页。

刻都存在。习近平总书记分析指出，随着人民生活水平不断提高，人民对包括文艺作品在内的文化产品的质量、品位、风格等的要求也提高了。"文学、戏剧、电影、电视、音乐、舞蹈、美术、摄影、书法、曲艺、杂技以及民间文艺、群众文艺等各领域都要跟上时代发展、把握人民需求，以充沛的激情、生动的笔触、优美的旋律、感人的形象创作生产出人民喜闻乐见的优秀作品，让人民精神文化生活不断迈上新台阶。"① 习近平总书记进一步分析指出，"国际社会对中国的关注度越来越高，他们想了解中国，想知道中国人的世界观、人生观、价值观，想知道中国人对自然、对世界、对历史、对未来的看法，想知道中国人的喜怒哀乐，想知道中国历史传承、风俗习惯、民族特性，等等。这些光靠正规的新闻发布、官方介绍是远远不够的，靠外国民众来中国亲自了解、亲身感受是很有限的。而文艺是最好的交流方式，在这方面可以发挥不可替代的作用，一部小说，一篇散文，一首诗，一幅画，一张照片，一部电影，一部电视剧，一曲音乐，都能给外国人了解中国提供一个独特的视角，都能以各自的魅力去吸引人、感染人、打动人。京剧、民乐、书法、国画等都是我国文化瑰宝，都是外国人了解中国的重要途径"②。习近平总书记鼓励文艺工作者要讲好中国故事、传播好中国声音、阐发中国精神、展现中国风貌，让外国民众通过欣赏中国作家艺术家的作品来深化对中国的认识、增进对中国的了解。要向世界宣传推介中国优秀文化艺术，让国外民众在审美过程中感受魅力，加深对中华文化的认识和理解。

第二，文艺需要人民。人民是文艺创作的源头活水，一旦离开人民，文艺就会变成无根的浮萍、无病的呻吟、无魂的躯壳。人民生活中本来就存在文学艺术原料的矿藏，人民生活是一切文学艺术取之不尽、用之不竭的创作源泉。

---

① 《十八大以来重要文献选编》（中），中央文献出版社，2016，第128页。
② 《十八大以来重要文献选编》（中），中央文献出版社，2016，第128页。

习近平总书记指出，"人民的需要是文艺存在的根本价值所在。能不能搞出优秀作品，最根本的决定于是否能为人民抒写、为人民抒情、为人民抒怀。一切轰动当时、传之后世的文艺作品，反映的都是时代要求和人民心声。我国久传不息的名篇佳作都充满着对人民命运的悲悯、对人民悲欢的关切，以精湛的艺术彰显了深厚的人民情怀"①。"人民不是抽象的符号，而是一个一个具体的人，有血有肉，有情感，有爱恨，有梦想，也有内心的冲突和挣扎。不能以自己的个人感受代替人民的感受，而是要虚心向人民学习、向生活学习，从人民的伟大实践和丰富多彩的生活中汲取营养，不断进行生活和艺术的积累，不断进行美的发现和美的创造。要始终把人民的冷暖、人民的幸福放在心中，把人民的喜怒哀乐倾注在自己的笔端，讴歌奋斗人生，刻画最美人物，坚定人们对美好生活的憧憬和信心。"② 因此，社会主义文艺只有植根现实生活、紧跟时代潮流，才能发展繁荣；只有顺应人民意愿、反映人民关切，才能充满活力。

第三，文艺要热爱人民。习近平总书记深刻地指出，"有没有感情，对谁有感情，决定着文艺创作的命运。如果不爱人民，那就谈不上为人民创作"③。习近平总书记强调指出，"文艺工作者要想有成就，就必须自觉与人民同呼吸、共命运、心连心，欢乐着人民的欢乐，忧患着人民的忧患，做人民的孺子牛。这是唯一正确的道路，也是作家艺术家最大的幸福"④。

热爱人民不是一句口号，要有深刻的理性认识和具体的实践行动。对人民，要爱得真挚、爱得彻底、爱得持久，就要深深懂得人民是历史创造者的道理，深入群众、深入生活，诚心诚意做人民的小学生。习近

---

① 《十八大以来重要文献选编》（中），中央文献出版社，2016，第129页。
② 《十八大以来重要文献选编》（中），中央文献出版社，2016，第129~130页。
③ 《十八大以来重要文献选编》（中），中央文献出版社，2016，第130页。
④ 《十八大以来重要文献选编》（中），中央文献出版社，2016，第130页。

平总书记要求文艺工作者深入生活，要带着心，动真情。要解决好"为了谁、依靠谁、我是谁"这个问题，拆除"心"的围墙，不仅要"身入"，更要"心入""情入"。

习近平总书记在给入党不久的电影表演艺术家牛犇的信中写道："把为人民创作作为人生追求，坚持社会效益至上"，"文艺工作者做有信仰、有情怀、有担当的人，为繁荣发展社会主义文艺贡献力量"。60年来，一代代乌兰牧骑队员迎风雪、冒寒暑，长期在戈壁、草原上辗转跋涉，以天为幕布，以地为舞台，为广大农牧民送去了欢乐和文明，传递了党的声音和关怀。习近平总书记指出，乌兰牧骑的长盛不衰表明，人民需要艺术，艺术也需要人民。习近平总书记勉励乌兰牧骑队员在新时代，努力创作更多接地气、传得开、留得下的优秀作品，永远做草原上的"红色文艺轻骑兵"。

文艺的一切创新，归根到底都直接或间接来源于人民。世事洞明皆学问，人情练达即文章。艺术可以放飞想象的翅膀，但一定要脚踩坚实的大地。文艺创作方法有一百条、一千条，但最根本、最关键、最牢靠的办法是扎根人民、扎根生活。

（二）反映时代是文艺工作者的使命

习近平总书记从古今中外文艺历史发展规律出发，对文艺的时代性及优秀文艺作品的衡量标准提出了科学论断，并进而对广大文艺工作者提出了新时代的使命要求。

1. 文艺的时代性

习近平总书记指出，"一个时代有一个时代的文艺，一个时代有一个时代的精神。任何一个时代的经典文艺作品，都是那个时代社会生活和精神的写照，都具有那个时代的烙印和特征。任何一个时代的文艺，只有同国家和民族紧紧维系、休戚与共，才能发出振聋发聩的声音。反映时代是文艺工作者的使命。广大文艺工作者要把握时代脉搏，承担时代使命，聆听时代声音，勇于回答时代课题"①。

习近平总书记强调指出，"古今中外，文艺无不遵循这样一条规律：因时而兴，乘势而变，随时代而行，与时代同频共振。在人类发展的每一个重大历史关头，文艺都能发时代之先声、开社会之先风、启智慧之先河，成为时代变迁和社会变革的先导。离开火热的社会实践，在恢宏的时代主旋律之外茕茕孑立、喃喃自语，只能被时代淘汰"②。在我国发展史上，包括文艺在内的文化发展与中华民族发展紧紧联系在一起。先秦时期，我国出现了百家争鸣的兴盛局面，开创了我国古代文化的一个鼎盛期。20世纪初，在五四新文化运动中，发端于文艺领域的创新风潮对社会变革产生了重大影响，成为全民族思想解放运动的重要引擎。因此，习近平总书记指出："文艺是时代前进的号角，最能代表一个时代的风貌，最能引领一个时代的风气。'文变染乎世情，兴废系乎时序。'"③

2. 衡量优秀文艺作品的标准

"文章合为时而著，歌诗合为事而作。"衡量一个时代的文艺成就最终要看作品。文艺深深融入人民生活，事业和生活、顺境和逆境、梦想和期望、爱和恨、存在和死亡，人类生活的一切方面，都可以在文艺作品中找到启迪。文艺对年轻人吸引力最大，影响也最大。习近平总书记以自己青年时代读书和在陕北插队的经历指出，"文艺是世界语言，谈文艺，其实就是谈社会、谈人生，最容易相互理解、沟通心灵"④。

习近平总书记指出，"推动文艺繁荣发展，最根本的是要创作生产出无愧于我们这个伟大民族、伟大时代的优秀作品。没有优秀作品，其他事情搞得再热闹、再花哨，那也只是表面文章，是不能真正深入人民精

---

① 《习近平谈治国理政》第2卷，外文出版社，2017，第350页。
② 《习近平谈治国理政》第2卷，外文出版社，2017，第350页。
③ 《十八大以来重要文献选编》（中），中央文献出版社，2016，第121页。
④ 《十八大以来重要文献选编》（中），中央文献出版社，2016，第123~124页。

神世界的，是不能触及人的灵魂、引起人民思想共鸣的。文艺工作者应该牢记，创作是自己的中心任务，作品是自己的立身之本，要静下心来、精益求精搞创作，把最好的精神食粮奉献给人民"①。

优秀文艺作品反映一个国家、一个民族的文化创造能力和水平。吸引、引导、启迪人们必须有好的作品，推动中华文化"走出去"也必须有好的作品。所以，必须把创作生产优秀作品作为文艺工作的中心环节，努力创作生产更多传播当代中国价值观念、体现中华文化精神、反映中国人审美追求，思想性、艺术性、观赏性有机统一的优秀作品，形成"龙文百斛鼎，笔力可独扛"之势。优秀作品并不拘于一格、不形于一态、不定于一尊，既要有阳春白雪也要有下里巴人，既要顶天立地也要铺天盖地。习近平总书记强调，"只要有正能量、有感染力，能够温润心灵、启迪心智，传得开、留得下，为人民群众所喜爱，这就是优秀作品"②。

3. 新时代文艺工作者的使命责任

改革开放以来，中国文艺创作迎来了新的春天，产生了大量脍炙人口的优秀作品。同时，也不能否认，在文艺创作方面，也存在有数量缺质量、有"高原"缺"高峰"的现象，存在抄袭模仿、千篇一律的问题，存在机械化生产、快餐式消费的问题。习近平总书记分析了文艺创作中出现的种种问题后，深刻地指出，"文艺不能在市场经济大潮中迷失方向，不能在为什么人的问题上发生偏差，否则文艺就没有生命力"③。人类文艺发展史表明，急功近利，竭泽而渔，粗制滥造，不仅是对文艺的一种伤害，也是对社会精神生活的一种伤害。低俗不是通俗，欲望不代表希望，单纯感官娱乐不等于精神快乐。文艺要赢得人民认可，花拳绣腿不行，投机取巧不行，沽名钓誉不行，自我炒作不行，"大花轿，人

---

① 《十八大以来重要文献选编》（中），中央文献出版社，2016，第122~123页。
② 《十八大以来重要文献选编》（中），中央文献出版社，2016，第123页。
③ 《十八大以来重要文献选编》（中），中央文献出版社，2016，第124页。

抬人"也不行。习近平总书记进一步指出，"文艺创作如果只是单纯记述现状、原始展示丑恶，而没有对光明的歌颂、对理想的抒发、对道德的引导，就不能鼓舞人民前进。应该用现实主义精神和浪漫主义情怀观照现实生活，用光明驱散黑暗，用美善战胜丑恶，让人们看到美好、看到希望、看到梦想就在前方"①。

进入新时代，习近平总书记鼓励广大文艺工作者"要遵循言为士则、行为世范，牢记文化责任和社会担当，正确把握艺术个性和社会道德的关系，始终把社会效益放在首位，严肃认真考虑作品的社会效果。要珍惜自己的社会形象，在市场经济大潮面前耐得住寂寞、稳得住心神，不为一时之利而动摇、不为一时之誉而急躁，不当市场的奴隶，敢于向炫富竞奢的浮夸说'不'，向低俗媚俗的炒作说'不'，向见利忘义的陋行说'不'。要以深厚的文化修养、高尚的人格魅力、文质兼美的作品赢得尊重，成为先进文化的践行者、社会风尚的引领者，在为祖国、为人民立德立言中成就自我、实现价值"②。

（三）歌唱祖国礼赞英雄是文艺创作的永恒主题

中国特色社会主义进入新时代，中国文艺作为社会主义先进文化的重要形态，必须体现中国特色社会主义的最本质特征、新时代中国精神风貌以及中华民族为理想目标而不断奋斗的历程，即坚持中国共产党的领导，弘扬和践行社会主义核心价值观，体现以爱国主义为核心的民族精神和以改革创新为核心的时代精神，深刻反映和精彩讴歌党带领全体中国人民为实现民族复兴的中国梦而共同团结奋斗的伟大事业。

祖国是人民最坚实的依靠，英雄是民族最闪亮的坐标。歌唱祖国、

---

① 《十八大以来重要文献选编》（中），中央文献出版社，2016，第132页。
② 习近平：《在中国文联十大、中国作协九大开幕式上的讲话》，《人民日报》2016年12月1日，第2版。

礼赞英雄从来都是文艺创作的永恒主题，也是最动人的篇章。习近平总书记指出，"我们要高扬爱国主义主旋律，用生动的文学语言和光彩夺目的艺术形象，装点祖国的秀美河山，描绘中华民族的卓越风华，激发每一个中国人的民族自豪感和国家荣誉感。对中华民族的英雄，要心怀崇敬，浓墨重彩记录英雄、塑造英雄，让英雄在文艺作品中得到传扬，引导人民树立正确的历史观、民族观、国家观、文化观，绝不做亵渎祖先、亵渎经典、亵渎英雄的事情。要抒写改革开放和社会主义现代化建设的蓬勃实践，抒写多彩的中国、进步的中国、团结的中国，激励全国各族人民朝气蓬勃迈向未来"①。

在社会主义核心价值观中，最深层、最根本、最永恒的是爱国主义。爱国主义是常写常新的主题。习近平总书记强调，"拥有家国情怀的作品，最能感召中华儿女团结奋斗。范仲淹的'先天下之忧而忧，后天下之乐而乐'，陆游的'王师北定中原日，家祭无忘告乃翁''位卑未敢忘忧国'、'夜阑卧听风吹雨，铁马冰河入梦来'，文天祥的'人生自古谁无死，留取丹心照汗青'，林则徐的'苟利国家生死以，岂因祸福避趋之'，岳飞的《满江红》，方志敏的《可爱的中国》，等等，都以全部热情为祖国放歌抒怀"。习近平深刻地指出，"我们当代文艺更要把爱国主义作为文艺创作的主旋律，引导人民树立和坚持正确的历史观、民族观、国家观、文化观，增强做中国人的骨气和底气"②。

中华民族五千多年的文明发展，近代以来中国人民争取民族独立、人民解放的浴血斗争，中国共产党领导人民进行的革命、建设、改革的伟大历程，古老中国的深刻变化和13亿多中国人民极为丰富的生产生活，为文艺创作提供了极为肥沃的土壤，有太多值得书写的东西。文艺工作者只要与人民同在，就一定能从祖国大地母亲那里获得无穷的力量。

① 《习近平谈治国理政》第2卷，外文出版社，2017，第351页。
② 《十八大以来重要文献选编》（中），中央文献出版社，2016，第134~135页。

习近平总书记指出，党的十八大以来，广大文艺工作者积极投身实现"两个一百年"奋斗目标、实现中华民族伟大复兴中国梦的火热实践，倾情服务人民，倾心创作精品，热情讴歌全国各族人民追梦圆梦的顽强奋斗，弘扬崇高理想和英雄气概，奏响了时代之声、爱国之声、人民之声。

文运同国运相牵，文脉同国脉相连。实现中华民族伟大复兴，是一场震古烁今的伟大事业，需要坚忍不拔的伟大精神，也需要振奋人心的伟大作品。习近平总书记强调指出，繁荣文艺创作、推动文艺创新，必须有大批德艺双馨的文艺名家。要把文艺队伍建设摆在更加突出的重要位置，努力造就一批有影响的各领域文艺领军人物，建设一支宏大的文艺人才队伍。文艺是给人以价值引导、精神引领、审美启迪的，艺术家自身的思想水平、业务水平、道德水平是根本。"文艺工作者要自觉坚守艺术理想，不断提高学养、涵养、修养，加强思想积累、知识储备、文化修养、艺术训练，努力做到'笼天地于形内，挫万物于笔端'。除了要有好的专业素养之外，还要有高尚的人格修为，有'铁肩担道义'的社会责任感"[1]。习近平总书记勉励广大文艺工作者要坚持以人民为中心的创作导向，坚持为人民服务、为社会主义服务，坚持百花齐放、百家争鸣，坚持创造性转化、创新性发展，高擎民族精神火炬，吹响时代前进号角，把艺术理想融入党和人民事业之中，"做到胸中有大义、心里有人民、肩头有责任、笔下有乾坤，推出更多反映时代呼声、展现人民奋斗、振奋民族精神、陶冶高尚情操的优秀作品，为我们的人民昭示更加美好的前景，为我们的民族描绘更加光明的未来"[2]。

总之，针对新时代中国文艺繁荣发展，习近平总书记提出的关于思想和价值观念是文艺的灵魂、反映时代是文艺工作者的使命、歌唱祖国

---

[1] 《十八大以来重要文献选编》（中），中央文献出版社，2016，第126页。

[2] 习近平：《在中国文联十大、中国作协九大开幕式上的讲话》，《人民日报》2016年12月1日，第2版。

礼赞英雄是文艺创作的永恒主题等一系列重要论述，丰富和发展了马克思主义文艺思想，是当代中国的马克思主义文艺思想，对中国特色社会主义文艺——这一新时代社会主义先进文化形态建设提供了方向指引和遵循。

三　使网络空间清朗起来

进入新时代，以习近平同志为核心的党中央重视互联网、发展互联网、治理互联网，统筹协调涉及政治、经济、文化、社会、军事等领域的信息化和网络安全重大问题，做出一系列重大决策、提出一系列重大举措，推动网信事业取得历史性成就。"不仅走出一条中国特色治网之道，而且提出一系列新思想、新观点、新论断，形成了网络强国战略思想"[①]。

习近平总书记指出，在由"网络大国"向"网络强国"的发展过程中，要通过加快完善互联网领导管理体制，整合相关机构职能，"健全基础管理、内容管理、行业管理以及网络违法犯罪防范和打击等工作联动机制，健全网络突发事件处置机制，形成正面引导和依法管理相结合的网络舆论工作格局"[②]。一是要坚持网络有序发展，保障国家网络安全。通过加强网络意识形态阵地管理，从根本上为保障国家安全提供了强大的思想文化的安全屏障，保障整个国家的文化建设、文化发展、文化生活和文化活动的有序进行。二是要形成可控可管的网络清朗空间。习近平总书记提出，"加强互联网内容建设，建立网络综合治理体系，营造清朗的网络空间"[③]。三是要对网络建章立制和科学治理。习近平总书记强

---

①　张晓松：《敏锐抓住信息化发展历史机遇　自主创新推进网络强国建设》，《人民日报》2018年4月22日，第1版。

②　《十八大以来重要文献选编》（上），中央文献出版社，2014，第533页。

③　《决胜全面建成小康社会　夺取新时代中国特色社会主义伟大胜利——在中国共产党第十九次全国代表大会上的报告》，人民出版社，2017，第42页。

调，"网络空间同现实社会一样，既要提倡自由，也要保持秩序。自由是秩序的目的，秩序是自由的保障。我们既要尊重网民交流思想、表达意愿的权利，也要依法构建良好的网络秩序，这有利于保障广大网民合法权益"①。总之，只有建立网络综合管理体系，形成互联网管理合力，才能确保国家网络和信息安全，使网络空间清朗起来，中国特色社会主义文化强国的目标才能在网络信息化时代得以实现。

（一）信息掌握的多寡是国家软实力和竞争力的重要标志

习近平总书记高度重视网络信息的重要性，他指出，"网络信息是跨国界流动的，信息流引领技术流、资金流、人才流，信息资源日益成为重要生产要素和社会财富，信息掌握的多寡成为国家软实力和竞争力的重要标志"②。信息技术和信息产业发展程度决定信息化发展水平，习近平总书记强调，要加强核心技术自主创新和基础设施建设，提升信息采集、处理、传播、利用、安全能力，更好地惠及民生。

1. 大数据是信息化发展的新阶段

数据是新的石油，是 21 世纪最为珍贵的财产。大数据正在改变各国综合国力，重塑未来国际战略格局。2013 年 7 月，习近平视察中国科学院时强调，大数据是工业社会的"自由"资源，谁掌握了数据，谁就掌握了主动权。信息技术和人类生产生活交汇融合，互联网快速普及，全球数据呈现爆发增长、海量集聚的特点，对经济发展、社会治理、国家管理、人民生活都产生了重大影响。大数据正在成为经济社会发展新的驱动力，随着云计算、移动互联网等网络新技术的应用、发展与普及，社会信息化进程进入数据时代，海量数据的产生与流转成为常态。在大数据时代，世界各国对数据的依赖快速上升，国家竞争焦点已经从资本、

---

① 《习近平谈治国理政》第 2 卷，外文出版社，2017，第 533～534 页。
② 《习近平谈治国理政》第 2 卷，外文出版社，2018，第 198 页。

土地、人口、资源的争夺转向了对大数据的争夺。未来国家层面的竞争力将更多体现为一国拥有数据的规模、活性以及解释、运用的能力，数字主权将成为继边防、海防、空防之后大国博弈的另一大空间。

2. 积极推动大数据创新发展

面对大数据时代，习近平总书记强调，要推动大数据技术产业创新发展。"我国网络购物、移动支付、共享经济等数字经济新业态新模式蓬勃发展，走在了世界前列。我们要瞄准世界科技前沿，集中优势资源突破大数据核心技术，加快构建自主可控的大数据产业链、价值链和生态系统。要加快构建高速、移动、安全、泛在的新一代信息基础设施，统筹规划政务数据资源和社会数据资源，面向国家重大需求，面向国民经济发展主战场，全面实施促进大数据发展行动，完善大数据发展政策环境。要以数据为纽带促进产学研深度融合，形成数据驱动型创新体系和发展模式，培育造就一批大数据领军企业，打造多层次、多类型的大数据人才队伍"[①]。

习近平总书记指出，"要构建以数据为关键要素的数字经济。推动实体经济和数字经济融合发展，推动互联网、大数据、人工智能同实体经济深度融合，继续做好信息化和工业化深度融合这篇大文章，推动制造业加速向数字化、网络化、智能化发展；要运用大数据提升国家治理现代化水平，建立健全大数据辅助科学决策和社会治理的机制，推进政府管理和社会治理模式创新，实现政府决策科学化、社会治理精准化、公共服务高效化。打通信息壁垒，形成覆盖全国、统筹利用、统一接入的数据共享大平台，构建全国信息资源共享体系，实现跨层级、跨地域、跨系统、跨部门、跨业务的协同管理和服务。充分利用大数据平台，综合分析风险因素，提高对风险因素的感知、预测、防范能力。加强互联

---

① 《审时度势精心谋划超前布局力争主动 实施国家大数据战略加快建设数字中国》，《人民日报》2017 年 12 月 10 日，第 1 版。

网内容建设，建立网络综合治理体系，营造清朗的网络空间"①。

习近平总书记指出，"要运用大数据促进保障和改善民生，推进'互联网＋教育'、'互联网＋医疗'、互联网＋文化'等，让百姓少跑腿、数据多跑路，不断提升公共服务均等化、普惠化、便捷化水平。坚持问题导向，弥补民生短板，推进教育、就业、社保、医药卫生、住房、交通等领域大数据普及应用，深度开发各类便民应用。加强精准扶贫、生态环境领域的大数据运用，为打赢脱贫攻坚战助力，为加快改善生态环境助力"②。习近平总书记强调，要切实保障国家数据安全，加强关键信息基础设施安全保护，强化国家关键数据资源保护能力，增强数据安全预警和溯源能力。加大对技术专利、数字版权、数字内容产品及个人隐私等的保护力度，维护广大人民群众利益、社会稳定、国家安全。要加强国际数据治理政策储备和治理规则研究，提出中国方案。

3. 建设网络大数据强国

当今世界，互联网、云计算、大数据等现代信息技术深刻改变着人类的思维、生产、生活、学习方式，深刻展示了世界发展的前景。习近平总书记指出，"因应信息技术的发展，推动教育变革和创新，构建网络化、数字化、个性化、终身化的教育体系，建设'人人皆学、处处能学、时时可学'的学习型社会，培养大批创新人才，是人类共同面临的重大课题"③。由此，善于获取数据、分析数据、运用数据，是领导干部做好工作的基本功。正如习近平总书记指出的，"各级领导干部要加强学习，懂得大数据，用好大数据，增强利用数据推进各项工作的本领，不断提高

---

① 《审时度势精心谋划超前布局力争主动　实施国家大数据战略加快建设数字中国》，《人民日报》2017 年 12 月 10 日，第 1 版。
② 《审时度势精心谋划超前布局力争主动　实施国家大数据战略加快建设数字中国》，《人民日报》2017 年 12 月 10 日，第 1 版。
③ 《习近平致国际教育信息化大会的贺信》，《人民日报》2015 年 5 月 24 日，第 2 版。

对大数据发展规律的把握能力，使大数据在各项工作中发挥更大作用"①。

总之，大数据是一场科技创新的竞争，更是未来国与国之间软实力竞争的重要领域。近年来，世界各国从国家战略层面认识到大数据的重要作用，将其作为事关国家未来核心竞争力以及未来国际软实力竞争的重要资源，国际间的软实力竞争已经深入数据世界。这意味着，在未来的国际竞争中，谁能更好地掌握数据、整合数据、挖掘数据并精准研判数据的核心技术，谁就能占得先机，取得发展的优先权。因此，习近平总书记强调，"核心技术是国之重器。要下定决心、保持恒心、找准重心，加速推动信息领域核心技术突破"②。

信息化、数字化、智能化为中华民族发展带来了千载难逢的机遇。习近平总书记指出，党的十九大制定了新时代中国特色社会主义的行动纲领和发展蓝图，提出要建设网络强国、数字中国、智慧社会，推动互联网、大数据、人工智能和实体经济深度融合，发展数字经济、共享经济，培育新增长点，形成新动能。"中国数字经济发展将进入快车道。中国希望通过自己的努力，推动世界各国共同搭乘互联网和数字经济发展的快车。"③ 习近平强调指出，"我们必须敏锐抓住信息化发展的历史机遇，加强网上正面宣传，维护网络安全，推动信息领域核心技术突破，发挥信息化对经济社会发展的引领作用，加强网信领域军民融合，主动参与网络空间国际治理进程，自主创新推进网络强国建设，为决胜全面建成小康社会、夺取新时代中国特色社会主义伟大胜利、实现中华民族

---

① 《审时度势精心谋划超前布局力争主动　实施国家大数据战略加快建设数字中国》，《人民日报》2017 年 12 月 10 日，第 1 版。
② 张晓松：《敏锐抓住信息化发展历史机遇　自主创新推进网络强国建设》，《人民日报》2018 年 4 月 22 日，第 1 版。
③ 张晓松：《敏锐抓住信息化发展历史机遇　自主创新推进网络强国建设》，《人民日报》2018 年 4 月 22 日，第 1 版。

伟大复兴的中国梦作出新的贡献"①。

（二）做好网上舆论工作是一项长期任务

面对互联网时代，习近平总书记指出，"做好网上舆论工作是一项长期任务"②。"做好党的新闻舆论工作，事关旗帜和道路，事关贯彻落实党的理论和路线方针政策，事关顺利推进党和国家各项事业，事关全党全国各族人民凝聚力和向心力，事关党和国家前途命运。必须从党的工作全局出发把握党的新闻舆论工作，做到思想上高度重视、工作上精准有力。"③

当前，我们正在进行具有许多新的历史特点的伟大斗争，面临的挑战和困难前所未有。所谓"新的历史特点"就包括随着网络移动传媒发展，信息传播方式已经发生革命性的变革，网络从"边缘媒体"变身成为信息传播的主阵地。网络已成为现实社会的重点组成部分，成为民众表达观点、阐述意见的主要载体，成为各种利益诉求的集散地和传递社情民意的重要渠道。少数别有用心者正利用这一阵地，制造不同声音，扰乱正常社会秩序。特别是国外敌对势力无时无刻不在通过互联网影响中国的舆论，图谋干扰破坏中国稳定发展的社会环境。互联网已成为意识形态斗争的新战场。面对这种形势，习近平总书记在全国宣传思想工作会议上强调，必须"巩固壮大主流思想舆论，弘扬主旋律，传播正能量，激发全社会团结奋进的强大力量"④。特别是要把网上舆论工作作为宣传思想工作的重中之重。只有用更多优秀文化占领网络主阵地，抢夺网络舆论制高点，牢牢掌握网上舆论的主动权，把握好网上舆论引导的时、度、效，才能使"网络空间清朗起来"。为此，习近平总书记就做好

---

① 张晓松：《敏锐抓住信息化发展历史机遇　自主创新推进网络强国建设》，《人民日报》2018 年 4 月 22 日，第 1 版。
② 《习近平谈治国理政》，外文出版社，2014，第 198 页。
③ 《习近平谈治国理政》第 2 卷，外文出版社，2017，第 331～332 页。
④ 《习近平谈治国理政》，外文出版社，2014，第 155 页。

网上舆论工作提出以下三方面要求。

1. 坚持正确网络舆论导向

习近平总书记在党的十九大报告中提出，"要坚持正确舆论导向，高度重视传播手段建设和创新，提高新闻舆论传播力、引导力、影响力、公信力"①。要"创新改进网上宣传，运用网络传播规律，弘扬主旋律，激发正能量，大力培育和践行社会主义核心价值观"②，要用社会主义核心价值体系引领社会思潮，凝聚社会共识，激发全社会团结奋进的力量。习近平总书记提出了新的时代条件下党的新闻舆论工作的职责和使命是："高举旗帜、引领导向，围绕中心、服务大局，团结人民、鼓舞士气，成风化人、凝心聚力，澄清谬误、明辨是非，联接中外、沟通世界。要承担起这个职责和使命，必须把政治方向摆在第一位，牢牢坚持党性原则，牢牢坚持马克思主义新闻观，牢牢坚持正确舆论导向，牢牢坚持正面宣传为主。"③ 习近平总书记指出，新闻舆论工作各个方面、各个环节都要坚持正确舆论导向。"各级党报党刊、电台电视台要讲导向，都市类报刊、新媒体也要讲导向；新闻报道要讲导向，副刊、专题节目、广告宣传也要讲导向；时政新闻要讲导向，娱乐类、社会类新闻也要讲导向；国内新闻报道要讲导向，国际新闻报道也要讲导向"④。

2. 充分发挥网络引导舆论、反映民意的作用

古人说："知屋漏者在宇下，知政失者在草野。"很多网民称自己为"草根"，那网络就是现在的一个"草野"。领导干部要经常上网看看，了解群众所思所愿，积极回应群众关切，让互联网成为党的群众路线的新途径。网民来自老百姓，老百姓上了网，民意也就上了网。习近平总

---

① 《决胜全面建成小康社会　夺取新时代中国特色社会主义伟大胜利——在中国共产党第十九次全国代表大会上的报告》，人民出版社，2017，第42页。
② 《习近平谈治国理政》，外文出版社，2014，第198页。
③ 《习近平谈治国理政》第2卷，外文出版社，2017，第332页。
④ 《习近平谈治国理政》第2卷，外文出版社，2017，第332~333页。

书记指出，"群众在哪儿，我们的领导干部就要到哪儿去，不然怎么联系群众呢？各级党政机关和领导干部要学会通过网络走群众路线，经常上网看看，潜潜水、聊聊天、发发声，了解群众所思所愿，收集好想法好建议，积极回应网民关切、解疑释惑。善于运用网络了解民意、开展工作，是新形势下领导干部做好工作的基本功。各级干部特别是领导干部一定要不断提高这项本领"①。

网民大多数是普通群众，来自四面八方，各自经历不同，观点和想法肯定是五花八门的，不能要求他们对所有问题都看得那么准、说得那么对。要多一些包容和耐心，对建设性意见要及时吸纳，对困难要及时帮助，对不了解情况的要及时宣介，对模糊认识要及时廓清，对怨气怨言要及时化解，对错误看法要及时引导和纠正，习近平总书记分析指出，"让互联网成为我们同群众交流沟通的新平台，成为了解群众、贴近群众、为群众排忧解难的新途径，成为发扬人民民主、接受人民监督的新渠道"②。

3. 强化网络思维意识和网络能力

面对网络大数据时代，广大党员领导干部要主动适应，不断强化网络思维意识和网络能力。习近平总书记指出，"互联网是当前宣传思想工作的主阵地。这个阵地我们不去占领，人家就会去占领；这部分人我们不去团结，人家就会去拉拢。……建立经常性联系渠道，加强线上互动、线下沟通，引导其政治观点，增进其政治认同"③。习近平总书记强调，"各级领导干部特别是高级干部要主动适应信息化要求、强化互联网思维，不断提高对互联网规律的把握能力、对网络舆论的引导能力、对信息化发展的驾驭能力、对网络安全的保障能力"④。

---

① 《习近平谈治国理政》第 2 卷，外文出版社，2017，第 336 页。
② 《习近平谈治国理政》第 2 卷，外文出版社，2017，第 336 页。
③ 《习近平谈治国理政》第 2 卷，外文出版社，2017，第 325 页。
④ 张晓松：《敏锐抓住信息化发展历史机遇　自主创新推进网络强国建设》，《人民日报》2018 年 4 月 22 日，第 1 版。

习近平总书记分析指出，"随着形势发展，党的新闻舆论工作必须创新理念、内容、体裁、形式、方法、手段、业态、体制、机制，增强针对性和实效性。要适应分众化、差异化传播趋势，加快构建舆论引导新格局。要推动融合发展，主动借助新媒体传播优势。要抓住时机、把握节奏、讲究策略，从时度效着力，体现时度效要求。要加强国际传播能力建设，增强国际话语权，集中讲好中国故事，同时优化战略布局，着力打造具有较强国际影响的外宣旗舰媒体"①。

习近平总书记上述关于做好网上舆论工作的方针、措施、思路的论述，不仅是中国应对西方国家试图全面主导网络媒体全球话语权所采取的有效对策，也是着眼全球发展大趋势，发挥网络这一社会主义先进文化形态的积极功能，掌握网络舆论战场主动权的科学决策，为进一步大力弘扬社会主义核心价值观、加强网上意识形态斗争提供了坚实保证。

（三）依法治理网络空间

党的十九大报告提出，要加强互联网内容建设，建立网络综合治理体系，营造清朗的网络空间。

1. 高度重视网络空间的依法治理

网络空间是亿万民众共同的精神家园。网络空间天朗气清、生态良好，符合人民利益；网络空间乌烟瘴气、生态恶化，不符合人民利益。习近平总书记指出，"谁都不愿生活在一个充斥着虚假、诈骗、攻击、谩骂、恐怖、色情、暴力的空间。互联网不是法外之地。利用网络鼓吹推翻国家政权，煽动宗教极端主义，宣扬民族分裂思想，教唆暴力恐怖活动，等等，这样的行为要坚决制止和打击，决不能任其大行其道。利用网络进行欺诈活动，散布色情材料，进行人身攻击，兜售非法物品，等等，这样的言行也要坚决管控，决不能任其大行其道。没有哪个国家会

---

① 《习近平谈治国理政》第2卷，外文出版社，2017，第333页。

允许这样的行为泛滥开来"①。为此，要本着对社会负责、对人民负责的态度，依法加强网络空间治理，加强网络内容建设，做强网上正面宣传，培育积极健康、向上向善的网络文化，用社会主义核心价值观和人类优秀文明成果滋养人心、滋养社会，做到正能量充沛、主旋律高昂，为广大网民特别是青少年营造一个风清气正的网络空间。

当前，要提高网络综合治理能力，形成党委领导、政府管理、企业履责、社会监督、网民自律等多主体参与，经济、法律、技术等多种手段相结合的综合治网格局。要加强网上正面宣传，旗帜鲜明地坚持正确政治方向、舆论导向、价值取向，用新时代中国特色社会主义思想和党的十九大精神团结、凝聚亿万网民，深入开展理想信念教育，深化新时代中国特色社会主义和中国梦宣传教育，积极培育和践行社会主义核心价值观，推进网上宣传理念、内容、形式、方法、手段等创新，把握好时、度、效，构建网上网下同心圆，更好凝聚社会共识，巩固全党全国人民团结奋斗的共同思想基础。要压实互联网企业的主体责任，决不能让互联网成为传播有害信息、造谣生事的平台。要加强互联网行业自律，调动网民积极性，动员各方面力量参与治理。

网络空间既要提倡自由，也要遵守秩序。互联网的虚拟性、开放性、交互性和应用的多样性给网络管理带来前所未有的挑战，建立完善的法律制度，加强互联网的管理成为建设网络强国、保障我国互联网健康有序发展的必然要求。以法奠基，方能固本。习近平总书记指出，"要坚持依法治网、依法办网、依法上网，让互联网在法治轨道上健康运行"②。形成良好网上舆论氛围，不是说只能有一个声音、一个调子，而是说不能搬弄是非、颠倒黑白、造谣生事、违法犯罪，不能超越了宪法和法律的界限。"我多次强调，要把权力关进制度的笼子里，一个重要手段就是

---

① 《习近平谈治国理政》第 2 卷，外文出版社，2017，第 336～337 页。
② 《习近平谈治国理政》第 2 卷，外文出版社，2017，第 534 页。

发挥舆论监督包括互联网监督作用。这一条，各级党政机关和领导干部特别要注意，首先要做好。对网上那些出于善意的批评，对互联网监督，不论是对党和政府工作提的还是对领导干部个人提的，不论是和风细雨的还是忠言逆耳的，我们不仅要欢迎，而且要认真研究和吸取"①。习近平总书记进一步提出，"要抓紧制定立法规划，完善互联网信息内容管理、关键信息基础设施保护等法律法规，依法治理网络空间，维护公民合法权益"②。

2. 没有网络安全就没有国家安全

建设网络强国，要高度重视网络安全与信息化发展的问题。网络安全和信息化是事关国家安全和国家发展、事关广大人民群众工作生活的重大问题。

习近平总书记指出，网络安全和信息化是相辅相成的。安全是发展的前提，发展是安全的保障，安全和发展要同步推进。网络安全和信息化对一个国家很多领域都是牵一发而动全身的，习近平总书记强调，"要认清我们面临的形势和任务，充分认识做好工作的重要性和紧迫性，因势而谋，应势而动，顺势而为。网络安全和信息化是一体之两翼、驱动之双轮，必须统一谋划、统一部署、统一推进、统一实施。做好网络安全和信息化工作，要处理好安全和发展的关系，做到协调一致、齐头并进，以安全保发展、以发展促安全，努力建久安之势、成长治之业"③。

做好网络安全工作需要把握以下几个方面要求。

首先，要树立正确的网络安全观。一是网络安全是整体的而不是割裂的。在信息时代，网络安全对国家安全牵一发而动全身，同许多其他方面的安全都有着密切关系。二是网络安全是动态的而不是静态的。网

---

① 《习近平谈治国理政》第 2 卷，外文出版社，2017，第 337 页。
② 《习近平谈治国理政》，外文出版社，2014，第 198~199 页。
③ 《习近平谈治国理政》，外文出版社，2014，第 197~198 页。

络安全的威胁来源和攻击手段不断变化，需要树立动态、综合的安全防护理念。三是网络安全是开放的而不是封闭的。只有立足开放环境，加强对外交流、合作、互动、博弈，吸收先进技术，网络安全水平才会不断提高。四是网络安全是相对的而不是绝对的。没有绝对安全，要立足基本国情保安全，避免不计成本追求绝对安全。五是网络安全是共同的而不是孤立的。网络安全为人民，网络安全靠人民，维护网络安全是全社会的共同责任，需要政府、企业、社会组织、广大网民共同参与，共筑网络安全防线。

其次，要加快构建关键信息基础设施安全保障体系。金融、能源、电力、通信、交通等领域的关键信息基础设施是经济社会运行的神经中枢，是网络安全的重中之重，也是可能遭到重点攻击的目标。必须深入研究，采取有效措施，切实做好关键信息基础设施安全防护。

再次，要全天候全方位感知网络安全态势。知己知彼，才能百战不殆。没有意识到风险是最大风险。维护网络安全，首先要知道风险在哪里，是什么样的风险，什么时候发生风险，正所谓"聪者听于无声，明者见于未形"。感知网络安全态势是最基本最基础的工作。要全面加强网络安全检查，摸清家底，认清风险，找出漏洞，通报结果，督促整改。要建立统一高效的网络安全风险报告机制、情报共享机制、研判处置机制，准确把握网络安全风险发生的规律、动向、趋势。要建立政府和企业网络安全信息共享机制，把企业掌握的大量网络安全信息用起来，龙头企业要带头参加这个机制。

最后，要增强网络安全防御能力和威慑能力。网络安全的本质在对抗，对抗的本质在攻防两端能力较量。要落实网络安全责任制，制定网络安全标准，明确保护对象、保护层级、保护措施。要以技术对技术，以技术管技术，做到魔高一尺，道高一丈。大国网络安全博弈，不单是技术博弈，还是理念博弈、话语权博弈。

没有网络安全就没有国家安全，就没有经济社会稳定运行，广大人民群众利益也难以得到保障。① 习近平总书记把网络安全提升到国家安全的战略高度，他强调指出，"建设网络强国，要有自己的技术，有过硬的技术；要有丰富全面的信息服务，繁荣发展的网络文化；要有良好的信息基础设施，形成实力雄厚的信息经济；要有高素质的网络安全和信息化人才队伍；要积极开展双边、多边的互联网国际交流合作。建设网络强国的战略部署要与'两个一百年'奋斗目标同步推进，向着网络基础设施基本普及、自主创新能力显著增强、信息经济全面发展、网络安全保障有力的目标不断前进"②。

总之，习近平总书记关于把网络信息作为国家软实力和竞争力的重要标志，做好网上舆论工作是一项长期任务、依法治理网络空间等建设网络强国的一系列重要论述，是坚持和发展社会主义先进文化、建设和发挥网络——这一社会主义文化形态功能的重要指针。

---

① 张晓松：《敏锐抓住信息化发展历史机遇　自主创新推进网络强国建设》，《人民日报》2018 年 4 月 22 日，第 1 版。
② 《习近平谈治国理政》，外文出版社，2014，第 198 页。

第八章　社会主义先进文化建设的
广东实践

　　"改革开放是我们党在新的时代条件下带领人民进行的新的伟大革命，是当代中国最鲜明的特色，也是我们党最鲜明的旗帜。"[①] 党的十八大以来，习近平总书记带领全党全国各族人民在新的时代起点上全面深化改革开放的伟大革命。这些伟大的变革，对党和国家事业、人民生活水平都产生了重大深远的影响，推动中国特色社会主义进入新时代，并在推进改革开放伟大实践中进行理论思想的总结和科学概括，形成独具特色的改革开放文化。广东改革开放先行的伟大实践，始终见证并推动着中国特色社会主义文化的创新发展。

一　积极探索和建设改革开放文化

　　广东是改革开放的先行地，经过 40 年的探索，积累了宝贵的经验。为改革开放文化建设做出了重要贡献。

---

　　① 《习近平谈治国理政》，外文出版社，2014，第86页。

（一）广东是改革开放的先行地

习近平总书记在党的十八大后外出考察的第一站便来到了广东，他要求广东努力成为发展中国特色社会主义的排头兵、深化改革开放的先行地、探索科学发展的试验区。广东在 40 年改革开放伟大历程中，不管是思想还是实践上都始终走在全国前列。

1. 解放思想，观念先行

改革开放 40 年来，我国在实践中的每一次重大突破，都离不开党的思想路线的指导，离不开解放思想这一发展中国特色社会主义的法宝。可以说，40 年改革开放的历程，就是不断解放思想的过程。习近平总书记在《中共中央关于全面深化改革若干重大问题的决定》说明中强调，"解放思想永无止境，改革开放也永无止境，停顿和倒退没有出路"。"要有新突破，就必须进一步解放思想。""解放思想是首要的。"并在 2012 年 12 月 7～11 日考察广东时强调，我国改革已经进入攻坚期和深水区，我们必须以更大的政治勇气和智慧，不失时机地深化重要领域改革。实践发展永无止境，解放思想永无止境，改革开放也永无止境，停顿和倒退没有出路。40 年来，广东改革开放的实践进程始终坚持以解放思想为先导，真正做到了观念先行。

1978 年，党的十一届三中全会确定解放思想、实事求是的思想路线之后，广东利用自身具有的毗邻港澳的地理优势，迅速捕捉到新时代的信息浪潮，开创了思想解放的先河。1979 年 4 月的中央工作会议期间，习仲勋同志代表广东省委向中央提出，希望中央给广东放权，抓住当前有利的国际形势，让广东充分发挥自己的优势，在四化建设中先行一步。中央的鼓励与支持，让广东以思想上大胆尝试、勇于探索的开放精神，创造性地冲破了人们思想观念的障碍，进行大刀阔斧的改革，自此广东在发展经济等方面走在全国的前列，并诞生了诸如市场经济、竞争进取等新理念、新观念。可见，广东成为先行地，正是通过思想解放，观念先行而得以实现的。进入 20 世纪 80 年代，随着改革开放和市场经济的不断发展，广东一些地方出现了经济领域的犯罪活动，走私浪潮随之抬头。面对严峻的形势，广东省委、省政府围绕"进一步解放思想，大胆改革，更加开放"的主题，强调改革开放必须要坚持一手抓物质文明，一手抓精神文明；对外要开放，对内要搞活，思想要先行的政策方针。在此要求下，广东各地灵活运用中央给予广东的特殊政策，继续坚持解放思想，放下包袱，在先走一步中继续大胆探索，推动了改革开放继续前行。随着改革开放的深入，国内面临着"姓资""姓社"之类的挑战。在这个危急时刻，改革开放总设计师邓小平视察深圳、珠海等地，发表了重要的南方谈话，提出了三个"有利于"的标准，强调广东要起带头作用等。邓小平南方谈话，进一步解放了人们的思想，使广东人民更加坚定改革开放的信念，迈出更加大胆前进的步伐。从 90 年代到进入 21 世纪以来，广东各级政府及广大群众在学习贯彻"增创新优势，更上一层楼"、"三个代表"重要思想、"科学发展观"中，紧密联系广东改革开放的实际，不断解放思想、与时俱进，观念上的领先进一步完善了广东改革开放的路子，开创了改革开放的新局面。

40 年的伟大历程可以看出，广东改革开放的每一步都离不开思想的解放与观念的先行。正是广东人敢为人先、勇于探索的实践，使广东经济社会发生了翻天覆地的变化，同时也给其他地区提供了宝贵的经验与做法，成为改革开放的排头兵。

2. 大胆改革，实践先行

思想是行动的先导。在解放思想、观念先行的带动下，广东改革开放的步伐在全国一直处于领先地位，主要体现在经济、政治及文化领域改革开放的实践探索方面。

一是经济领域的改革，广东努力寻找突破口，取得了许多重大突破。

改革开放初期，广东首先冲破"两个凡是"的思想禁区，在市场经济理念的推动下，率先选择了市场作为改革的突破口。1978 年 12 月，广州河鲜货栈建立，成为全国第一家鲜鱼交易市场，从而打破了长期以来商品由政府进行指令性定价的做法，此后广东各地的商品价格逐步放开，计划票证逐渐取消。深圳、顺德等地对国有企业进行了一系列所有制的变革，形成具有多种经济成分的所有制。1979 年 7 月，中共中央、国务院批准了《中共广东省委关于发挥广东优越条件，扩大对外贸易，加快经济发展的报告》，对广东采取特殊政策、灵活措施，扩大广东地方政府的自主权。广东利用政策及自身的地理优势，全方位对外开放，发展外向型经济。比如，广州利用中国出口商品交易会，不断拓展对外贸易，扩大了广东的国际影响力。深圳、珠海、汕头等地注重高新技术开发区的发展，成为对外开放的桥头堡。进入新时代，广东各级政府及广大群众认真学习和贯彻习近平新时代中国特色社会主义经济思想，推动广东经济高质量发展。总之，广东作为改革开放实验区，率先实践探索了社会主义市场经济发展模式，经过 40 年大刀阔斧的经济体制改革，广东经济总量连续 28 年居全国首位，不断在新的起点上以高质量发展创造改革新高度，同时为全国其他地区改革开放积累了经验、做出了示范。

二是政治领域的改革，广东从改革开放初期就"摸着石头过河"，不断谋求新发展。经济基础决定上层建筑，经济领域的改革必然要求政治体制随之发生变革。广东作为我国改革开放的前沿阵地，在政治体制改革上的很多实践探索都走在全国前列。首先，在民主政治发展方面，广东的很多实践和举措都先行一步。1986 年广州开通了市长专线电话；1988 年开办"市长专邮"；1989 年设人大旁听席；1992 年广州电视台开办了《羊城论坛》，这是全国第一个大型政治性电视论坛；1998 年广东人大建立了"直通快车"制度，人大代表可以直接向省高层领导进言，这引起全国的高度关注。2000 年，广东人大代表向政府部门的质询引起社会强烈反响，出现了"广东人大现象"，进而广东人大成为最权威、最有效的申诉和维权途径。除此之外，广东省人大举办"代表活动日"和"代表热线"等实践活动，组织人大代表参加专题视察和调研活动等，进一步推动了人大代表工作制度的完善和发挥，更促进了人民群众同政府部门的有效衔接，拓宽了民主政治的参与渠道。此外，在发展基层民主方面，广东多年来积极推进村民自治，建立起以民主选举、民主决策、民主管理及民主监督为主要内容的村（居）民自治制度。2005年，广东在第三届村委会换届选举中，率先推行了选举观察员制度，广东省村民自治的发展水平跃居全国前列。其次，广东在推进领导体制改革方面也领先全国，较早建立了由党委、人大、"一府两院"、政协构成的"四位一体"的领导体制。1999年率先进行了行政审批制度改革，2001年，《广东省预算审批监督条例》通过，形成人大对政府财政的监督制度。2004年，广东省利用互联网，实现了省委财经委与省财政厅共享"国库集中支付系统"，这在全国是首开先河。同时，广东还较早探索和不断创新干部人事改革制度。早在改革开放初期深圳蛇口就开始尝试公开选拔领导干部，废除干部职务终身制度。广州市白云区在全省进行干部能上能下的实践探索。1997年广东又开始探索干部选用过程中的适度分权形式，此后又实行任命干部的党委票决制度。总之，广东政治领域的实践改革及现代政治民主的发展都具有先行一步的特点，给全国其他地区做出了示范。

三是文化领域的改革，广东在改革开放初期就注重提高文化生产力，创造了很多全国之最。自1978年改革开放以来，我国文化体制的改革经历了一个起步、探索和发展的历程。在这一过程中，广东开创了中国文化体制改革的先河。1980年，我国第一支业余轻音乐队和第一个音乐茶座在广州东方宾馆出现，使广东成为全国文化市场的发源地，之后广州聚集了一批流行歌手和音乐制作公司，许多我们熟悉的歌曲，比如《小芳》《涛声依旧》《弯弯的月亮》红遍大江南北，广东的流行音乐也迅速传到全国。同时，广东积极推进文化事业单位的改革。比如将新闻出版行业、电视台等媒体单位进行资源整合与结构调整，媒体宣传与经营"两分开"，实行市场化的改革。广东也因此成为全国报业最发达的地方。出现了《广州日报》、《南方日报》、《羊城晚报》、《深圳特区报》、《南方都市报》、《南方周末》和《新快报》等集政治、财经、都市生活内容于一体的报刊。这些报刊具有前沿性的理念和市场化的运行模式，其影响力遍及全国。其中像《广州日报》《南方日报》等报业集团拥有数家子报，并通过网络发行覆盖到全国。随着报业的改革和发展，广东也出现一批影响全国的优秀文学与影视作品。如 20 世纪 90 年代的《情满珠江》《和平年代》《英雄无悔》等作品都在全国产生巨大影响。《情满珠江》还获得第三届中宣部"五个一工程"奖。广东教育出版社推出的通俗读物《新三字经》，当时在全国发行近四千万册，创造了国内出版界的神话。此外，广东文坛在体制改革等方面一直走在全国的前列。1980 年，广东省文协率先创建文学院，后全国各省纷纷学习效法。1993 年创办青年文学院，面向全国招聘青年作家，引起全国巨大反响。2000 年，广东省文学院率先打破作家终身制，在全国范围内招聘作家，这在全国文坛产生极大反响，也是全国首创。广东还注重文化设施的建设，比如，广州购物中心、广东文学艺术中心、星海音乐厅、红线女艺术中心等大型文化场所的建立使广东文化中心的辐射力和影响力遍及全国。2003 年，广州市被定为省文化体制改革结合试点市，2008 年，《中共广州市委广州市人民政府关于继续解放思想、深化文化体制改革、推动文化事业和文化产业加快发展的决定》《广州市全面推进文化事业单位改革的意见》等文件的出台，使广东文化体制的改革不断推进。通过一系列改革，广东的文化市场的发展领全国之先，为其他地方提供了有益的借鉴。

可见，广东作为中国改革开放的前沿阵地，是试验田、先行区。不管是在经济、政治方面还是在文化体制改革方面都具有领风气之先的传统和优势。改革开放以来，广东敢为天下先的敢闯敢试精神在开拓社会主义市场经济和创办经济特区的实践中得到不断的彰显，同时在这种精神的鼓舞下，广东大胆改革，实践探索先行一步，成为全国改革开放的探路者、引领者，为其他地区提供了借鉴经验。

（二）改革开放文化具有先进文化的传统和根基

改革开放文化与社会主义先进文化具有同源同根性。社会主义先进文化植根于中华优秀传统文化之中，它并不是无根之木。习近平总书记曾指出，"中华民族在几千年历史中创造和延续的中华优秀传统文化，是中华民族的根和魂"①。中华优秀传统文化饱含着中华民族最根本的精神基因，是社会主义先进文化不可或缺的根脉。社会主义先进文化，正是对中华优秀传统文化古为今用、推陈出新的成果。改革开放文化并非是对中国传统文化的全盘否定，是在批判的基础上肯定其合理的成分，是植根于中国优秀传统文化而对其做出的升华和创新。

一是改革开放文化以中华优秀传统文化为思想来源和文化基础。改革开放文化作为一种价值观念形态，来源于诸多方面，其中，中华优秀传统文化是其不可或缺的思想源泉。改革开放文化是在十一届三中全会以后进行社会主义现代化建设的过程中形成的，并推动社会主义制度的自我完善和发展，所以它本身是一种社会主义的价值观念体系。这种价值观念体系是在特定的民族文化环境中发展起来的。马克思主义认为社会意识的发展具有历史继承性，任何时代的社会意识都和以前时代的社会意识有联系，它的产生和发展要以人所积累的思想材料为前提，要继承前人的思想成果。改革开放文化是正是植根于中华优秀传统文化之中而发展起来的。正如在我国的历史上，改革一直是历史发展的鲜明主题，

---

① 《习近平谈治国理政》第 2 卷，外文出版社，2017，第 426 页。

中华民族的历史就是一部改革史。"穷则变，变则通，通则久"，改革就是变，是对过时的旧制度、旧文化的革新，开放就是通，创造富有生机的新事物和新思想。因此，从一定角度讲，改革开放是对古代改革史成功经验和失败教训的总结，深深植根于中华民族优秀文化的沃土之中。

二是改革开放文化是中华优秀传统文化的升华和创新。40 年的改革开放历程不断吸收、改造、融合了中华民族优秀传统文化，形成建设有中国特色的社会主义改革开放文化。我们以中华传统文化中的"贵和尚中"思想为例。在大多数市场经济国家，随着劳动分工的不断深化，经济体制的改革带来利益的重新分配与调整，利益的分化使社会结构加大了分化。因此，现阶段我国社会结构在改革后发生了剧烈深刻的分化，但各类社会组织不但没有随着分化程度的加深和速度的加快而变得更加专门化、单一化，反而出现了全面"经济化"和形态"多样化"的趋势。其中"建设社会主义和谐文化"政策主张起着重要作用，这也是吸收和改造了中华传统文化中的"贵和尚中"思想的结果。孔子在创立儒家学说时就重视"和"的思想。他强调"和为贵"，把"和"作为治国理政的价值判断标准。并指出，"君子和而不同，小人同而不和"的为人处世原则。可见，在改革开放的进程中，充分认识中华优秀文化中的"贵和尚中"思想，并将其进一步提炼为新时代社会发展的"和谐文化"，提升出改革开放文化，这是对中华传统文化的升华和创造。

（三）改革开放文化彰显中国特色社会主义制度的优越性

中国改革开放伊始，一个世界级的难题就考验着中国共产党人：如何在一个人口多、底子薄、发展落后的国家快速实现现代化，展示出社会主义优越性？直面这一问题，党的十九大报告指出，"只有社会主义才能救中国，只有改革开放才能发展中国、发展社会主义、发展马克思主义。必须坚持和完善中国特色社会主义制度，不断推进国家治理体系和治理能力现代化，坚决破除一切不合时宜的思想观念和体制机制弊端，突破利益固化的藩篱，吸收人类文明有益成果，构建系统完备、科学规范、运行有效的制度体系，充分发挥我国社会主义制度优越性"①。可见，只有坚定不移地深化改革开放，将改革进行到底，才能破解社会主义的现代化难题。事实证明，正是40年的改革开放，不走封闭僵化的老路和改旗易帜的邪路，勇于突破又稳扎稳打，才进一步完善和发展了中国特色社会主义制度，更是在这一进程中所形成的改革开放文化充分发挥了我国社会主义制度的优越性。

改革开放是社会主义制度的自我完善，改革开放文化彰显社会主义制度优越性。改革开放初期，邓小平就高度重视在改革开放和现代化建设事业过程中要坚定不移地坚持社会主义制度这一主题。他指出，"我们为社会主义奋斗，不但是因为社会主义有条件比资本主义更快地发展生产力，而且因为只有社会主义才能消除资本主义和其他剥削制度所必然产生的种种贪婪、腐败和不公正现象"②。邓小平同志带领我们党在改革开放的过程中不断坚持和完善中国特色社会主义制度。但在这一伟大变革历程中，中国特色社会主义事业不断遭遇各种冲击和干扰，尤其是丑化、否定社会主义的思想暗潮的侵袭。比如，在改革开放初期，虽然广大干部群众从教条主义思想中解脱出来，但一部分人对社会主义、对共产党产生了怀疑和悲观情绪。同时，西方资本主义国家的所谓"自由""民主"思潮的侵袭，导致资产阶级自由化思潮的泛滥。90年代初东欧剧变、苏联解体更使得有人对社会主义制度存在的合理性和科学性产生怀疑。在这一严峻时刻，邓小平同志鲜明地指出要坚持中国特色社会主义制度的坚定信念。这充分表现了中国共产党人的坚定立场与制度自信，

---

① 《决胜全面建成小康社会　夺取新时代中国特色社会主义伟大胜利——在中国共产党第十九次全国代表大会上的报告》，人民出版社，2017，第21页。
② 《邓小平文选》第3卷，人民出版社，1993，143页。

更表现了中国共产党人对改革开放所形成的文化的自信。正是在这种文化自信的鼓舞下，中国共产党人带领广大人民群众勇于突破旧框框，不断开拓创新。中国特色社会主义制度在改革的锤炼中不断成形和完善，日益彰显出独特的优势和价值，推进国家治理体系的现代化。可见，离开了改革开放及在其过程中所形成的改革开放文化，中国特色社会主义制度就会僵化甚至停止、倒退，没有改革开放文化的自信，制度自信也不能持久。党的十八大以来，以习近平同志为核心的党中央在社会主义制度建设方面进行了一系列的改革，破除了制度体制各方面的弊端，使改革开放文化得到进一步弘扬，改革创新的浪潮更加澎湃。因此，中国特色社会主义制度也必将彰显出更加强大的优越性和生命力。

（四）改革开放文化坚持服务社会、服务人民的价值导向

服务社会、服务人民是社会主义先进文化的根本宗旨。40 年伟大变革的历史进程所形成的改革开放文化正是在新时代背景下对服务社会、服务人民价值导向的坚持与创造。习近平总书记指出，"全面深化改革必须以促进社会公平正义、增进人民福祉为出发点和落脚点。这是坚持我们党全心全意为人民服务根本宗旨的必然要求。全面深化改革必须着眼创造更加公平正义的社会环境，不断克服各种有违公平正义的现象，使改革发展成果更多更公平惠及全体人民"①。因此，改革开放文化正是以促进社会公平正义与增进人民福祉为价值导向的。

改革开放文化首先服务于社会，并始终秉持着促进社会公平正义这一基本价值追求。改革开放以来，我国社会生产力的不断解放和丰富，社会主义制度的完善和发展，社会主义市场经济的建设和完善，社会主义法治建设的不断进步，推动了社会团结稳定和谐，逐步实现全体人民共同富裕，保障人民当家做主，国家治理方式也由传统走向现代化。这

---

① 《习近平谈治国理政》，外文出版社，2014，第96页。

期间形成的改革开放文化是社会主义民主、自由、法治的文化，是以社会主义核心价值观为引领的文化。所以，它必然以服务社会为根本，并为社会提供便利的文化设施及高质量的文化产品。同时，改革开放文化服务于社会，要坚持以人民为中心，要以人民是否满意、是否高兴作为评判的标准。改革开放文化要把服务的价值标准转到以人民为中心上来。以人民为主体，让人民群众参与到改革开放文化服务中来，让人民选择改革开放文化服务、评判改革开放文化服务、享用改革开放文化服务、反馈改革开放文化服务。最终让人民群众在改革开放文化服务中找到对改革开放的自信心，对社会主义制度的自信心以及对美好生活的享受感。这正是新时代社会主义先进文化的最终落脚点与价值追寻。

（五）改革开放文化顺应时代发展潮流

先进文化由先进的生产力决定，是面向现代化、面向世界、面向未来的，民族的科学的大众的文化，更是为民族复兴、国家富强、人民幸福提供精神力量而植根于社会主义伟大实践中的文化。那么，从这一角度来讲，改革开放文化正是党在新的时代条件下带领人民进行的新的伟大革命历程中实践着的社会主义先进文化。

一是改革开放文化引领国家发展与民族复兴的精神风尚。一个时代的风气，关系于这个时代的文化。习近平总书记指出，"没有先进文化的积极引领，没有人民精神世界的极大丰富，没有民族精神力量的不断增强，一个国家、一个民族不可能屹立于世界民族之林"[1]。所以，社会主义先进文化代表了一个时代的风貌，而改革开放历史发展过程所产生的文化正是引领了国家发展和民族复兴的精神风尚。"改革开放是决定当代中国命运的关键一招，也是决定实现'两个一百年'奋斗目标、实现中华民族伟大复兴的关键一招，实践发展永无止境，解放思想永无止境，

---

[1]　《十八大以来重要文献选编》（中），中央文献出版社，2016，第121页。

改革开放也永无止境，停顿和倒退没有出路，改革开放只有进行时、没有完成时。"① 习近平总书记用两个"关键一招"这个富有中华民族文化传统而又生动鲜活的话语，深刻表达出了改革开放关系国家民族存亡与发展，是我们要始终坚持的正确之路，复兴之路和强国之路。党的十九大报告指出，"文化兴国运兴，文化强民族强"②。那么，新时代背景下，改革开放文化在中国特色社会主义发展过程中，引领全国各族人民从改革开放初期发展到新时代发展阶段不断开创新的前进道路，踏上新的伟大征程，它是国家民族生存和发展的重要力量。

小岗破冰，深圳兴涛，海南弄潮，浦东逐浪，雄安扬波……40 年弹指一挥间。改革开放的浩荡浪潮，让华夏神州在"历史的一瞬"翻天覆地、沧海桑田，即便最大胆的预言家也不会想象到这个古老的国家取得了"史诗般的进步"③。改革开放 40 年，中国现代化建设取得了令世人惊叹的巨大成就，社会生产力得到了极大的解放和发展。但实现民族复兴与国家富强不仅需要强大的物质力量，也需要强大的精神力量。没有思想的解放，就没有改革开放。正如习近平总书记指出的，"中国人民坚持解放思想、实事求是，实现解放思想和改革开放相互激荡、观念创新和实践探索相互促进，充分显示了思想引领的强大力量"④。40 年来所形成的改革开放文化，就是铸造人们思想和价值观念的灵魂，是其强大的精神力量和精神支柱。正是在这种精神旗帜的引领下，广大人民群众才能打破思想的束缚、扫除发展的障碍，树立坚定不移地推进社会主义现代化建设的崇高理想和坚定信念，从而塑造时代之精神，传播时代之精神，不断投身到改革开放的浩荡浪潮之中。总之，在改革开放文化的精神引

① 《习近平谈治国理政》，外文出版社，2014，第71页。
② 习近平：《决胜全面建成小康社会　夺取新时代中国特色社会主义伟大胜利——在中国共产党第十九次全国代表大会上的报告》，人民出版社，2017，第40～41页。
③ 宣言：《改革开放天地宽》，《光明日报》2018年8月13日，第1版。
④ 习近平：《开放共创繁荣　创新引领未来》，《人民日报》2018年4月11日，第3版。

领下，人们才能以更强大的勇气和智慧，更高的积极性和创造性，攻克改革开放所带来的体制机制上的顽瘴痼疾，进一步解放和发展社会生产力，激发社会创造力。也是在此过程中，改革开放文化实践着先进文化推动国家发展民族复兴的时代理念，促使先进文化不断创新发展。

二是改革开放文化体现世界合作、共同发展的时代精神。社会主义先进文化是当代中国的新文化。中国特色社会主义进入新时代，面临新的历史方位和新的世界主要矛盾，先进文化就要代表世界发展的趋势，要走在时代发展潮流的最前列。改革开放及其过程中所形成的文化代表中国发展最前沿的时代特色，它顺应并推动着世界合作、共同发展的时代潮流，是先进文化的重要组成部分。

习近平总书记在博鳌亚洲论坛2018年年会开幕式上指出，"40年来，中国人民始终敞开胸襟、拥抱世界，积极做出了中国贡献。改革开放是中国和世界共同发展进步的伟大历程"。同时强调，"中国进行改革开放，顺应了中国人民要发展、要创新、要美好生活的历史要求，契合了世界各国人民要发展、要合作、要和平生活的时代潮流"[①]。因此，产生于改革开放进程中的文化，是一种对外交流，加强世界各国人民之间心灵相通、友好合作的文化。古往今来，国与国之间、民族与民族之间的沟通合作，都离不开文化上的交流。文化是超越时空、超越国界的。新时代背景下，世界各国日益增强对中国的关注，想知道中国人的发展历史、民族特性及生活方式等等。而改革开放文化的传播就是最好的交流方式。改革开放文化的传播，一方面让世界了解中国，走进中国；另一方面让中国以更加开阔的胸怀视野放眼世界，从而博采众长，学习人类文明的一切优秀成果，谋求和平崛起发展，从而以更从容的姿态迎接新机遇和新挑战。并在把握时代潮流中，主动担当，承担相应的国际义务，推动世界经济开放型建设和人类命运共同体建设，这些都是在合作、和平、

---

① 习近平：《开放共创繁荣 创新引领未来》，《人民日报》2018年4月11日，第3版。

共同体理念的改革开放文化支撑下的成果，也进一步实现了先进文化的现代功能。

总之，改革开放以来，我国社会发生了翻天覆地的变革，它带来了人们生产、生活及思想观念的变化，这个变化反映在价值观念形态上，以及这些观念形态在物质和精神上具体化的文化形态，就体现了当代中国改革开放文化的生成与发展。改革开放文化是在改革开放的 40 年发展中逐步形成的，为全体成员所认同的具有改革开放特色的价值观念与行为方式等因素的总和。改革开放文化代表着全国人民在长期的改革开放实践中形成的共同的价值共识，代表着各层面的物质和精神生活。改革开放的不同历史时期，其所形成的文化亦有不同的特点。中国特色社会主义文化是人类文明进步的结晶，是人类社会发展前进的精神动力。改革开放文化，从不同方面反映了人类文化的发展进程，推进了整个人类文明的发展，是中国特色社会主义先进文化的组成部分。

二 培育和践行社会主义核心价值观的实践

社会主义核心价值观是国家文化软实力的灵魂和建设重点。党的十八大以来，以习近平同志为核心的党中央高度重视培育和践行社会主义核心价值观，尤其是 2013 年中共中央办公厅印发《关于培育和践行社会主义核心价值观的意见》（以下简称《意见》），为全国开展培育和践行社会主义核心价值观的主题活动指明了努力方向，提供了基本遵循。因此广州市在《意见》相关精神的指导下，结合本市实际情况制定相应实施方案，通过广泛开展主题教育活动、推动建立"好人工作室"和大力建设"志愿之城"等重大举措积极培育和践行社会主义核心价值观，努力把社会主义核心价值观渗透到社会生活各个方面，进而"通过教育引导、舆论宣传、文化熏陶、实践养成、制度保障等，使社会主义核心价值观内化为人们的精神追求，外化为人们的自觉行动"①。

（一）广泛开展主题教育活动

思想是行为的先导，有什么样的思想才会有什么样的行为，只有对社会主义核心价值观产生正确的认知认同才能做出相应的行为选择，因此广州市大力开展社会主义核心价值观主题教育活动、积极构建社会主义核心价值观宣传阵地和大力打造社会主义核心价值观示范点，使社会主义核心价值观像空气一样弥散在人们周围，使人们自觉不自觉地接受和认同社会主义核心价值观，进而潜移默化地影响和塑造人们的思想和行为。

1. 深入开展社会主义核心价值观主题教育活动

习近平总书记指出，"教育引导是培育和弘扬社会主义核心价值观的基础性工作。要区分层次、突出重点，在全社会广泛开展社会主义核心价值观宣传教育"②。因此党的十八大以来，全党全国全社会高度重视培育和弘扬社会主义核心价值观，纷纷结合自身实际情况广泛开展社会主义核心价值观宣传教育，为此广州市做了以下努力。举办社会主义核心价值观基层宣讲活动。党的十八大以来，广东省委宣传部认真贯彻落实党的十八大、十八届三中全会和习近平总书记系列重要讲话精神，积极培育和践行社会主义核心价值观，推出了开展广东省社会主义核心价值观基层千场宣讲活动的重大举措，按照1名政工专家、1名先进典型和1名基层示范点代表的配置组建21个宣讲分团，通过上下结合、虚实结合、一市一团、巡回宣讲的形式进行宣讲。广东首个基层新时代讲习所——"新时代越秀讲习所"设立，方便广东省基层党组织积极学习习近平新时代中国特色社会主义思想、开展社会主义核心价值观主题教育实践活动。

---

① 《习近平谈治国理政》，外文出版社，2014，第164页。
② 《习近平关于社会主义先进文化建设论述摘编》，中央文献出版社，2017，108页。

这成为贯彻党的十九大精神的重要抓手，成为宣传社会主义先进文化的重要平台。在广东省委宣传部的指导下，广州市委宣传部让广东省委宣传部社会主义核心价值观宣讲团成员与广州市"企业最美员工"先进代表组成宣讲团，在全市各区、市属机关单位及企事业单位举办了40余场广州市社会主义核心价值观基层宣讲报告会，将社会主义核心价值观的丰富内涵通过大规模、多层次、广覆盖的宣讲活动传递给人们，使人们对社会主义核心价值观形成系统全面、深刻具体的认识，逐渐接受、认可和践行社会主义核心价值观，进而发挥榜样示范作用影响周围人群，最终达到社会主义核心价值观全面为群众掌握的良好效果。

2. 创新社会主义核心价值观培育方式

习近平总书记指出，"社会主义核心价值观，包括中华优秀传统文化，只有被普遍理解和接受，才能为人们自觉遵守奉行"[1]。而随着人们的经济收入水平、受教育程度、就业方式等日趋多样化，人们的思想观念、思维方式和兴趣爱好也日渐多样化，这就要求不断创新社会主义核心价值观培育方式，用人们乐于接受的方式来宣传社会主义核心价值观。在广州市培育和弘扬社会主义核心价值观的教育实践中，人们根据不同教育对象的年龄、性别、工作岗位、兴趣爱好等不同特点，积极发挥主观能动性，不断创新社会主义核心价值观培育方式，进而做到寓教于乐、寓教于学、寓教于行。就少年儿童而言，他们是祖国的花朵，但年龄较小、认知能力较差，因此少年儿童培育和践行社会主义核心价值观"应该同成年人不一样，要适应少年儿童的年龄和特点"[2]，因此广州昌岗中路小学根据少年儿童的年龄和特点，借助孩子们熟悉的《拍手歌》，对歌词进行改变，并编排了相应的动作，使得《社会主义核心价值观拍手歌》成为全校课间游戏新时尚，用喜闻乐见的方式帮助孩子们记忆社会主义

---

① 《习近平关于社会主义先进文化建设论述摘编》，中央文献出版社，2017，第108页。
② 《习近平谈治国理政》，外文出版社，2014，第182页。

核心价值观，逐渐把社会主义核心价值观铭记在脑子里、烙印在心灵中，最后随着人生成长发展而明白得更多、更深、更透。

3. 编写社会主义核心价值观主题宣传教育读本

书籍是传递知识、传承文化的重要载体，将社会主义核心价值观以书籍的形式呈现出来，就使得社会主义核心价值观以一种更为温润持久的方式走进千家万户的日常生活，进而在丰富人们的阅读生活的同时塑造人们的价值观。因此我们在广泛开展社会主义核心价值观宣讲活动的同时也要积极编写社会主义核心价值观教育主题宣传教育读本，不仅调动起人们一时的学习热情，也唤起人们长久的学习追求，进而使社会主义核心价值观宣传更加大众化、通俗化、长效化。为此广州市专门组织力量结合本市实际情况针对不同群体分别编写了《践行社会主义核心价值观广州读本——我们的价值观简释》《广州市社会主义核心价值观校园读本》《爸爸，去这儿吧！——爸爸与娃娃的中国梦》等社会主义核心价值观主题宣传教育读本，其中广州市荔湾区宣传部推出的《爸爸，去这儿吧！——爸爸与娃娃的中国梦》首次采用大众喜闻乐见的漫画形式来表述较为严肃的主题，并通过发生在荔湾区的 12 个小故事来诠释社会主义核心价值观，做到了形式新颖、内容有趣、说理生动、贴近生活、深入浅出，深受少年儿童的欢迎，是对培育和践行社会主义核心价值观的有益探索。

4. 积极构建社会主义核心价值观宣传阵地

舆论宣传是培育和弘扬社会主义核心价值观的重要抓手。习近平指出，"坚持团结稳定鼓劲、正面宣传为主，是宣传思想工作必须遵循的重要方针。我们正在进行具有许多新的历史特点的伟大斗争，面临的挑战和困难前所未有，必须坚持巩固壮大主流思想舆论，弘扬主旋律，传播正能量，激发全社会团结奋进的强大力量"①。因此我们必须大力宣传社

---

① 《习近平谈治国理政》，外文出版社，2014，第 155 页。

会主义核心价值观，用主旋律、正能量构建社会主义核心价值观宣传阵地，在全社会形成良好的培育和弘扬社会主义核心价值观的舆论氛围，进而引导人们养成积极向上的价值取向和行为实践，引领和推动形成社会文明新风尚。党的十八大以来，广州市立足本市实际情况积极构建社会主义核心价值观宣传阵地，不断探索新模式，在全市营造浓厚的社会主义核心价值观宣传氛围，努力提升舆论宣传的视觉冲击力、心灵震撼力和社会影响力。

一是发布社会主义核心价值观公益广告。习近平总书记指出，"要利用各种时机和场合，形成有利于培育和弘扬社会主义核心价值观的生活情景和社会氛围，使核心价值观像空气一样无所不在、无时不有"①。为了进一步弘扬社会主义核心价值观、传播先进文化、引领文明风尚、凝聚实现"中国梦"的强大正能量，广州市充分利用公益广告这一文化载体进行宣传，力图使其渗透到人们日常学习、工作、生活、休闲的方方面面。充分利用城市广场、工地围挡、城市交通运载工具、主干道的公交候车亭、报刊亭、商业大街、大型商场、宾馆、饭店等载体，通过固定广告牌、电子显示屏等刊播形式，将社会主义核心价值观公益广告作品公布展现出来，使人们随时随地都接受社会主义核心价值观的影响和陶冶。如番禺区番奥社区利用100多个灯杆道旗张挂了"24个字"内容，营造了公益广告一条街的效果；黄埔区怡港社区充分利用社区骑楼立柱之间的空间建立了公益广告系列宣传栏，并在小区出入口、楼梯口、小区活动广场、绿地等显眼位置设置居民公约、公益广告和"图说社会主义核心价值观通稿"等50余处，营造了"讲文明树新风"公益广告和社会主义核心价值观宣传的浓厚氛围。

二是树立社会主义核心价值观先进典型。习近平总书记指出，"榜样的力量是无穷的。党员、干部的一言一行、一举一动，对社会有着很强

---

① 《习近平关于社会主义先进文化建设论述摘编》，中央文献出版社，2017，第111页。

的示范作用，很大程度上影响着人民群众对核心价值观的认同"①。党的十八大以来，广州市深入贯彻落实习近平总书记系列重要讲话精神，着眼于培育和践行社会主义核心价值观，广泛发掘和树立各类先进典型，大力推进以先进典型引领社会主义核心价值观建设。一方面建立市、区（市直单位）、街镇、社区（乡村）四级好人推荐制度，明确要求各级专人负责、逐级推荐、梯次推进，形成市民举荐、层层把关、择优申报的工作格局，且在此基础上建立好人上报数据库，并定期组织好人评选，评选出人民群众身边的道德模范和学习榜样，且及时开展表彰活动、给予一定礼遇和帮助，让好人有德也有得，进而在全社会营造好人光荣、好人受尊敬的良好氛围，引导人们积极崇德向善，践行社会主义核心价值观。另一方面突出宣传群众认可度高、社会影响力大的先进典型，既通过新闻媒体专题报道先进典型的先进事迹以及相关文艺作品，让正能量和真善美占领宣传舆论阵地，也让先进典型走进市民生活，通过开展"道德模范巡展巡讲"活动让道德模范、身边好人与人民群众面对面交流互动，进而使人民群众产生情感共鸣，形成向好人看齐的导向，促使他们从自身做起、从点滴做起，在实践中陶冶情操、提升素质。

5. 大力打造社会主义核心价值观文化场所

文化熏陶是培育和弘扬社会主义核心价值观的关键举措。习近平总书记指出，"一种价值观要真正发挥作用，必须融入社会生活，让人们在实践中感知它、领悟它。要注意把我们所提倡的与人们日常生活紧密联系起来，在落细、落小、落实上下功夫"②。所谓"染于苍则苍，染于黄则黄"，人是在一定生活环境中成长的人，其所处的生活环境对其价值观的形成影响巨大，因此我们必须努力改造人们所处的外部生活环境，为社区文明和乡村文明建设注入社会主义核心价值观，营造积极健康的生

---

① 《习近平关于社会主义先进文化建设论述摘编》，中央文献出版社，2017，第108页。
② 《习近平谈治国理政》，外文出版社，2014，第165页。

活氛围，让人们在日常生活中得到良好文化熏陶。党的十八大以来，广州市积极探索社会主义核心价值观融入社会生活的实现路径，将培育和弘扬社会主义核心价值观与群众性精神文明创建活动有机结合，让无形的社会主义核心价值观通过有形的社会主义核心价值观文化景观展现在人们生活的社区、乡镇和农村，比如，举办"社区文化建设""全国文明城市建设"等活动，使人们时刻生活在社会主义核心价值观文化场域中，潜移默化地引导和塑造人们的思想观念、思维方式和价值取向，进而不自觉地将社会主义核心价值观作为行动指南。

一是建立社会主义核心价值观主题公园。社会主义核心价值观主题公园是传播社会主义核心价值观的重要文化场所，是环境育人、寓教于乐的重要渠道。党的十八大以来，广东省按照中宣部大力推进社会主义核心价值观主题公园建设、形成培育和践行社会主义核心价值观浓厚氛围的指导思想，大力推进主题公园建设，制定了《社会主义核心价值观主题公园（广场）建设指导方案》，要求每个地市、每个县区至少重点打造一个特色主题公园。因此，广州市在省委省政府的领导下，结合地方文化特色、区位优势和经济实力，以高起点设计、高标准建设、高要求管理与免费开放来建设社会主义核心价值观主题公园，力图使它们成为人民群众喜闻乐见的核心价值观特色景观、载体和标志。如广州市文化公园结合岭南文化和本地文化特点，以"文明"为建设主题，以园林艺术手法创精品景点"文明之观"景园，展示传播社会主义核心价值观。此外还经常在文化公园内举办粤剧文化广场、群众文化广场等惠民活动和社会主义核心价值观专题文艺演出，促使人民群众从欣赏中提升对社会主义核心价值观的认知水平、认同程度。

二是建设社会主义核心价值观示范点。社会主义核心价值观示范点是将社会主义核心价值观向基层覆盖、发挥基层榜样示范作用的重要窗口和平台，建设社会主义核心价值观示范点既是对这些单位培育和践行社会主义核心价值观工作成绩的肯定，也能够带动、督促其他单位和个人积极培育和践行社会主义核心价值观，推动社会主义核心价值观培育和践行工作更加大众化、广泛化。广州市牢牢把握培育和践行社会主义核心价值观这个根本任务，在市辖区内的机关、企业、学校、医院、社区等区域建设社会主义核心价值观示范点，将社会主义核心价值观示范点覆盖各个行业、各个单位、各个场所，使得人民群众在生活、学习、工作全过程始终受到社会主义核心价值观榜样示范的引领和带动作用，自觉以社会主义核心价值观的要求规范自身思想行为，从而缓和社会关系、改善社会风气、提升整体文明水平。如海珠区坚持"分类指导""一社区一特色"的原则，依据区域历史文化传统、民俗风情、人文特征，先后打造赤岗街珠江帝景社区"滨水文化"、江南中街青凤社区"志愿服务"、南华西街龙武里社区"邻里和谐"、海幢街宝贤社区"孝老爱亲"、南石头街纸北社区"诚实守信"、沙园街广重社区"敬业奉献"等主题示范社区，提升了社区居民的道德修养，密切了邻里关系，改善了居住人文环境，促进了社区精神文明建设。

三是建设社会主义新农村。习近平总书记指出，"要把社会主义核心价值观的要求融入各种精神文明创建活动之中，吸引群众广泛参与，推动人们在为家庭谋幸福、为他人送温暖、为社会做贡献的过程中提高精神境界、培育文明风尚"①。而建设社会主义新农村是当前群众性精神文明创建活动的重要内容，用社会主义核心价值观来引领社会主义新农村的建设方向对于提升农村文明水平具有重要促进作用。因此广州市坚持以社会主义核心价值观为价值引领，紧紧围绕社会主义新农村建设主题，进一步深化农村精神文明建设，美化农村人居环境，培育新型农民，建设文明乡风。党的十八大以来，广州市增城区积极将社会主义核心价值观与美丽乡村建设有机结合，既将社会主义核心价值观融入乡村生态环

---

① 《习近平关于社会主义先进文化建设论述摘编》，中央文献出版社，2017，第110~111页。

境整治，着力加强乡镇卫生保洁工作，促使农村环境干净、整洁、有序，共同营造绿色宜居环境；也将社会主义核心价值观与当地优秀传统文化相融合，充分发挥宗祠的道德教化作用，深入挖掘传承优秀乡贤文化，弘扬优秀家风家训，使社会主义核心价值观成为社会主义新农村的灵魂；还将社会主义核心价值观融入绿色经济发展中，把发展生态旅游业作为推进社会主义新农村建设的重要途径，充分利用乡村的山水资源、田园风光、地域文化和人文底蕴，增加农民收入，改善农村生活水平，为更好践行社会主义核心价值观奠定坚实物质基础，进而不断开创乡村精神文明建设工作新局面。

（二）推动建立"好人工作室"

培育和弘扬社会主义核心价值观不能仅仅进行主题宣传教育，更要深入挖掘、表彰和宣传人民群众中的优秀人物、道德楷模、先进榜样，用丰富生动的实践案例为全面系统的理论体系提供现实支撑，避免流于空谈、走向形式主义。推动建立"好人工作室"，既能够使好人有好报，逐渐形成敢于做好事、踊跃做好事的潮流，也可以让人民群众身边的好人好事、善人善举更广为人知，在全社会形成崇德向善、尊重好人的良好氛围，更可以充分发挥每个"好人工作室"的榜样示范作用，以点带线，以线促面，提升人民群众思想觉悟、道德修养和精神境界进而引领社会文明新风尚。因此广州市高度重视发掘和树立优秀人物、道德楷模、先进榜样，并充分发挥其榜样示范作用，完善好人推荐制度，深入挖掘市内各个行业、各个领域、各个层次的好人，并选择其中群众认可度高、影响力大的好人帮助其建立"好人工作室"，为这些好人继续服务群众、奉献社会创造良好条件，更大力宣传"好人工作室"建设经验，推广"好人工作室"模式，为社会主义精神文明建设贡献广州智慧和广州经验。

1. 完善好人推荐制度

好人是社会主义核心价值观的具象化体现，是引领社会主流价值的鲜明旗帜和提升社会道德水平的道德标杆。通过完善好人推荐制度，持续发掘、宣传、学习好人，使得一批又一批充满正能量的好人不断涌现出来，进而让好人的社会影响力和"传帮带"作用得到不断发挥，促使越来越多的人民群众积极行动起来，把良好道德情操体现在日常工作、学习和生活中，使培育和践行社会主义核心价值观落细落小落实。党的十八大以来，广州市不断完善好人推荐制度，逐步建立市、区（市直单位）、街镇、社区（乡村）四级好人推荐制度，明确要求各级专人负责、逐级推荐、梯次推进，严格审核把关后集中上报参加评选，形成市民举荐、层层把关、择优申报的工作格局，将各区好人推荐评选活动情况纳入每季度的城市文明程度指数测评，建立好人上报数据库，使好人好事、凡人善举不断涌现，崇德向善蔚然成风。如广州自 2008 年起，每月开展"我推荐我评议身边好人"活动，每两年开展一次道德模范评选表彰。出台推荐评审工作的实施办法，由市级党政部门和群团组织代表、市民代表、媒体代表组成市推荐评审小组，通过报纸、网站、微信等平台，广泛发动市民参与投票，每月评选一次"广州好人"，并从中择优参加"广东好人""中国好人"评选。及时开展表彰活动，使评选出的"好人"成为值得市民群众学习的身边榜样。

2. 建立"好人工作室"

"好人工作室"是以身边好人为示范、以团队为依托、以工作室为阵地来培育和弘扬社会主义核心价值观的平台。在各个地区各个领域各个行业建立"好人工作室"，能够进一步发挥和放大身边好人的号召力和影响力，吸引和带动更多人参与到服务社会、奉献爱心的实践中来，进而推动全社会形成积极踊跃践行社会主义核心价值观的热潮。党的十八大以来，广州市大力进行"好人工作室"建设，目前已建立 11 个"好人工作室"，计划在两年内建成30个管理规范、特色鲜明、影响力强的好人工作室，并力争在市内170个街镇普遍建立"好人工作室"。这些"好人工作室"选取那些有担当、有热情、有勇气，以及有号召力和影响力的身边好人为示范，并以他们的名字命名志愿服务团队，且鼓励身边好人将他的职业、个人专长与工作室的职能相结合。如第二届全国道德模范赵广军的"生命热线协会"工作室主要提供电话和面谈心理咨询服务；第四届、第五届全国道德模范提名奖获得者、时代楷模徐克成建立的"徐克成关爱健康"工作室定期开展专家义诊、健康讲座、爱心救助活动；第五届广东省道德模范、"中国好人"尚丙辉建立的"尚丙辉关爱外来人员工作室"帮助解决外来农民工、街头流浪乞讨人员生活问题等，这些"好人工作室"的服务领域覆盖心理咨询、专家义诊、外来人员救助等基层民生领域，服务对象涉及未成年人、老年人、残障人士、癌症病患者等特殊人群，及时为困难群众排忧解难，为社会发展贡献人间真情，是社会服务工作的有益补充。

3. 推广"好人工作室"模式

培育和弘扬社会主义核心价值观是当前社会主义精神文明建设的重要任务，是一场全国范围内的、贯穿改革开放和社会主义现代化建设全过程的、涉及社会生活方方面面的实践活动，需要全社会同心协力、群策群力、持之以恒才能完成，因此，培育和弘扬社会主义核心价值观必须广泛汲取各地优秀建设经验，取长补短，交流互鉴，充分发挥集体智慧以加快目标实现。随着广州"好人工作室"影响力和号召力的日益增强，"好人工作室"模式逐渐受到全国的关注，且成为央视《焦点访谈》聚焦的"广州经验"并向全国推广，为全国培育和弘扬社会主义核心价值观提供了有益经验。因此，全国在广泛挖掘和树立"中国好人""省级好人""市级好人"的基础上大力建立"好人工作室"，以各个好人为核心、各个层次的"好人工作室"为节点，进而在全国范围内搭建层次分明、覆盖广泛、框架完整的"好人工作室"服务体系，既不断扩大"好人工作室"的服务范围、服务领域和服务人群，也不断促进"好人工作室"模式的完善、服务能力和水平的提升，还使越来越多需要帮助的人得到及时的帮助，更使越来越多的人参与到服务社会、奉献爱心的广大队伍中来，进而使社会主义核心价值观逐渐内化于心、外化于行，社会关系日渐和谐友爱，社会整体文明水平日渐提高。

（三）大力建设"志愿之城"

培育和弘扬社会主义核心价值观，不仅要靠教育引导、榜样示范，也要靠实践养成。通过持续不断的道德实践，人们既可以养成良好的行为习惯，也能够对社会主义核心价值观的内涵要义产生深切的感悟，进而强化其对社会主义核心价值观的认同程度和践行力度，因此我们必须创造良好的条件和平台，使得广大人民群众有热情有能力且有机会参与道德实践活动，进而在实践养成中不断提高人民群众的道德修养、提升社会整体文明水平。广州市很早就认识到了实践养成对精神文明建设的巨大促进作用，于 2011 年在全国首次提出打造"志愿之城"的设想，以打造志愿服务人人可为、处处可为、时时可为的"志愿之城"为总目标，以推进志愿服务工作制度化、社区化、常态化为导向，不断完善志愿服务机制、壮大志愿服务队伍、建设志愿服务阵地、打造志愿服务品牌，形成独具广州特色的"志愿之城"建构模式，为培育和践行社会主义核心价值观创造了良好的志愿服务氛围。

1. 健全志愿服务体制机制

完善的体制机制是确保志愿服务长期有效良好运行的重要保证。广州市作为国内最早开展志愿服务的城市之一，在不断推进志愿服务工作的过程中取得了许多宝贵的建设经验，逐渐形成健全的志愿服务领导体制、测评机制和管理机制，为推动志愿服务健康发展提供了有益的机制保障。一方面是志愿服务领导体制。良好的志愿服务领导体制能够使各个部门、各个工作人员权责明确、各司其职、互相配合，避免出现权责模糊、互相推诿甚至不作为的情况，进而使志愿服务活动能够有组织、有秩序地稳步推进。广州市在打造"志愿之城"的过程中，逐渐形成以市委市政府为指导、文明委直接领导、文明办组织协调、各个有关部门分工负责、社会各方面积极参与的志愿服务领导体制。同时充分发挥各级民政、共青团、妇联等部门的作用，倡导社会各界积极参与、各职能单位密切配合，进而形成市、区（县级市）、街（镇）、社区（村）四级协同联动，各类团体协会与志愿服务自组织参与实施，各展所长、各负其责的志愿服务工作格局。另一方面是健全志愿服务测评机制。良好的志愿服务测评机制既可以检测志愿服务的效果，确保志愿服务各项工作落到实处；也可以发挥优势、发现不足，促进志愿服务质量和水平的提高。广州市将志愿服务纳入文明城市测评项目，建立月（季）度测评机制，改进测评方法，充实测评内容，加强督导督查，定期公布测评成绩，进而实现以评促建、以评促进的良好效果。

2. 强化志愿服务队伍建设

人是实践活动的主体，任何实践活动的开展都离不开人的存在，因此，志愿服务活动的有效开展离不开专业化、规模化的志愿服务队伍和志愿服务组织。为了打造"志愿之城"，广州市坚持以"人人可为"为目标导向大力进行志愿服务队伍建设，经过长期不懈努力，"人人想做、争做、做好志愿者"的生动局面日益形成，"我为人人、人人为我"的良好氛围日益浓厚。一方面壮大志愿服务队伍。广州市坚持以层级化、专业化理念指导志愿服务队伍建设，在全市范围内要求各单位建立单位志愿服务队伍，各行业建立专业志愿服务队伍，各区（县级市）建立社区（村）志愿服务队伍，组建了4364支党政机关和事业单位党员志愿服务队及网络文明志愿服务队，220多支企业、行业志愿服务队，1900支市属高校、专职技校（院）、中小学校学生志愿服务队，27支行业性志愿服务队，28 支常态化志愿服务总队和 115 支助残志愿服务队，促进了志愿服务队伍结构合理化和能力专业化发展。另一方面扩大志愿服务规模。广州市以覆盖全社会的志愿者服务组织和队伍为依托，结合社区居民的需求积极鼓励广大人民群众参加志愿者服务组织、参与志愿服务活动，不断壮大志愿者人数规模。截至 2016 年 4 月，广州注册志愿者总数为134 万多人，社区义工 65 万多人，平台登记的志愿服务组织达 9645 个，社区义工队伍近 6000 支，注册志愿者（义工）占常住人口的比例为12%，其中党团员所占比例达 43%，本科以上学历者占 32%，志愿服务人员的数量和质量居全国前列。

3. 构建志愿服务阵地载体

志愿服务阵地载体是志愿者和志愿者组织开展志愿服务活动的重要场所，是构建全市志愿服务网络的重要空间节点。广州市坚持以"处处可为"为目标导向，把社区作为经常性志愿服务活动的主要场所，在全市范围内广泛建设志愿服务阵地载体，让遍布大街小巷的"志愿驿站"、"志愿在康园"服务站以及各种志愿服务基地"背靠社区，面向街头"，进而形成社区全覆盖的志愿服务网络。首先，广州市自 2010 年起在全市建立 150 家"志愿驿站"，由广州市团委负责监督指导，采用"法人自治、社团管理"组织模式，依托志愿驿站管理团队建立的社会组织常态化开放运行。其次，广州市以全市 166 个康园工疗站为依托，按照"一站一队伍""一站一特色""一站一课表"的模式，组建助残志愿服务组织，建立社区助残"志愿在康园"连锁门店，为工疗站学员提供优质志愿服务。最后，广州市各级志愿服务组织依托全市学校、医院、工厂、机关企事业单位等广泛建立志愿服务基地，依托街道社区综合服务中心、居委会、福利院、"星光之家"老人院等建立志愿服务站，进而使广州市志愿服务阵地载体覆盖各个区域、各个层次、各个方面，做到全面具体、结构合理，为广泛开展志愿服务活动提供了空间保障。

4. 打造志愿服务品牌项目

开展主题多元、形式多样的志愿服务项目，既可以提高志愿服务的全面性、广泛性和专业性，也能够让需要帮助的人得到及时有效的帮助，进而有助于以项目为支撑打造特色鲜明、影响力大的志愿服务品牌。广州市坚持以项目化理念开展志愿服务活动，结合社会关注热点，根据不同群体的实际需求设计了援助性志愿服务项目、专业性志愿服务项目和公共服务性志愿服务项目，进而实现出成果、出精品、出品牌的目标。首先，广州市积极推广运用广州亚运会和亚残运会志愿服务工作经验，围绕"广州国际城市创新奖""广州国际马拉松赛""广州（中国）金钟奖""迎春花市""横渡珠江"等大型活动开展形式多样的志愿服务项目，借助大项目树立志愿服务品牌。其次，广州市坚持开展文明交通、文明旅游、文明餐桌、网络文明、"12·5"国际志愿者日等公共文明引导活动，使志愿服务与市民生活休戚与共，凭借常态项目稳固品牌。最后，广州市积极进行志愿服务项目创新，将150家志愿驿站打造成城市形象的推广中心、政府服务的便民窗口、市民献爱心的集散平台、青年社会参与的实践基地，将"街头便利店，爱心大舞台"志愿服务项目的运营经验向全国推广，依靠创新项目出品牌。广州市在以志愿服务项目开展志愿服务活动的实践中成功总结出独具特色的志愿服务"广州经验"，在全省全国成功打造了志愿服务"广州品牌"。

三　搭建社会主义先进文化传播平台

习近平总书记在文艺工作座谈会上强调，"没有先进文化的积极引领，没有人民精神世界的极大丰富，没有民族精神力量的不断增强，一个国家、一个民族不可能屹立于世界民族之林"[1]。随着经济全球化的不

---

[1] 《十八大以来重要文献选编》（中），中央文献出版社，2016，第121页。

断深入，全世界各个国家、各个民族的相互交往愈加紧密，这既使得跨文化交流更加频繁，在互相借鉴中促进世界范围内文化繁荣发展，但是也容易导致高势位的文化向低势位的文化入侵，引发文化碰撞、文化冲突甚至和平演变。为了维护我国的文化安全、巩固社会主义意识形态阵地，我们必须积极弘扬和传播社会主义先进文化，用社会主义先进文化构建思想堡垒，帮助人们树立和坚定中国特色社会主义文化自信，以不卑不亢的态度来对待传统文化和外来文化。广州市是改革开放的最前沿，也是文化交流交融交锋的最前沿，这就导致性质多元、内容多样、形式多变的文化在同一时空下交汇形成极其复杂的文化发展态势，使人们的思想发展受到多种文化力量的作用而容易在三观上出现偏差甚至歪曲。因此，为了帮助人们树立正确的世界观、人生观和价值观，广州市积极搭建社会主义先进文化传播平台，一方面发挥新闻媒体作用大力进行社会主义先进文化宣传，另一方面搭建广州论坛增强中外文化交流互鉴，进而增强社会主义先进文化的吸引力、引领力和影响力，让人们在社会主义先进文化的熏陶中健康成长。

（一）发挥新闻媒体作用

文化认同和文化自信的前提是文化认知，人们只有在对社会主义先进文化有一定了解的基础上才可能形成对该文化的认同甚至自信，而人并非生下来就了解文化，作为一种相对独立的观念形态的文化也不会主动进入人的头脑中，这就需要发挥新闻媒体的作用，使无形的以观念形态存在的社会主义先进文化通过具体的载体呈现出来并辐射至社会生活的方方面面，进而在全社会构建一种以社会主义先进文化为主导的文化场域，使人们时时刻刻受到社会主义先进文化的熏陶、感染和引导而坚定中国特色社会主义文化自信。广州市充分发挥新闻媒体的舆论引导作用，既加快媒体融合发展，又大力进行正面宣传，更积极推动中华文化

"走出去"，利用不断提升的新闻媒体传播力来增强社会主义先进文化的引领力和影响力，用实际行动构建社会主义先进文化舆论宣传阵地。

1. 加快媒体融合发展，提升传播力

文化是一种客观存在的观念形态，只有通过人们的实践活动才能进行传播和扩散，其中新闻媒体是文化传播的重要媒介之一，因此社会主义先进文化的传播效果与新闻媒体的传播力息息相关。要想取得良好的传播效果，必须确保新闻媒体具有强大的传播力，能够做到传播范围广、传播内容好、传播形式新，进而针对人民群众的不同实际需要进行精准有效供给，尽可能多地辐射和引导更多的人民群众。当前随着网络普及化、社会信息化、信息碎片化趋势不断发展，互联网因其便捷性、跨时空性、信息量大和传播速度快等特点日益受到人们的欢迎和喜爱，网络空间因而成为人们日常生活、工作、学习和娱乐的重要活动场所，这就使很多人尤其是年轻人现在基本上都不再看电视、报纸等传统主流媒体，大部分信息都从网上获取。习近平总书记指出，"宣传思想工作是做人的工作的，人在哪儿重点就应该在哪儿"①。面对新的变化了的实际情况，新闻媒体必须主动适应挑战、调整策略，运用互联网思维推动传统媒体和新媒体融合发展，实现线上线下、网内网外传播的同频共振、同向而行，进而在相互融通、相互促进中提升新闻媒体的传播力。

广州市高度重视新闻媒体与时俱进，以"媒体＋金融""媒体＋技术"思路积极推动新闻媒体融合发展，大大提升了广州新闻媒体的传播力。首先，广东省委宣传部牵头将南方报业传媒集团和广东广播电视台的优质财经媒体资源和经营性资产进行整合，组建了全国首家全媒体集团——南方财经全媒体集团，力图将其打造为全球商业报道的领跑者、国内综合金融信息服务商、现代文化产业新引擎。其次，广州日报报业集团一直按照"以传媒为根本，以融合促转型"的基本思路，加快实施

---

① 《习近平关于社会主义先进文化建设论述摘编》，中央文献出版社，2017，第29页。

全媒体发展战略，依托全国首个"中央厨房"模式的媒体融合中央编辑部，按照互联网思维重构"策采编发"业务流程，推动全员转型融入全媒体生产体系。再次，羊城晚报报业集团以提升全媒体采编大平台和全媒体采编中心、可视化新闻制作中心、全媒体演播中心为抓手，着力打造移动客户端、官方微信微博、金羊网、手机金羊网、手机报、户外新闻 LED 屏等新媒体传播矩阵。再次，广东广播电视台充分发挥自身优势，把握信息传播移动化、视频化趋势，聚焦音频视频发力，利用广播电视网、电信网、互联网等信息网络，推动内容、技术、平台、人才、管理等要素共享融通，实现广播电视传播和网络新媒体传播的共同促进，进一步提升了自身的竞争力和影响力。最后，在广东省委省政府的支持下相继成立广东南方媒体融合发展投资基金、广东省新媒体产业基金、广东全媒体文化产业基金三个百亿元量级的产业基金；再加上广东省委宣传部与上海浦发银行签订《"文化＋金融"战略合作协议》，浦发银行向广东文化企业提供不低于 500 亿元的授信额度，为广东新闻媒体融合发展提供有力的资金保障。这一系列举措使得社会优质资源和生产要素日渐向融合发展聚集，广州市新闻媒体融合发展渐入佳境、传播力与日俱增。

2. 大力进行正面宣传，增强引领力

习近平总书记指出，"做好党的新闻舆论工作，事关旗帜道路，事关贯彻落实党的理论和路线方针政策，事关顺利推进党和国家各项事业，事关全党全国各族人民凝聚力和向心力，事关党和国家前途命运"①。新闻舆论对人民思想状况具有巨大的引领和导向作用，新闻舆论导向正确是国家和百姓之福，新闻舆论导向错误是国家和百姓之祸。而新闻舆论阵地是一块重要的意识形态阵地，如果我们不去占领就会被敌人占领，就会成为民众的"迷魂汤"、社会的"分离器"、杀人的"软刀子"、动乱的"催化剂"。因此，我们必须增强政治意识、核心意识、大局意识、

---

① 《习近平关于社会主义先进文化建设论述摘编》，中央文献出版社，2017，第38页。

看齐意识，坚持团结稳定鼓劲、正面宣传为主的工作方针，主动加强中国特色社会主义宣传教育，积极用社会主义先进文化等主流文化占领新闻舆论宣传阵地、用先进思想武装头脑，营造良好的舆论环境，引领人民思想发展的方向。

广州市新闻媒体牢牢坚持党性原则，坚持以马克思主义新闻观指导新闻舆论工作，围绕我国正在进行的社会主义现代化建设大力开展正面宣传报道，努力展现全党全国各族人民团结一心、顽强拼搏、努力奋斗的精神面貌，在壮大国内主流舆论的同时唱响了"南方声音"。首先，广州市新闻媒体积极宣传阐释以习近平同志为核心的党中央治国理政新思想新实践，使党和国家的路线、方针和政策广为人知，增加人民群众对世情国情党情的认识。此外还围绕全国两会、纪念建党95周年、纪念红军长征胜利80周年、党的十九大、纪念马克思诞辰200周年等重大事件和重要事件节点进行主题宣传。其次，广州市新闻媒体聚焦广东省"十三五"开局和推进供给侧结构性改革的广泛事件深入进行报道，部署大型采访报道活动50多个，使得在全面深化改革，创新驱动发展，粤东、粤西、粤北振兴发展，精准扶贫等领域形成的广东经验和广州实践引发国内外舆论的深切关注。最后，广州市新闻媒体在发挥传统媒体舆论引导作用的基础上积极构建正面宣传的网络舆论阵地，一方面围绕国家重大部署、重要时事政治开展具有网络特点的宣传报道和解读，使人们能够及时掌握相关信息；另一方面围绕突发事件和社会热点问题组织开展在线访谈，积极回应网民关切，预防、引导和化解舆论冲突，进而提高新闻媒体的传播力、引导力、影响力和公信力。

3. 积极推动中华文化"走出去"，扩大影响力

随着世界范围内综合国力竞争日益激烈，文化软实力在综合国力竞争中占据着越来越重要的地位，因此，我国在努力提升经济总量、军事实力等硬实力的同时也要不断提升中华文化在世界范围内的影响力和话

语权，提高国家文化软实力。习近平总书记指出，"我国要提高国家文化软实力，就必须使当代中国价值观念走向世界。要加强提炼和阐释，拓展对外传播平台和载体，把当代中国价值观念贯穿于国际交流和传播方方面面"①。因此，新闻媒体作为重要的传播平台和载体，应该积极承担国家责任和社会责任，不仅要在国内大力进行社会主义先进文化等主流文化的宣传教育，壮大主流舆论，传递正能量；更要发挥作为中华文化对外传播的重要窗口和平台作用，积极向世界讲好中国故事、传播好中国声音、阐释好中国特色，多方位、多渠道、多形式展示中华文化魅力，让中华文化在国际社会和海外受众中得到更多的认知、理解和认同，进而不断提升中华文化的国际影响力和对外话语权，增强我国的文化软实力。

广州市新闻媒体在中央精神的指导和相关部门的部署下，坚持以文化为纽带着力推进国际传播能力建设，大力拓展对外传播渠道，积极创新对外传播方式，不断结合广东特色向全世界传播具有独特魅力的中华文化，尤其是在改革开放和社会主义现代化建设生动实践中创造的社会主义先进文化。如广州市新闻媒体一方面多次组织驻外机构开展探访海上丝绸之路大型系列采访，举行"海丝心语广东行"主题网络采风，组织拍摄大型纪录片《海丝寻梦录》等，承办以"一带一路"网络先行为主题的中国网络媒体论坛，依托米兰世博会等契机举办广东文化周，大力宣传"一带一路"重大倡议；另一方面通过今日广东国际供稿中心与十多家海外主流媒体合作，打造知名网络社交媒体的传播矩阵，举办"世界主流媒体看广东""境外记者沙龙"等外宣品牌活动，努力搭建起海外舆论客观认知中国的平台，使广东通过自己的渠道直接向全世界展示以岭南文化为代表的中华文化的独特魅力，讲述发生在以南粤为代表的中国大地上日新月异的生动故事，努力做到"用中国理论阐释中国实践，用中国实践升华中国理论，更加鲜明地展现中国思想，更加响亮地

---

① 《习近平关于社会主义先进文化建设论述摘编》，中央文献出版社，2017，第200页。

提出中国主张"①，在世界舞台上更加有力地发出中国声音。

（二）搭建广州论坛

传播社会主义先进文化是一项复杂的长期的艰巨的系统工程，它不仅需要利用新闻媒体进行宣传阐释，也需要借助重要文化活动平台进行交流推广。习近平总书记指出，"要完善人文交流机制，创新人文交流方式，综合运用大众传播、群体传播、人际传播等多种方式展示中华文化魅力"②。主动搭建文化活动平台，既可以发挥主场优势、创造良好的机会，充分展示我国社会主义先进文化的丰富内容和深厚底蕴，也可以更有效率、更加有针对性地汲取世界其他民族文化的思想精华和核心要义，进而使社会主义先进文化在中外文化交流互鉴过程中内涵得到发展、影响力得到提高。广州市地处改革开放最前沿，经过 40 年改革开放逐渐发展成为国家中心城市、国家历史文化名城、国际大都市、国际商贸中心，经济实力强大、文化底蕴深厚、交通便利、对外交流频繁，具备搭建文化活动平台的能力和条件，也有必要承担提高国家文化软实力的社会责任，因此，广州市积极打造国际文化节庆平台、文化名家活动平台和城市文化传播交流平台，为传播社会主义先进文化、加强社会主义精神文明建设、建设世界文化名城而不懈努力。

1. 打造国际文化节庆交流平台

国际文化节庆活动是以依托重大国际节庆面向全世界开展的文化活动，通常在国际范围内具有巨大的影响力和很高的受关注程度，能够大量吸引来自世界各地的游客，使世界各地的不同文化在节庆期间汇聚在同一时空下而产生广泛、剧烈且深刻的文化交流交融交锋，且随着人口流动而向世界各地传播扩散，因而是文化传播、文化交流的重要载体。

---

① 《习近平关于社会主义先进文化建设论述摘编》，中央文献出版社，2017，第 213 页。
② 《习近平谈治国理政》，外文出版社，2014，第 161～162 页。

为了强化社会主义先进文化传播的广度和深度、充分展现中华文化的独特魅力，有必要打造国际文化节庆交流平台，大力吸引重大国际文化盛会、重大国际性旅游节庆活动和重大国际体育赛事到广州举办，并重点选择承办能产生巨大经济效益和社会效益的文化活动，进而在文化交流过程中培育和壮大广州品牌，不断提升广州的海内外知名度和影响力。

一是广州市积极建设重大国际文化盛会交流活动平台。广州市一方面采取国际化、市场化、社会化办会模式，致力于把中国音乐金钟奖、广州国际艺术博览会、中国（广州）国际纪录片节、羊城国际粤剧节、中国国际漫画节、华人文化艺术节、国际音乐夏令营等打造成有重大国际影响力的文化盛会；另一方面鼓励支持组建大型节庆活动管理服务机构，强化国际公关和全球营销，创造良好的管理服务条件，广泛吸引重大国际文化盛会来穗举办。

二是广州市积极建设世界级文化旅游活动平台。广州市一方面在确保办好广州国际旅游展览会的基础上，大力争取国家和省有关部门举办的其他国际性旅游节庆活动，结合旅游景区开发建设，推进旅游产业化发展，拓展国内外旅游客源市场；另一方面利用亚太城市旅游振兴机构（TPO）、世界城市和地方政府联合组织（UCLG）等国际性活动平台，开展文化旅游宣传推广活动。推进大型节庆活动产业化，扩大广州旅游的海外知名度。

三是广州市积极建设重大国际体育赛事活动平台。广州市一方面按照"政府主导，企业参与，市场运作"的方式，既积极吸引重大国际体育赛事来穗举办，打造体育竞赛表演业，又加强与世界各国城市之间的体育文化交流，引进国际单项体育协会、国内外知名体育品牌公司总部或区域总部落户广州，加快建设"国际体育名城"。另一方面积极鼓励社会和企业参与举办体育活动，培育壮大本土体育活动品牌和产品，积极引进品牌体育赛事，推进建设知名的本土体育俱乐部。高标准建设和改造体育场馆设施，依托山区生态优势建设一批体育训练基地，推动体育场馆集约化、规模化发展。

2. 打造文化名家活动平台

文化名家通常是在文化某一领域深耕多年、造诣高深、名声远扬的权威专家学者，在其所在领域处于最前沿位置，对其所在领域的历史沿革、基本状况、现实困境和未来走向等情况了解透彻，是引领其所在领域未来发展方向、提升其所在领域未来发展水平的重要人物，是推动文化创新创造的重要力量。打造文化名家活动平台，既能够使来自理论界、新闻界、出版界、文艺界、文化经营管理、国际传播等不同文化领域的文化名家有机会齐聚一堂共同交流学习，碰撞出思想的火花，甚至开展多层次多向度的合作；也能够使不同领域的文化名家有传播自身思想、展现自身才艺、传承中华文化的平台和机会，促进其提升所在领域的社会关注度；更为文化名家进行文化创作、创新、创造提供良好的条件，使文化不断繁荣发展，始终保持旺盛的生命力和活力。因此广州市以吸引文化名家为出发点，以学术理论科研、文化创作、文化展演等领域为立足点，大力打造文化名家活动平台，使广州社会主义精神文明建设不断出思想、出精品、出品牌，不断推动岭南文化乃至中华文化迈向新的台阶，成为全国乃至全世界的一块文化高地。

一是广州市积极建设名家学术理论科研平台。广州市一方面以广州大学城为依托，发挥广州地区科研院校作用，通过学术交流、广州沙龙、名家讲坛、研究基地、科研项目等途径，打造若干个学术理论科研品牌，培养引进学术领军人物和高端人才，将广州大学城建设成国内一流的学术理论研究交流基地。比如，岭南文化大讲坛，就是依据广东省建设文化大省的要求而创办的一个高品位公益论坛。其宗旨是弘扬人文精神、传播先进文化、普及哲学社科知识、增进社会共识。其中"岭南大讲坛·文化论坛"板块立足岭南，面向全国、全世界，从名人名家的视角，关注文化的现实和现实的文化，从而倡导新的文化价值观念，引领文化的潮流，体现了社会主义先进文化的本质要求；另一方面加强与国际学术文化界的交流合作，打造"城市发展·广州论坛"国际学术平台，且支持开展国际学术研究合作项目，吸引国内外专家来穗开展学术活动，进而在内外联动中提升广州市的学术理论水平和文化地位。

二是广州市积极建设名家创作活动平台。广州市既以高标准、严要求建设一批文化创作、研究、培训、展示、采风等活动基地，建设一流的名人文化园、工作室、俱乐部，搭建名家创作交流平台；也策划举办文化名家系列活动，承办全国性、国际性的学术交流和作品展示活动，推介在穗名家，吸引国内外文化名人来穗开展活动；还围绕重大题材、重大活动等，推进文化精品创作立项，建立名家重点文化作品项目库，进而使广州市文化创新创造能力大大增强，文化作品层出不穷，文化精品不断涌现。

三是广州市积极建设文化名家演艺展示平台。广州市不仅整合广州地区演出场地、演出团体、优秀剧目等资源，以及各类文化艺术会演、评奖、节庆等活动，办好中国（广州）优秀舞台艺术演出交易会；而且积极承接国际国内文化名家的演艺展示活动，探索举办国际文化名人名家演艺博览会，建设国际文化名家演艺展示集聚地；还鼓励扶持演艺文化企业、组建文艺演出中介服务机构、培育一批演出经纪公司、建立演艺展示综合服务平台，进而使广州市的文化演艺展示活动接连不断，既加强了文化的传播和交流，也满足了人民日益增长的精神文化需求，营造了良好的文化环境。

3. 打造城市文化传播交流平台

在现代大工业的推动下，人口和资源日益向城市集聚，城市成为人们生产生活的重要空间，也成为文化创造、文化进步的策源地。由于不同城市的地理位置、气候条件、人口因素、风俗习惯、历史文化等存在差异，不同城市的人们在不同的现实条件下创造的文化具有不同城市的特色，进而以多样化的文化共同构成色彩斑斓的文化世界。但是由于人是一种类的存在，人的社会实践活动具有一定的共性和普遍性，所以通过城市间的文化传播交流，一个城市可以在充分选择和借鉴的基础上将其他城市的文化建设经验为己所用，促进本城市文化的发展进步。推而广之，通过广泛深刻开展城市文化传播交流，不同城市能够在相互借鉴、取长补短的基础上共同实现文化的繁荣发展，推动世界文化迈向新的步伐。因此，广州市坚持立足本市、面向全国、走向世界的工作方针，以构建传输快捷、覆盖广泛的现代传播体系，培育有国际影响力的文化传播实体和搭建多层次的文化传播交流平台为三大着力点，大力打造城市文化传播交流平台，不断推动广州文化走向全国、全世界。

一是广州市大力构建传输快捷、覆盖广泛的现代传播体系。广州市一方面不断推进市属主流媒体向具有网络特点、多媒体特色的数字报纸、手机音频、网络电视等新兴领域拓展，整合报刊、广播电视、网站资源，推动传统媒体与新媒体融合发展；另一方面设立广州市网络管理机构，建设现代化舆情研判中心，优化"中国广州发布"官方微博平台、网上新闻中心平台建设，健全网络新闻发言人制度，组建网上应急管理专家队伍，进而努力构建传输便捷、覆盖广泛的现代传播体系，不断增强广州市新闻媒体的传播力、感召力和引领力。

二是广州市大力培育有国际影响力的文化传播实体。广州市一方面积极推动广州传媒控股有限公司、广州广电传媒集团有限公司、广州新华出版发行集团有限公司等加快市场化、国际化进程，提升核心竞争力，打造国内一流的文化传播企业；另一方面推动广州日报报业集团、广州广播电视台实施"走出去"工程，拓展海外传播平台，进而以这些文化传播实体为节点组建辐射全国乃至全世界的文化传播网络，扩大和提升广州文化的全球知名度和影响力。

三是广州市大力搭建多层次的文化传播交流平台。广州市一方面立足广州，大力整合文化、体育、旅游、经贸、外事、外宣等资源，实施"广州对外文化交流与合作计划"；同时依托广州国际友城，举办以广州文化为主题的活动周、文化展等活动。比如，加强粤港澳深层次的文化交流与合作，推动区域文化一体化发展。此外还实施文化"走出去"工程，推进广州优秀剧目巡回展演及各类文博展览活动，推动广州文化产品和服务出口，进而使广州市形成层次分明、结构合理的文化传播交流平台，让广州文化在循序渐进中不断发展壮大。

四　推进文化事业和文化产业发展

习近平总书记指出，"没有高度的文化自信，没有文化的繁荣兴盛，就没有中华民族伟大复兴"①。这一重要论断深刻阐述了文化自信、文化繁荣发展对于中华民族伟大复兴的重要意义，同时也阐明了文化改革的时代使命与责任担当。广东在改革开放40年的伟大实践中，文化改革一直处于重要地位，并取得了重大成就，推进了文化事业和文化产业的发展。

（一）加大文化体制改革力度

习近平总书记强调，"要弘扬社会主义先进文化，深化文化体制改革，推动社会主义文化大发展大繁荣，增强全民族文化创造活力"②。这充分体现了习近平总书记高度重视文化体制改革问题。作为改革开放先行一步的大省，广东从改革开放初期开始探索文化体制的改革，并于2003年被确立为全国文化体制改革综合性试点省。在改革开放的进程中，广东按

---

① 《决胜全面建成小康社会　夺取新时代中国特色社会主义伟大胜利——在中国共产党第十九次全国代表大会上的报告》，人民出版社，2017，第41页。
② 《习近平谈治国理政》，外文出版社，2014，第160页。

照中央的部署和要求，把推进文化体制改革作为构建社会主义和谐社会与建设文化大省的重要工作来抓，科学谋划，精心组织，全面实施，积极推进文化领域改革，加大文化体制改革力度。

1. 扩大文化体制改革范围

自改革开放初期，广东就率先打破文化由国家独办的计划经济模式，加快文化体制改革的步伐。90 年代，广东文化体制改革实行分类改革，使其文化市场化逐步完成，新的文化管理体制初见模型。2002 年，党的十六大对深化文化体制改革和文化事业产业的发展做出了重大部署，进一步加大了广东文化体制改革的步伐。在此基础上，广东进一步扩大文化体制改革的范围，拓展其领域，使广东文化体制改革的试点向全面展开。

2003 年，广东省委、省政府，提出了加快建设文化大省的决定，按照中央的政策，结合广东自身的实际，陆续出台了《关于加快建设文化大省的决定》和《广东省建设文化大省规划纲要（2003 – 2010 年)》、《广东文化产业投资指南》等一系列文化产业发展的文件及相配套的政策。这就在宏观政策上为广东扩大文化体制改革的范围提供了大力扶持。之后广东采取了一系列的重要举措，全面推进和扩大文化体制上的改革创新。组织省内各大主要媒体开展以"文化大潮涌珠江"为主题的文化体制改革系列宣传报道活动，扩大其覆盖面。省委、省政府领导干部多次深入新闻、出版、影视、发行等不同文化单位进行调研，给予具体指导，解决实际问题，进而推动文化改革全面顺利开展。此外，加大文化产业示范基地建设。比如，广州市建立了广州设计港、文德路"文化一条街"及海珠"文化星城"等文化创意产业园；汕头市大力发展音像业和印刷业；珠海市建设了南方文化产业园；中山市的专题博物馆等都进一步扩大了广东文化体制改革的范围，拓展了其领域。

2. 深化文化管理体制改革

随着改革开放的逐步深入，广东文化体制改革进入发展的黄金时期。

这一时期，广东努力寻找改革的突破点，着重破除传统文化体制改革和管理上长期存在的问题，不断深化文化管理体制改革，优化资源，大力推进文化产业和文化事业的发展。

一是通过文化企业的归并和整合，推进经营性文化事业单位转企改制。广东在21个地级以上市和县区完成文化、广电、新闻出版和文化市场等文化机构的资源整合工作，解决长期存在的文化多头管理，资源利用率低的问题。同时，制定相应的文化管理体制和行政体制，塑造一批合格的文化市场主体。二是转变政府职能，明确文化行政管理部门与文化企业单位之间的关系。通过政企分开、机构分设和管办分离，使政府文化行政管理部门更好地发挥其职能。比如，广东省新闻出版局将下属的出版社、杂志社全部划转省出版集团公司管理，并调整内设机构和职能，下放部分行政审批权力，强化公关管理职能。广东省广电局和南方广播影视传媒集团实行机构分设、管办分离的模式。这样就转变了政府的职能，明确了政府与文化企业事业单位的关系，提高了党和政府领导意识形态文化工作的能力。

3. 强化媒体融合的文化传播体制

随着互联网及媒体的发展，凡是文化传播手段先进、传播力大的省市，其文化价值观念影响力就大，其文化事业和文化产业发展就快。新时代背景下，广东省委、省政府提出了建设"文化强省"的理念和举措。广东作为改革开放的先行地，也是传媒大省，应利用传媒业发达的优势，加大文化体制改革的力度，提升广东文化软实力。

广东在改革开放的历史发展过程中，形成广府文化、客家文化、潮汕文化等丰富的本土文化资源和一批具有竞争力的文化产业品牌，如何借助互联网与新媒体对其进行有效的传播和应用，是当前广东加大文化体制改革力度的重要方面。一是广东报业、电视媒体等传媒业积极与网络、新媒体相融合，并策划制作一系列专题报道、媒体节目传播广东的历史文化、新时代价值观念等。比如，《南方日报》从 2004 年开始，就策划了《广东历史文化行》《文化建设大潮观》《岭南记忆》《世纪广东学人》4 次大型系列报道，以此挖掘传播广东的历史文化。2005 推出的《文化建设大潮观》向外界展示出广东文化的新品牌与新特色。二是发挥广东网络优势，突破传播体制、机制、市场等方面的瓶颈，实现媒体整合的现代传播模式。习近平总书记指出，"要适应社会信息化持续推进的新情况，加快传统媒体和新兴媒体融合发展，充分运用新技术新应用创新媒体传播方式，占领信息传播制高点"①。当前，广东网络媒体的发展已经走在全国前列，腾讯、网易等网络媒体在全国已具有广泛的影响力，因此利用网络传播平台，整合各种媒介资源，推动文化传播的机制体制建设，是当前广东加大文化改革力度的重要体现。

（二）做大做强大型文化集团

习近平总书记在十九大报告中强调了文化在一个国家和民族的生存发展中的重要地位和意义，并指出，"满足人民过上美好生活的新期待，必须提供丰富的精神食粮"②。这就充分说明了打造有竞争力的文化集团的必要性。改革开放 40 年伟大历程，文化体制改革的全面深入推进，宣传和经营"两分开"的改革模式，使广东做大做强了一批大型文化集团。

1. 培育龙头传媒集团

弘扬社会主义先进文化，提高广东文化软实力，就要不断增强广东文化整体实力和竞争力，朝着建设"文化强省"的目标不断前进，而培育龙头传媒集团是提高文化竞争力的重要途径之一。

党的十六大召开之后，以组建文化产业集团为突破口成为广东文化

---

① 《习近平关于全面建成小康社会论述摘编》，中央文献出版社，2017，第 31 页。
② 《决胜全面建成小康社会　夺取新时代中国特色社会主义伟大胜利——在中国共产党第十九次全国代表大会上的报告》，人民出版社，2017，第 43～44 页。

体制改革的重点。1996 年，全国首家报业集团——广州日报报业集团正式成立，它标志着广东报业开始转向集团化模式发展，这就为广东做大文化集团产业起到了良好的示范作用。之后，广东龙头媒体集团纷纷成立。2004 年，南方广播影视集团成立，它与省广电局"管办分离""机构分设"，这种设置领先于全国。紧接着，南方广播影视传媒集团于 2005 年成立南方传媒控股公司，引入企业化、市场化运作模式，因此被誉为广电集团化改革的"南方模式"。2005 年，全国 45 家媒体入选"中国 500 最具价值品牌"媒体排行榜，广东就占了 9 家，在全国占据首位。其中，南方报业传媒集团的《南方日报》《南方周末》《南方都市报》《21 世纪经济报道》4 家报纸入选"最具价值品牌 500 强"，是全国入选报纸数最多的传媒集团。2010 年，广州电台和电视台合并为广州广播电视台，同年 12 月组建广州广电传媒集团公司。旗下有多个电视频道、广播频道和网络频道，覆盖全广州及珠三角广大地区，成为中国城市主流媒体中的领先者。

2012 年 7 月，中共广东省委召开十届七次全会通过《广东省建设文化强省规划纲要（2011－2020 年）》，对全面深化文化体制改革、推动社会主义文化大发展做出部署。省委、省政府制定实施文化强省建设"十大工程"。其中要求实施媒体优化重组工程，鼓励和支持不同业态的媒体之间重组合作，从而打造数家资产超百亿、国内一流、国际知名的大型传媒集团，并推动重点传媒集团实施全媒体战略。比如：支持南方报业传媒集团实施聚合战略；支持羊城晚报报业集团实施集团数字化战略；支持南方广播影视传媒集团重点发展网络广播电视和移动多媒体广播电视，创办广东网络广播电视台；支持做强广州日报报业集团、深圳报业集团、深圳广播电影电视集团和佛山传媒集团；等等。与此同时，互联网在培育龙头传媒集团过程中发挥了重要作用。南方新闻网整合了省内各报业集团和省电台、电视台等媒体的信息资源以及全省 21 个地级市 30

多家主流报纸、电台、电视台的新闻信息，成为华南地区最大的网络新闻媒体之一。

2. 培育有国际影响力的文化传播实体

广东作为改革开放的前沿地，不仅是中华民族的历史文化名地，也是中外文化交融交汇之地。因此，广东不仅要注重"文化强省"的建设，同时也要以世界眼光、战略思维谋求发展，树立高度的文化自信和文化自觉，打造世界级文化强省。正如习近平总书记指出的，要"树立世界眼光，更好把国内发展与对外开放统一起来，把中国发展与世界发展联系起来，把中国人民利益同各国人民共同利益结合起来"①。那么，培育有国际性影响力的文化传播实体，就是加强中外文化交流，提升中国文化在国际上的竞争力和软实力的重要方式。

广州市政府的行为实践是这方面最主要的代表。广州市委宣传部牵头与广州市文化广电新闻出版局相配合，联合组织推动广州传媒控股有限公司、广州广电传媒集团有限公司、广州新华出版发行集团有限公司等加快市场化、国际化进程，不断提升其核心竞争力，打造一流的国内外文化传播企业。同时，推动广州日报报业集团、广州广播电视台实施"走出去"工程，拓展海外传播平台。同时，创建羊城国际粤剧节等国际文化节庆交流平台，举办重大国际文化盛会、重大国际体育赛事，将广州推向国际市场。搭建广州名家学术理论科研平台、名家创作活动平台和名家演艺展示平台，促进广州与世界的人文交流。总之，通过培育有国际影响力的文化传播实体，构建现代传播体系，搭建多渠道的文化传播交流共享平台，深化对外文化交流，讲好中国故事，传播好中国声音，才能提升文化国际影响力，扩大广州文化国际传播效应，推动中国文化走向世界。

总之，改革开放以来，中国特色社会主义文化事业空前繁荣，涌现

---

① 《习近平谈治国理政》，外文出版社，2014，第248页。

了一大批做大做强的大型文化集团，从而传播了中国价值观念，展示了中华文化的独特魅力所在，提高了文化竞争力和软实力，推动我国"不断增强文化整体实力和竞争力，朝着建设社会主义文化强国的目标不断前进"①。

（三）推进粤港澳文化创意产业融合发展

文化创意产业是文化产业发展到一定阶段所产生的高级模式，是改革开放进入 21 世纪后最具活力的经济环节。文化创意产业园的发展有助于经济增长和创造就业，有利于多元文化和创新能力的培养。粤港澳三地具有相同的地理、风俗和语言环境，不管是历史上还是现代，其人才交流、市场开拓、企业融资、技术研发等方面都有着较强的互补性，因此文化创意产业已成为粤港澳三地区域合作最重要的形式之一。

新时代背景下，随着我国文化体制改革的深入发展，粤港澳文化创意企业经贸的交流与合作顺利开展，应充分发挥粤港澳三地的领先优势，推进三地文化创意产业的融合发展，实现文化创意产业的一体化。

1. 建设三地文化创意产业圈，发展特色文化产业群

《广东省推进文化创意和设计服务与相关产业融合发展行动计划（2015－2020 年）》指出，培育一批跨地区、跨行业、跨所有制的龙头文化企业，扶持中小微文化企业发展。做大做强以创意内容为核心的文化服务业，建设"珠江两岸文化创意产业圈"，支持粤东、粤西、粤北地区发展区域特色文化产业群。这就告诉我们，推进粤港澳文化创意产业融合发展，就要整合现有文化创业产业区，建设三地文化创意产业圈，发展特色文化产业群。

产业群是一种独特的、比较宽松的产业组织形式，产业群内的企业和单位通过资源、技术、信息等要素的共享获得更大的集聚效应，产生

---

① 《习近平谈治国理政》，外文出版社，2014，第 160 页。

更大的效益，从而提高集群内企业的竞争力。目前，粤港澳三地已建立了一些创意产业园区。但还存在一定的不足：广东文化创意产业园资源利用不足，创意活动不够丰富，影响力不高，同时与其他两地都是各自发展，没有形成合作的产业圈，并且很少通过项目牵引和资源共享实现优势的最大限度发挥。对此，广东省政府制定了《关于加快建设现代产业体系的决定》，要建设"珠江两岸文化创意产业圈"，使珠江两岸不同文化产业区发展成为亚太地区最具活力和竞争力的文化创意产业园区。《广东省建设文化强省规划纲要（2011 - 2020 年)》指出，在广州、深圳、珠海、东莞、惠州等地建设粤港澳文化创意产业实验园区，集聚资金、技术、人才优势，培育一批有竞争力的文化企业和产品走向国际市场。广州市政府制定了《广州市文化产业发展"十一五"规划》等，此外，各区县制定了不同的政策，以促进创意产业的发展。如，海珠区出台了《创意产业基地（园区）认定和扶持办法》，这样就为创意产业园区的建设和发展提供了引导和规划。在此基础上，各产业园区打破壁垒，采取跨行业兼营、跨行业托管等方式，通过会展、广告、影视、新闻出版之间的横向合作，组建三地文化创意产业圈。并通过社会主义市场化手段向创意产业周边扩展，把一些中小型的创意产业基地连接起来，进行不同的产业内的分工细化和横向合作，形成特色和品牌，从而降低协同创新成本，最终促进粤港澳三地的文化创意产业高端集群发展。

2. 结合大数据，构建粤港澳大湾区文化创意产业合作新机制

随着信息技术的发展，人类社会进入大数据时代。依托大数据和大数据技术，创新粤港澳文化创意产业融合发展，构建数字时代的粤港澳大湾区文化创意产业合作新机制，就变得十分必要和紧迫。

围绕当今时代提出的利用大数据，构建粤港澳大湾区文化创意产业合作新机制这一新课题，广东省政府与不同的部门都提出了相关政策建议。比如，2017 年 8 月 16 日，在首届粤港澳大湾区文创产业发展论坛

上，国务院发展研究中心副研究员、东方文化与城市发展研究所副所长黄斌发表了《构建数字时代的粤港澳大湾区文化创意产业合作新机制》的主题演讲。他认为，粤港澳做文化产业一定是文化科技融合的产业，并对粤港澳大湾区提出重要的建议。2018年5月11日，首届内地与港澳文化产业合作论坛暨粤港澳大湾区文化合作论坛在深圳举办，围绕"数字时代内地与港澳文化产业融合发展新路径"的主题，来自文化和旅游部，不同高校，腾讯公司以及香港、澳门相关机构的政府官员、专家学者和业界代表，就粤港澳大湾区文化合作发展发表了不同看法。可见，抓住大数据时代的机遇，通过粤港澳大湾区建设，推动三地文化创意产业融合发展，尤为必要。其路径可以概括为：其一，在大湾区建设中保持粤港澳三地文化产业优势，提高文化软实力，通过大数据平台，促进文化交流特别是青年交流沟通；其二，针对当前微影视产业发展存在的不足及未来发展，打造流行文化的优质核心内容，以此带来三地文化产业转型升级与协同创新发展；其三，利用基金、联盟、智库、会展、园区五位一体的机制模式，真正做到文化和产业相融合，推进三地文化产业融合发展；其四，在互联网时代，要建设现代文化体系，通过好的IP做出好的产品，注重文创带动示范；其五，建立常态化沟通联络机制、搭建有效的交流合作平台、落地一批实质性合作项目、共同推动中华文化"走出去"。2018年10月24日，港珠澳大桥正式通车运营。这正体现了我们国家逢山开路、遇水架桥的奋斗精神，体现了自主创新、勇往直前的民族气节。大桥建成通车，在大湾区建设中发挥重要作用，成为粤港澳大湾区互联互通的"脊梁"，不仅促进了人流、物流、资金流、技术流等要素的高效流动，进一步推动粤港澳大湾区文化要素的交融交流，成为社会主义先进文化理念发展的重要部分，从而发挥文化优势，推进粤港澳文化创意产业融合发展。

（四）完善公共文化服务体系

改革开放以来，广东文化体制改革走在全国前列，在 2009 年出台的《关于加快提升文化软实力的实施意见》文件中，明确提出建设文化强省的目标。其中在提到的实现文化强省目标的七大工程中，惠及全民的公共文化服务体系工程被放到首要位置。广东再次吹响了深入推进公益性文化事业改革、提高公共文化服务水平、加快建设公共文化服务体系的号角。

1. 推进重大标志性的文化设施建设

文化设施是文化传播和发展的物质载体，是文化活动的主要场所和文化强省建设的主要阵地，是社会主义先进文化的重要体现。改革开放以来，我国经济水平显著提高，为文化设施建设提供了坚实的物质基础。同时，进一步加快文化设施建设尤其是重大标志性的文化设施建设也是广东文化体制改革的必然要求。正如，《广东省建设文化强省规划纲要（2011－2020 年）》指出，要抓好已确定的重点文化设施项目建设，规划新建一批代表广东文化形象的重大文化设施项目，要重点建设广东文学馆、广东非物质文化遗产展示中心、广东人民艺术中心、广东当代美术馆、广东美术馆改扩建工程、广东画院（新址）、辛亥革命纪念馆、南越王宫博物馆等。

从整体上看，广东省重大标志性文化设施建设已经进入快速增长期，各地陆续兴建了一大批公共文化设施。比如，广东省博物馆新馆、广东省立中山图书馆改扩建一期工程、广东海上丝绸之路博物馆、广东演艺中心、广东星海演艺集团（新址）、广州友谊剧院改造工程等工程项目建设。与此同时，广州歌剧院、深圳音乐厅、东莞玉兰大剧院、中山文化艺术中心、佛山顺德演艺中心等各地一批标志性文化设施顺利建立。此外，随着广东城镇化的持续推进与社会经济发展，基层文化设施建设也在逐步推进中。目前，粤北、粤东、粤西等贫困地区的县图书馆建立分馆，在基层群众中掀起读书热潮，使广东成为全国农村公共文化建设的先行者。

总之，广东省各地根据当地文化优势和文化需求，兴建起一批重大标志性的文化设施，其数量、规模在一定程度上都达到当地经济发展水平的标准，这些文化设施注重地方传统文化的保护与现代文化的弘扬，注重城镇化建设品质的提升，满足了广大人民群众的实际需要，有助于公共服务体系的完善和发展。

2. 完善基层公共文化设施网络

公共文化服务的对象是全体人民群众，构建公共文化服务体系必须以是否满足最广大人民群众日益增长的文化需求为衡量标准，要保证全体民众享受到基本的精神文化服务，保障全体人民群众最基本的文化权益。然而改革开放使经济在高速发展的同时也积累了一些结构性问题，城乡之间在享用公共文化服务方面存在较明显差距。为了解决公共文化设施发展不平衡不充分问题，利用网络的便捷性与无边界性特征，建设基层公共文化设施网络，让基层人民群众共享公共文化资源是完善公共文化服务体系的一项重要工作。

当前，随着经济社会的不断发展，公共文化服务体系逐步完善，覆盖基层的公共文化设施网络基本形成，公共文化服务能力不断增强。《广东省建设文化强省规划纲要（2011－2020年）》要求逐步完善省、市、县（市、区）、乡镇（街道）、村（社区）五级公共文化设施网络。2013年，建成乡镇（街道）综合文化站和行政村（社区）文化室。2015年，全省市、县图书馆、博物馆、乡镇综合文化站、行政村（社区）文化设施全部达标；每个县（市、区）至少有1座拥有多功能厅的数字电影院，每个乡镇至少有1套以上数字电影放映机，20户以下已通电自然村通广播电视，广播电视综合人口覆盖率超过99%。到2020年，全省市、县

（市、区）图书馆、文化馆达到国家二级馆以上标准，乡镇（街道）综合文化站达到省二级站以上标准，行政村（社区）按照"五个有"标准建成文化设施，全省每万人拥有公共文化设施面积（按常住人口计算，不含室外文化设施面积）达到1200平方米；文化信息共享工程服务网点和"农家书屋"覆盖到每个行政村；广播电视全面实现户户通，农村电影放映建立省、市两级财政保障机制，从2011年起，全面实现一村一月放映一场公益电影，有条件的乡镇和行政村逐步建立固定的电影放映点。可见，按照规划纲要总体部署，广东省覆盖城乡的公共文化设施网络基本形成。广东省各地利用互联网，把各地市城镇的文化网络连接起来，加大公共文化资源和信息资源的整合，实现全省文献信息和文物资源的流通共享。如，省立中山图书馆、省博物馆建立"广东流动图书馆"和"广东流动博物馆"，建构网上图书馆、网上艺术培训、网上博物展览、网上艺术鉴赏、"群众文化活动远程指导网"等覆盖全省的数字文化服务网络，既是文化惠民工程的体现，同时又极大地提升了广东省公共文化服务体系的广度和深度。

3. 增强公共文化产品和服务供给能力

改革开放以来，人们对文化的需求日益增长，给文化产业的发展注入新的活力的同时也对公共文化产品和服务的供给提出了新的要求。因此，如何增强公共文化产品和服务供给能力，更好满足人民群众的文化需求，保障公共文化权利，进而传播社会主义先进文化，提升文化软实力是一个重要的课题。

《广东省建设文化强省规划纲要（2011－2020年）》（以下简称《纲要》）指出，要进一步拓展公共文化服务领域，满足人民群众基本的文化需求，正是对这一课题的回应。对此，首先要加强公共文化资源建设。这是提供公共文化产品和服务的基础。《纲要》指出，"通过政府购买、项目补贴、委托生产等形式，鼓励和支持文化企业生产质优价廉的公共文化产品。实施文化数字化工程，加快推进文化资源的数字化转换。推广'城市街区 24 小时自助图书馆'系统"，这一系列举措形成品种丰富、结构合理、特色鲜明的文化资源体系。近年来，广东省公共文化资源建设在各级党委和政府的重视与支持下取得了很大成就。比如，加大了公共文化资源建设的资金投入，增加各级博物馆、图书馆、纪念馆、艺术馆的藏书、藏品；从 2003 年起先后建立了广东流动图书馆、广东流动博物馆和"广东流动演出网"，促进城市优质文化资源向基层流动，产生了显著的社会效益。此外，大力实施全国文化资源共享，通过实施农村电影放映、送书下乡、非物质文化遗产保护和古籍保护等重点文化工程，促进了公共文化资源的整合，从而为公共文化产品和服务的供给提供了丰富的物质资源。其次要提高公共文化服务设施的使用效率。公共文化服务设施为公众提供公共文化产品，满足人们的文化需求，公共文化服务设施的使用效率决定着公共文化服务的供给水平。因此，提高公共文化服务设施的使用效率至关重要。《纲要》指出，"创新公共文化服务形式；推动大型公共文化场馆后勤服务社会化；推动各级公共图书馆、博物馆、纪念馆、非物质文化遗产馆（所）等公共文化场馆免费开放；推动音乐厅、美术馆等定期提供免费或低票价服务；扩大展览馆、科学馆、工人文化宫、青少年宫等免费服务项目，探索高校、科研机构图书馆等文化资源向社会开放的新路子。壮大公共文化服务队伍；发展公共文化服务辅助队伍，鼓励和支持成立各类民间文化社团，组建全省文化志愿者队伍"。可见，广东不管是在创新公共文化产品的类型和供给形式还是加强公共文化产品供给的专业机构和队伍建设等方面都采取了相应的措施，文化产品供给数量显著攀升。比如，为了让市民真正就近、便捷、充分地享受公共图书馆普遍均等的文化服务，广东省深圳市南山区根据辖区公共图书馆现状，探索实行具有南山特色的"1＋8"总分馆制，统一形象设计，推行标准化服务，实现一卡通用、通借通还、资源共享，年接待读者 250 余万人次。在 2015 年时就组织了 18 期招标，吸引近千家优秀文化企业和社会组织参与，共举办各类文化活动 20877 场，打造了南山流行音乐节、社区文化艺术节等较有影响的公共文化活动品牌①，从而大大增强了公共文化产品和服务供给能力。

---

① 《站在南山之巅　仰望文化星空——深圳市南山区探索公共文化服务市场化运作纪实》，《中国文化报》2015 年 11 月 16 日，第 4 版。

参考文献

《马克思恩格斯全集》第 19 卷，人民出版社，1963。

《马克思恩格斯全集》第 40 卷，人民出版社，1982。

《马克思恩格斯全集》第 13 卷，人民出版社，1962。

《马克思恩格斯全集》第 39 卷，人民出版社，1974。

《马克思恩格斯文集》第 10 卷，人民出版社，2009。

《马克思恩格斯选集》，人民出版社，2012。

《毛泽东选集》第 1、2、3 卷，人民出版社，1991。

《邓小平文选》第 2 卷，人民出版社，1994。

《邓小平文选》第 3 卷，人民出版社，1993。

《江泽民文选》第 3 卷，人民出版社，2006。

《胡锦涛文选》第 2、3 卷，人民出版社，2016。

《习近平谈治国理政》，外文出版社，2014。

《习近平谈治国理政》第 2 卷，外文出版社，2017。

《十八大以来重要文献选编》（上），中央文献出版社，2014。

《十八大以来重要文献选编》（中），中央文献出版社，2016。

《十八大以来重要文献选编》（下），中央文献出版社，2018。

《习近平关于社会主义文化建设论述摘编》，中央文献出版社，2017。

习近平：《在庆祝中国共产党成立95周年大会上的讲话》，人民出版社，2016。

习近平：《在哲学社会科学工作座谈会上的讲话》，人民出版社，2016。

习近平：《决胜全面建成小康社会，夺取新时代中国特色社会主义伟大胜利——在中国共产党第十九次全国代表大会上的报告》，人民出版社，2017。

习近平：《在纪念马克思诞辰200周年大会上的讲话》，人民出版社，2018。

习近平：《在庆祝改革开放四十周年大会上的讲话》，人民出版社，2018。

习近平：《在北京大学师生座谈会上的讲话》，《人民日报》2018年5月3日，第2版。

后　记

本书是广州市委宣传部、广州市社会科学界联合会、广州市社科规划办组织开展的"习近平弘扬发展社会主义先进文化思想研究"项目的最终成果。自 2017 年 12 月课题立项以来，课题组通过调研、座谈、研讨等多种方式展开研究。在研究过程中，本书得到了广州市社会科学界联合会主席、党组书记、广州市委宣传部副部长曾伟玉，广州市社会科学界联合会副主席郭德焱以及相关负责同志的关怀和指导。

本书由中山大学马克思主义学院李辉教授总体负责，拟定全书提纲、统筹研究过程、统稿定稿；中山大学马克思主义学院欧阳永忠副教授、葛彬超副教授、石德金副教授参与了部分研究组织工作。本书系合作完成，共分为八章，具体分工情况如下：第一章由中山大学马克思主义学院李辉、孙晓晖撰写；第二章由中山大学马克思主义学院陈三宝撰写；第三章由中山大学马克思主义学院葛彬超、孟伏琴撰写；第四章和第五章由中山大学马克思主义学院葛彬超、郭怡菲撰写；第六章和第七章由中山大学马克思主义学院欧阳永忠撰写；第八章由中山大学马克思主义学院兰美荣撰写。此外，中山大学马克思主义学院硕士研究生王丹、吴鹏华、尹丽霞、吴云航等同学参与了本书的前期调研和资料收集工作。

特别感谢的是广州市社会科学界联合会领导和本书的编辑同志们。感谢中山大学马克思主义学院的领导和同事在本书撰写过程中给予的关怀和支持。

由于编者水平有限，实践经验不足，书中难免有疏漏之处，敬请各位读者批评指正。

编　者

2019 年 3 月 20 日

图书在版编目（CIP）数据

坚持与发展：社会主义先进文化研究/李辉，欧阳
永忠，葛彬超等著. -- 北京：社会科学文献出版社，
2020.7（2021.8 重印）
（文化自信研究丛书）
ISBN 978 - 7 - 5201 - 7100 - 7

Ⅰ.①坚…　Ⅱ.①李…　②欧…　③葛…　Ⅲ.①中国特
色社会主义 - 文化事业 - 研究　Ⅳ.①G12

中国版本图书馆 CIP 数据核字（2020）第 144711 号

文化自信研究丛书
坚持与发展：社会主义先进文化研究

著　　者 / 李　辉　欧阳永忠　葛彬超 等

出 版 人 / 王利民
责任编辑 / 周　琼
文稿编辑 / 韩欣楠

出　　版 / 社会科学文献出版社·政法传媒分社（010）59367156
　　　　　　地址：北京市北三环中路甲 29 号院华龙大厦　邮编：100029
　　　　　　网址：www. ssap. com. cn
发　　行 / 市场营销中心（010）59367081　59367083
印　　装 / 三河市龙林印务有限公司

规　　格 / 开　本：787mm × 1092mm　1/16
　　　　　　印　张：20　字　数：265 千字
版　　次 / 2020 年 7 月第 1 版　2021 年 8 月第 2 次印刷
书　　号 / ISBN 978 - 7 - 5201 - 7100 - 7
定　　价 / 89.00 元